宁波博物院海上丝绸之路研究丛书

中国海上丝绸之路研究
年鉴
（2022）

张　亮　主编

宁波博物院
NINGBO MUSEUM

知识产权出版社
全国百佳图书出版单位
—北京—

图书在版编目（CIP）数据

中国海上丝绸之路研究年鉴. 2022/张亮主编. —北京：知识产权出版社，2024.11. —（宁波博物院海上丝绸之路研究丛书）. —ISBN 978 - 7 - 5130 - 9282 - 1

Ⅰ. K203 - 54

中国国家版本馆 CIP 数据核字第 202421B9F4 号

责任编辑：张　荣　　　　　　　　　责任校对：谷　洋
封面设计：张　欣　　　　　　　　　责任印制：刘译文

中国海上丝绸之路研究年鉴（2022）

张　亮　主编

出版发行：知识产权出版社 有限责任公司　　　网　　址：http：//www. ipph. cn
社　　址：北京市海淀区气象路 50 号院　　　　邮　　编：100081
责编电话：010 - 82000860 转 8109　　　　　　责编邮箱：zzhrong@ qq. com
发行电话：010 - 82000860 转 8101/8102　　　发行传真：010 - 82000893/82005070/82000270
印　　刷：三河市国英印务有限公司　　　　　经　　销：新华书店、各大网上书店及相关专业书店
开　　本：787mm×1092mm　1/16　　　　　　印　　张：19. 5
版　　次：2024 年 11 月第 1 版　　　　　　　印　　次：2024 年 11 月第 1 次印刷
字　　数：300 千字　　　　　　　　　　　　定　　价：98. 00 元
ISBN 978 - 7 - 5130 - 9282 - 1

《中国海上丝绸之路研究年鉴（2022）》
编辑委员会

编写说明

1. 本年鉴主要收录以下三个方面的研究成果：

（1）关于 1840 年及之前古代海上丝绸之路的著作与论文；

（2）1840 年之后关于中外海上交通的部分著作与论文；

（3）关于"21 世纪海上丝绸之路"的主要著作与论文，以及关于"丝绸之路经济带"的部分著作与论文。

2. 本年鉴所收录的著作，包括 2022 年首次出版的中文著作和外文译著，以及在 2021 年再次出版、修订出版的著作。

3. 本年鉴参考文献按作者姓名汉语拼音顺序排列。

目　录

第一章　21 世纪海上丝绸之路研究

2013 年 9 月 7 日和 10 月 3 日，习近平总书记在访问哈萨克斯坦和印度尼西亚期间，先后提出共同建设"丝绸之路经济带"和"21 世纪海上丝绸之路"两大倡议，标志着共建"一带一路"倡议的正式提出。此后，以习近平同志为核心的党中央扎实推进共建"一带一路"，夯基垒台、立柱架梁，从中国倡议走向国际实践，从理念转化为行动，从愿景转变为现实，从谋篇布局的"大写意"转入精耕细作的"工笔画"，一大批标志性项目和惠民生的"小而美"项目落地生根，将中国共商、共建、共享、开放、绿色、廉洁的理念传播到世界各地，得到越来越多国家和国际组织的积极响应，成为当今世界深受欢迎的全球公共产品和国际合作平台。

一、推动 21 世纪海上丝绸之路高质量发展

2022 年是共建"一带一路"倡议提出九周年。面对百年变局和世纪疫情交织叠加，在以习近平同志为核心的党中央坚强领导下，统筹谋划推动高质量发展、构建新发展格局和共建"一带一路"，坚持共商共建共享原则，把基础设施"硬联通"作为重要方向，把规则标准"软联通"作为重要支

撑，把同共建国家人民"心联通"作为重要基础，继续推动共建"一带一路"高质量发展。

基础设施"硬联通"扎实推进。以铁路、公路、航运、航空、管道、空间综合信息网络等为核心的"六廊六路多国多港"架构基本形成，为全球互联互通、共同发展注入新活力。2022 年，我国高质量承建完成了一批重大基础设施建设工程，标志性合作项目全面开花，东盟第一条高速铁路——印尼雅万高铁试验运行，柬埔寨第一条高速公路——金港高速正式通车，克罗地亚佩列沙茨大桥、塞内加尔方久尼大桥正式通车，巴基斯坦卡洛特水电站投入运营，孟加拉国卡纳普里河底隧道南线竣工，等等。截至 2022 年年底，中国已与 100 个"一带一路"共建国家签署了双边航空运输协定，与 64 个国家保持定期的客货运通航，航班总量占中国国际航班总量的 60% 以上。"丝路海运"国际航线网络遍及全球，西部陆海新通道铁海联运班列已覆盖我国中西部 18 个省（区、市），截至 2022 年年底，西部陆海大通道的港口覆盖了全球 119 个国家和地区的 393 个港口。中欧班列作为共建"一带一路"的旗舰项目和明星品牌，从 2012 年开行 42 列到 2022 年开行 1.6 万列，累计开行突破 6.5 万列，通达欧洲 25 个国家的 208 个城市，运送货物占中欧贸易总额比重从 2016 年的 1.5% 提高到 2022 年的 8%，已成为贯通中国、中亚和欧洲国际贸易大通道的重要载体。

规则标准"软联通"亮点纷呈。规则标准"软联通"作为共建"一带一路"的重要支撑，积极引入各方普遍支持的规则标准，倡导对接国际规则标准。《区域全面经济伙伴关系协定》（RCEP）自 2022 年 1 月 1 日起正式生效，覆盖范围不断扩大，中国同合作伙伴一起构建了全球最大规模的自贸区，对制造业、农业、林业、渔业、采矿业等领域的投资做出了较高水平的开放承诺。截至 2022 年年底，我国已与 36 个"一带一路"共建国家签署 43 份标准化合作协议，与 30 多个国家和地区签署 127 份合格评定合作文件及协议。同时，"一带一路"国家标准信息平台不断完善，截至 2022 年年底，该平台对涉及重点领域的 1361 项国内外标准的 4334 个关键技术指标开展了比对分析，与 13 个共建"一带一路"国家建立计量合作机制，制定发布了"一带一路"计量合作愿景与行动。随着信息、资金、技术、人才等要素流动更加畅通，经贸合作质效不断提升，2022 年，我国与"一带一路"合作伙伴的进出口规模创历史新高，占我国外贸总值的 32.9%。对共建"一带一路"国家投资合作稳步推进，2022 年，我国企业在共建"一带一路"国家非金融类直接投资 209.7 亿美元，同比增长 3.3%，占同期总额的 17.9%；在共建国家承包工程完成营业额 849.4 亿美元，新签合同额 1296.2 亿美元，分别占总额的 54.8% 和 51.2%，为高质量共建"一带一路"做出积极贡献。2013 年至 2022 年，我国与共建国家的累计双向投资超过 3800 亿美元，其中对共建国家的直接投资超过 2400 亿美元，涵盖经济社会发展多个领域。我国还与共建国家合作建设了一系列的经贸合作区，截至 2022 年年底，中国已与 26 个国家和地区签署了 19 个自贸协定，自贸伙伴覆盖亚洲、大洋洲、拉丁美洲、欧洲和非洲，累计投资已超 600 亿美元，中国企业在沿线国家建设的境外经贸合作区累计投资达 571.3 亿美元，为当地创造了 42.1 万个就业岗位。同时，丝路基金已签约项目 70 个，承诺投资金额约 215 亿美元，涵盖基础设施、资源开发、产能合作、金融合作等领域，覆盖东南亚、南亚、中亚、西亚、北非、欧洲等地区。2022 年，我国已是 110 多个共建国家的主要贸易伙伴，贸易自由化便利化水平不断提升。

同共建国家人民"心联通"持续深入。文化、科技、教育、体育、旅游、考古、医疗卫生、民生、减贫等各领域的合作深入开展。2022 年，中国与巴基斯坦签署高等教育学历学位互认协议，与阿根廷教育部续签教育领域交流协议；"鲁班工坊"等 10 余个文化交流和教育合作品牌逐步形成；"丝路一家亲"行动持续推进，菌草、杂交水稻等"小而美、见效快、惠民生"的援外项目有效增进了共建国家民众的获得感、幸福感。"丝绸之路"中国政府奖学金、"鲁班工坊"、"光明行"、菌草技术等民生合作品牌受到共建国家广泛欢迎。教育培训作为最积极有效的文化交流融合途径，始终是各国重点关注的领域。如华为的"未来种子"项目面向全球的年轻人，开展5G、人工智能、云计算等与各类前沿技术相关的技能培训，激励高校学生参与各类竞赛，并在全球各地多个社区提供基本数字技能培训。截至2022年年底，"未来种子2.0"项目已覆盖150多个国家和地区，受益人数超过243万。共建"一带一路"形成了多元互动、百花齐放的人文交流格局，增强了共建国家人民的获得感、幸福感。

2022年，我国稳步拓展"一带一路"国际合作新领域，积极开展健康、绿色、数字和创新等领域建设，继续致力于推动互利共赢的国际合作，更加坚定不移地推进共建"一带一路"高质量发展。这一年，我们以医疗抗疫合作为切入点，以数字经济合作为重点，以绿色发展为主基调，以科技创新为引领，利用我国在抗疫方面的经验与医疗物资的储备，加大与"一带一路"共建国家抗疫合作的力度，建立稳定的"一带一路"医疗供应链，推动健康丝绸之路发展。同时，利用我国在数字经济方面的优势，通过大数据、云计算和人工智能等技术，使"丝路电商"等贸易新业态迅速发展，推动数字丝绸之路建设。2022年，中国已与20多个国家建立"丝路电商"双边合作机制，中国跨境电商进出口规模首次超过2万亿元人民币。绿色发展成为"一带一路"建设的主基调，2022年国家发展改革委等四部门联合印发《关于推进共建"一带一路"绿色发展的意见》，全面系统部署了新时期推进共建"一带一路"绿色发展的目标与任务。中国与联合国环境规划署签署《关于建设绿色"一带一路"的谅解备忘录（2017—2022)》，与30多个国家及国际组织签署多份生态环境保护合作协议，与31个共建国家共同发起"一带一路"绿色发展伙伴关系倡议，与超过40个国家的150多个合作伙伴建立"一带一路"绿色发展国际联盟，与32个共建国家建立"一带一路"能源合作伙伴关系。继续推进"一带一路"科技创新行动计划，将"一带一路"建设成为创新之路。截至2022年年底，中国启动的"一带一路"国际科技组织合作平台建设项目累计吸引 200 多个国际组织和千余个国别组织参与，涉及全球 150 多个国家和地区，共实施 152 个项目，支持建立或筹建 30 家区域科技组织、36 家国际科技组织联合研究中心、5 家国别科技问题研究中心，培养 11.9 万多名科技人才。与 80 多个共建国家签署政府间科技合作协定，与联合国教科文组织等共同发起成立"一带一路"国际科学组织联盟，与相关国家共建 50 多个"一带一路"联合实验室，与 40 余个共建国家签署知识产权保护合作协议，推动创新丝绸之路建设。"一带一路"建设展现出巨大的活力，取得显著成效。"一带一路"建设向着更高质量的发展方向稳步推进，正在成为助推世界经济复苏的新动能。从 2013 年至 2022 年，全球信息与通信技术（Information and Communications Technology，ICT）支出总额由 1.9 万亿美元增至 2.7 万亿美元，其中"一带一路"共建国家的 ICT 支出总额由 1940.6 亿美元增至 2621.1 亿美元。[①]

2022 年，阿根廷、尼加拉瓜、叙利亚、马拉维和巴勒斯坦 5 个国家相继与我国签署了共建"一带一路"的合作谅解备忘录，朋友圈日益广泛牢固。截至 2022 年 12 月，已有 150 个国家和 32 个国际组织与我国签署 200 余份"一带一路"合作文件，涵盖贸易、投资、金融、社会、海洋、电子商务、科技、民生、人文等领域，覆盖世界上三分之二的国家和三分之一的国际组织。"一带一路"的国际影响力、合作吸引力不断释放，合作质量越来越高，发展前景越来越好。

2022 年，21 世纪海上丝绸之路建设向着更高质量的发展方向稳步推进，学术界的研究也进入了一个崭新的发展阶段。

---

① 李青，易爱娜，邹嘉龄."一带一路"数字合作：成就、挑战与展望［J］. 战略决策研究，2023，14（6）.

二、地方政府与"一带一路"建设

"一带一路"建设给国内一些省份带来重大发展机遇。国内相关省份立足优势、聚焦重点、创新突破，积极参与并开展了大量实践工作，不断拓展与"一带一路"合作伙伴多层次、多领域务实合作，助推共建"一带一路"高质量发展走深走实。2022年，我国理论界对各沿海地区如何参与"一带一路"建设问题进行了深入的探讨。我们从广西壮族自治区开始。

（一）关于广西壮族自治区参与"一带一路"建设问题的研究概况

广西是"21世纪海上丝绸之路"与"丝绸之路经济带"有机衔接的重要门户。因此2022年有关广西如何参与21世纪海上丝绸之路建设的研究成果比较丰富。主要有：张辉的《广西在"一带一路"建设中的定位及融入路径》（《当代广西》2022年第1期），杨满妹的《"一带一路"背景下西部民族地区经济发展研究——以广西合浦县为例》（《市场周刊》2022年第11期），张家寿的《广西以西部陆海新通道为牵引更好服务"一带一路"建设的方略》（《广西社会主义学院学报》2022年第6期），陈嘉榕和陈星的《"一带一路"背景下的广西民族文化知识产权保护》（《广西政法管理干部学院学报》2022年第6期），印海廷、王海江和梁元的《"一带一路"倡议下广西文化产业人才素质模型构建与培养路径研究》（《桂林航天工业学院学报》2022年第4期），张嘉的《"一带一路"背景下广西职业教育国际化人才培养路径研究——基于"国际影响力50强"榜单》（《广西职业师范学院学报》2022年第4期），李瑾和梁玉的《"一带一路"背景下广西绿色保险发展研究》（《中国商论》2022年第18期），朱芳阳、欧阳雪莲和朱志东的《"一带一路"背景下广西港口物流对国际贸易的影响》（《物流技术》2022年第8期），韦谦的《"一带一路"视阈下广西自贸试验区边境贸易机制创新》（《经济研究导刊》2022年第21期），张昕的《"一带一路"背景下广西语言服务发展》（《社会科学家》2022 年第 4 期），张静的《"一带一路"背景下广西跨境电商物流发展对策研究》（《中国物流与采购》2022 年第 12 期），冯支波、黄斐和伍广津的《"一带一路"建设视域下广西少数民族体育文化保护与传播研究》（《广西教育学院学报》2022 年第 3 期），肖义和王轩的《"一带一路"建设中广西推进跨区域政府合作探究》（《商业经济》2022 年第 7 期），宰晓娜、宫兆森和李莹的《广西参与"一带一路"建设的五通发展研究》（《现代商业》2022 年第 14 期），吴亮莹的《"一带一路"背景下推动广西北海向海经济高质量发展的对策研究》（《中国市场》2022 年第 13 期），钟学进和徐越的《"一带一路"背景下广西北部湾经济区城市旅游竞争力评价及其区域合作研究》（《产业创新研究》2022 年第 7 期），韦小蕾和曾淑淇的《"一带一路"倡议背景下广西边境贸易发展路径研究》（《环渤海经济瞭望》2022 年第 1 期），刘琳的《广西海上丝绸之路历史文化遗迹保护与开发利用》（《文化产业》2022 年第 4 期），姜颖的《海上丝绸之路历史遗迹保护及开发——以广西为例》（《文化产业》2022 年第 13 期），叶永玲的《基于海上丝绸之路的玉林茶叶物流 4.0 发展对策研究》（《玉林师范学院学报》2022 年第 3 期），崔茂俊的《"一带一路"背景下北部湾城市群的发展路径探究》（《柳州职业技术学院学报》2022 年第 4 期），等等。

其中，张辉在《广西在"一带一路"建设中的定位及融入路径》中提出广西融入"一带一路"建设的具体路径：广西融入"一带一路"建设要以东盟为重要方向和主要国家；通过高水平共建西部陆海新通道，形成广西对外开放新格局的重要支撑；推动广西各类开放合作平台发挥实质性作用；夯实中国（广西）与"一带一路"共建国家民心相通的基础；加大与"一带一路"共建国家的投资与贸易合作力度。

同时，高水平打造西部陆海新通道，融入共建"一带一路"是党中央对广西提出的新要求。张家寿在《广西以西部陆海新通道为牵引更好服务

"一带一路"建设的方略》中就是以西部陆海新通道为牵引，如何更好服务"一带一路"为视角来探讨建设方略。首先，文章提出广西以西部陆海新通道为牵引，更好服务"一带一路"建设的重大意义：有利于广西充分发挥面向东盟开放合作的前沿和窗口作用，更好服务建设更为紧密的中国—东盟命运共同体；有利于广西深度融入和服务构建新发展格局，加快打造"双循环"重要节点枢纽；有利于广西充分发挥独特区位优势，加快打造面向东盟更好服务"一带一路"建设的区域性高水平开放合作高地。其次，文章详细分析广西所具有的现实基础与有利条件："南宁渠道"持续畅通，国际影响力持续提升；基础设施互联互通提速升级；开放型经济融合持续加深；区域金融合作持续深化；人文交流纽带日益稳固。最后，文章针对性提出具体方略：加快打造海陆空有机衔接的综合交通枢纽，着力增强联运集聚发展的牵引能力（进一步提高广西北部湾港的集疏运能力；进一步提高主通道的集疏运能力；进一步提升南宁国际空港的承运能力；进一步提高综合承运能力；进一步提高综合信息服务能力）；推动打造自由贸易门户，着力增强产业集聚发展的牵引能力（强化通道对产业集聚发展牵引能力；强化通道对沿线省区市产业联动发展的牵引能力；强化通道对国际产能合作的牵引能力；强化通道对沿线自由贸易试验区联动发展的牵引能力；强化通道对打造"双循环"重要节点枢纽的牵引能力；强化通道对衔接"一带一路"的牵引能力；强化通道对中国—东盟数字经济合作的牵引能力）；加快打造面向东盟的金融开放门户，着力增强金融集聚发展的牵引能力（着力优化金融服务体系；提升金融综合服务支撑能力；营造良好的金融发展环境；推动建设面向东盟的金融开放门户高端智库）；推动打造人文交流门户，着力增强扩大开放的牵引能力（着力提升"南宁渠道"影响力；进一步巩固增进传统友谊）；促进体制机制创新，加快形成牵引能力（强化组织领导；强化政策支持；创新人才激励机制）。

东盟是广西最大的贸易伙伴，因此有些文章专门探讨关于广西与东盟合作的研究，主要有：贺祯的《广西建设面向东盟的金融开放门户对接"一带一路"的突破口和路径研究》（《投资与合作》2022 年第 8 期），张家寿的《充分发挥广西面向东盟开放合作的前沿和窗口作用》（《当代广西》2022 年第 Z1 期），葛红亮和汪子秋的《广西如何更好地服务建设更为紧密的中国—东盟命运共同体?》（《东南亚纵横》2022 年第 3 期），林艾和史友宽的《中国—东盟体育赛事交流现状及对策研究——以广西为例》（《山东体育科技》2022 年第 6 期），吴均颖和张玲的《"一带一路"背景下广西与东盟高校教育合作交流模式探析》（《大学教育》2022 年第 6 期），罗幸的《广西面向东盟的经济和企业形象传播研究》（《传媒论坛》2022 年第 10 期），等等。

上述文章中，张家寿在《充分发挥广西面向东盟开放合作的前沿和窗口作用》一文中重点研究如何充分发挥广西面向东盟开放合作的前沿和窗口作用。文章首先列举充分发挥广西面向东盟开放合作前沿和窗口作用的重大意义：有利于更好服务建设中国—东盟命运共同体；有利于更好推动共建"一带一路"高质量发展；有利于更好服务和融入新发展格局。接着作者分析了具有较好的基础条件和独特的优势，主要有："南宁渠道"影响力不断扩大；基础设施互联互通提速升级；经济融合发展持续加深；人文交流深入发展。在上述分析的基础上，文章认为切实有效的运作策略：建立健全中国—东盟合作平台机制；全面提升中国—东盟互联互通水平；不断促进中国—东盟经贸合作提质增效；全面深化中国—东盟之间政党、民间人文交流。

赵光辉在《中国（广西）—东盟交通网的时空演变及优化策略》中针对"一带一路"下广西打造面向东盟的国际交通运输通道，从时空演变角度来探讨如何优化策略。文章基于经济学、地理学、国际关系等诸多学科理论，对广西和东盟各国之间交通区位时空演变特征及驱动机制进行综合梳理与科学评价，从中国—东盟通道发展与枢纽交通角度，系统分析中国（广西）—东盟交通网需要应对的主要挑战。文章提出的主要挑战有：货物经港口出海"马力不足"；通道"主动脉"与路网"毛细血管"不联通；交通"枢纽"不强与"中转"不畅。文章认为广西拥有"面向东南亚、背靠大西南、毗邻粤港澳"的区位优势，应以优化东盟交通网为突破，实现对接RCEP的新格局及自身高质量发展，可以从以下五方面着手：一是高水平共建西部陆海新通道，舒展交通网新画轴（在强通道上，主动融入新发展格局；在强枢纽上，更好地发挥辐射带动作用；在强网络上，提升协调联动发展水平）；二是大力发展向海经济，织密北部湾港航运网〔打造高能级北部湾港口，强化国际枢纽海港功能，使之成为中国与东盟国家（地区）海上互联互通、开发合作的前沿；积极发展面向东盟的海运航线，强化北部湾国际门户枢纽港辐射能力，形成对东盟国家重要港口全覆盖、全球重要港口基本覆盖的航线网络；加大既有集装箱码头智能化改造力度，完善西部陆海新通道海铁联运物流体系，深化海铁联运"一单制"改革，支持在RCEP其他成员国设立集装箱海外还箱点〕；三是提高运输能力，加快构建内外联动综合交通网（铁路方面，加快拓展铁路路网和提高铁路运输能力；高速公路方面，加快出海、出省、出边高等级公路建设；航空方面，加快国际航空港建设）；四是推进国际物流枢纽建设，加快形成跨境跨区域物流网（努力把广西建设成为中国—东盟自由贸易区的区域性物流中心；加快建设中国—东盟多式联运联盟基地和服务中心）；五是打造一体化国际门户枢纽，促进构建区域交通合作网（加快综合枢纽城市建设；强化枢纽体系和境内外分拨集散中心建设）。

（二）关于海南参与"一带一路"建设问题的研究概况

2022年，海南利用建设自由贸易港的契机，在建设"一带一路"重要支点上迈出更加坚实的步伐。关于海南参与"一带一路"建设问题的文章主要有：王胜的《新时期新征程海上丝绸之路支点建设实践路径》（《今日海南》2022年第7期），张茜、张引和张梦的《"一带一路"建设背景下海南文化在东南亚交流机制探究》（《文化产业》2022年第30期），余雯雯和陈甬军的《从贸易成本出发探析共建"一带一路"与海南自由贸易港发展》（《新经济》2022 年第 10 期），张立军、李超荣和廖民生的《"一带一路"视域下三亚史前文化遗址的价值挖掘与探析》（《海洋开发与管理》2022 年第 10 期），黎镇鹏、张泽承和李志敢的《"一带一路"背景下海南体育旅游发展优势、困境与策略》（《体育文化导刊》2022 年第 7 期），张舰的《加快推进海南全面深化改革开放同共建"一带一路"统筹衔接》（《中国经贸导刊》2022 年第 7 期），柴裕红和瞿子超的《"一带一路"背景下海南建设国际商事纠纷解决中心的路径构建——兼与日本国际纠纷解决中心之比较》[《合肥工业大学学报（社会科学版）》2022 年第 3 期]，王雪、曹佩磊和劳俊的《"一带一路"倡议背景下海南体育旅游小镇发展模式》（《山西财经大学学报》2022 年第 S1 期），宁欢和罗晋京的《"一带一路"倡议对海南的影响研究》（《中国商论》2022 年第 7 期），等等。

上述文章中，王胜的《新时期新征程海上丝绸之路支点建设实践路径》探讨海南作为海上丝绸之路支点建设实践路径。该文首先指出海南建设海上丝绸之路支点的前景：建设新时期海上丝绸之路支点是海南的重要使命；海南建设新时期海上丝绸之路支点具有坚实的基础；自贸港建设为海南建设新时期海上丝绸之路支点提供了独有的政策优势；海南建设新时期海上丝绸之路支点具有区位优势。其次分析了海南建设海上丝绸之路支点的重要机遇：建设中国特色自贸港为海南带来"大开放"机遇；区域经贸整合加速为海南带来"大发展"机遇；中国—东盟建立全面战略伙伴关系为海南带来"大合作"机遇；"双循环"新发展格局构建为海南带来强劲动力。最后提出相应建议：进一步加强政策沟通（坚持陆海统筹，积极开展海洋事务性合作；要打造和完善政府与民间合作交流的机制平台，助力提升政治互信；加强国际友城建设，助力政策沟通）；进一步促进互联互通（加快建设西部陆海新通道航运枢纽；打造国际航空航运枢纽；打造数据安全有序流动的网络环境；提升信息化领域互联互通水平）；进一步强化贸易畅通（深化环南海区域经贸合作；持续打造法治化、国际化、便利化的营商环境，促进贸易和服务便利化；加强产业合作，实现优势互补）；进一步提升资金融通（打造跨境投融资新体系，推动跨境资金流动自由便利化；深化金融开放创新，探索构建具有国际竞争力的金融机构体系；加强金融监管合作）；进一步推进民心相通（以侨为桥，推动和丝路共建国家的人文交流，助力民心相通；构建更加开放的停居留和工作许可政策制度体系，推动人员进出自由便利化；举办高水平、高标准展会与赛事，切实扩大海南国际影响力；打造教育对外开放新格局，大力推进国际教育创新岛建设）。

余雯雯和陈甬军在《从贸易成本出发探析共建"一带一路"与海南自由贸易港发展》一文中针对新冠疫情带来的显著冲击使各国的贸易成本增加探析共建"一带一路"与海南自由贸易港发展。文章认为，海南自由贸易港应发挥其自身的制度和区位优势，融入高质量共建"一带一路"，以变应变，在挑战中取得新发展。具体措施有：以降低贸易成本，促进全球贸易为主要抓手（释放制度红利，降低贸易成本；强化风险防范意识，兼顾防疫需求）；升级新基建，奠定硬件基础。

黎镇鹏、张泽承和李志敢在《"一带一路"背景下海南体育旅游发展优势、困境与策略》一文中以海南体育旅游为切入点，运用文献资料梳理、专家访谈、实地考察等方法，剖析"一带一路"背景下海南体育旅游发展的策略。文章认为，海南发展体育旅游的优势具体表现在区位条件优越、体育旅游资源富饶、接待环境通畅与后发潜力凸显四方面。但同时也指出面临的困境：主体关系有待提升；资源挖掘深度不足；体旅一体化建设受阻滞；品牌效应不够突出。在上述分析的基础上，作者提出相应建议：创新多元治理体系，改善供需质量，完善市场经济（创新海南体育旅游"1＋N"多元治理体系；优化运行机制；海南体育旅游的发展应形成政策扶持与融资引导的长效制度）；推动体育旅游融合一体化发展（加强区域资源耦合效度；进行科学观测、合理规划；健全体育基础设施建设，增强群众参与体育健身的行为意识；夯实人才培养力度）；加强数字化技术的嵌入，促进产业结构升级（以数字化技术赋能，优化产品的生产与研发，进一步推进体育旅游供给侧改革的外显优势；通过优化产品服务内容，推进需求侧改革的内生动力）；构建沿线多边合作体系，塑造国际品牌形象（构建"一带一路"体育旅游多边合作体系，推动海南体育旅游同沿线各国合作观念的形成；海南体育旅游应错位开发，避免产品同质化竞争；塑造国际品牌形象）。

（三）关于广东参与"一带一路"建设问题的研究概况

广东是海上丝绸之路发祥地，又是对外开放先行地，凭海而立、因海而兴。2022 年关于广东参与"一带一路"建设问题的研究有：叶丽娜·叶列麦斯、杨思阁和陈涛的《"一带一路"倡议与广东省沿海经济带发展研究》（《中国商论》2022 年第 23 期），刘梅的《"一带一路"背景下广东省对外贸易战略定位及发展趋势》（《中阿科技论坛（中英文）》2022 年第 11 期），刘耘、孙杰和王婷等的《基于引力模型的广东与"一带一路"沿线国家贸易潜力研究》（《广东工业大学学报》2022 年第 2 期），肖敦交和陈光荣的《"一带一路"背景下广东高职院校国际化能力提升策略研究》（《广东职业技术教育与研究》2022 年第 5 期），于珊珊和李乐的《"一带一路"视域下广东高职教育国际化协同发展路径探析》（《中国管理信息化》2022 年第 20 期），谢盛华的《"一带一路"背景下岭南饮食文化的特征及嬗变》（《工程技术研究》2022 年第 10 期），蔡春林、曹心悦和蔡淇旭的《新发展格局下广东共建"一带一路"新机遇新对策》（《广东经济》2022 年第 3 期），郑慧和潘晓东的《广东"一带一路"涉外档案文献开发研究》（《兰台世界》2022 年第 2 期），姜平的《高职院校"一带一路"与"乡村振兴"协调发展的路径探究——以广东农工商职业技术学院为例》（《农村经济与科技》2022 年第 2 期），何丽梅的《"一带一路"背景下广东外商直接投资的SWOT 分析》（《全国流通经济》2022 年第 3 期）和《"一带一路"倡议背景下广东产业结构转型升级问题研究》（《黑龙江人力资源和社会保障》

2022 年第 1 期）以及《"一带一路"背景下外商直接投资对广东产业结构升级的影响研究》（《中国集体经济》2022 年第 1 期），李燕霞和曾衍文的《岭南海丝文化的推广与传播——以世界级非遗广东粤剧为例》（《戏剧之家》2022 年第 20 期），等等。

其中，蔡春林、曹心悦和蔡淇旭的《新发展格局下广东共建"一带一路"新机遇新对策》探求新发展格局下广东共建"一带一路"新机遇新对策。文章首先列举当前广东共建"一带一路"迎来新机遇：《区域全面经济伙伴关系协定》（RCEP）生效实施和申请加入《全面与进步跨太平洋伙伴关系协定》（Comprehensive and Progressive Agreement for Trans-Pacific Partnership, CPTPP）推进"一带一路"高质量发展；广东"双区"（粤港澳大湾区、深圳先行示范区）对接"一带一路"建设；以前海、横琴和南沙三个自贸区为节点，聚焦"扩区"和"改革开放"共建"一带一路"；民营企业活力升级，以高灵活度与大胆创新力参与"一带一路"合作。其次分析新发展格局下广东共建"一带一路"遇到的新问题：国际贸易深度接轨存在制度障碍，对接"一带一路"缺乏金融优势；"一带一路"国际认同感有待增强，区域经济亟须协调；合作的中间产品占比大，生产链和价值链对接困难；"一带一路"合作企业量多但低效，新兴产业供求失衡。最后提出"双循环"格局下广东共建"一带一路"的新对策：加强"一带一路"国际沟通，推进人民币国际化；提供发展战略的最新解读，督促政府职能转变；培养与引进综合性创新型人才，联合多地投入技术升级；搭建畅通的物流体系与信息平台，做"搅动市场的鲶鱼"协调"一带一路"合作企业的差距。

刘耘、孙杰和王婷在《基于引力模型的广东与"一带一路"沿线国家贸易潜力研究》一文中基于贸易引力模型，选取 2008—2018 年 15 个具有代表性的合作国家，测算其与广东的贸易潜力数值，发现国内生产总值（Gross Domestic Product，GDP）、地理距离、经济发展水平差距、对外直接投资均会不同程度地影响外贸流量。结果表明，大多数国家对于广东依然具有较大的贸易发展空间。文章在研究结果的基础上提出相应政策建议：分层次构建广东对外贸易新格局，培育沿线高质量贸易伙伴；调整加强对"贸易倒退型"和"贸易忽略型"国家的贸易政策与支持力度；继续优化综合交通体系，发挥国际交通大枢纽优势；加大先进技术导向型直接投资，发挥贸易投资的相互促进作用。

（四）关于福建参与"一带一路"建设问题的研究概况

福建是 21 世纪海上丝绸之路的重要节点，被国家定位为"21 世纪海上丝绸之路核心区"、"一带一路"互联互通建设的重要枢纽、21 世纪海上丝绸之路经贸合作的前沿平台。2022 年关于探讨福建如何建设"一带一路"的文章有：蒋清泉、林金皇和林巧珍的《福建省开展"一带一路"国际科技交流与合作的模式研究》（《产业与科技论坛》2022 年第 21 期），易滋名、施亦婕和陈剑疆等的《闽风文创"一带一路"文化传承与福建旅游文创产品设计开发》（《品牌与标准化》2022 年第 S2 期），陈沂的《聚侨心汇侨智发侨力着力提升"一带一路"语言服务水平》（《发展研究》2000 年第 6 期），杨军红的《福建与"21 世纪海上丝绸之路"沿线国家贸易互补性与竞争性研究》（《通化师范学院学报》2022 年第 1 期），文芳的《"一带一路"市场技术性贸易措施发展现状及其对福建出口的影响分析》（《中国标准化》2022 年第 21 期），李佳川和李琪的《"一带一路"背景下龙舟文化传承与保护研究——以福建龙海七甲社为例》（《当代体育科技》2022 年第 12 期），吕欣童、韩静和陈鹏程的《"一带一路"背景下福建外语复合型人才培养现状与对策》（《宁德师范学院学报（哲学社会科学版）》2022 年第 2 期），陈丽辉的《"一带一路"倡议下福建省服装行业标准化合作模式探究》（《中国标准化》2022 年第 7 期），陈锦雯的《"一带一路"背景下福建—东盟贸易发展探析》（《现代商业》2022 年第 4 期），邱崖的《"一带一路"视域下中医药在东盟的传播研究——以福建省为例》（《中医药管理杂志》2022 年第 3 期），文冬妮和蔡银潇的《福建海丝文化旅游开发与遗产保护协同发展模式》（《桂林师范高等专科学校学报》2022 年第 2 期），石东坡、谢进和陈国飞的《海丝中央法务区的现状问题、比较借鉴与发展举措》（《厦门特区党校学报》2022 年第 3 期），郭鹏飞、李积普和杨璐等的《福建沿海"海丝"文化旅游资源空间结构与开发潜力分析》（《世界地理研究》2022 年第 1 期），等等。

郭鹏飞、李积普和杨璐在《福建沿海"海丝"文化旅游资源空间结构与开发潜力分析》一文中以福建沿海海上丝绸之路文化旅游资源空间结构与开发潜力为视角，应用定量统计和 GIS 分析方法研究福建沿海海上丝绸之路文化旅游资源的类型结构、空间结构特征及资源群开发潜力，为海上丝绸之路文化旅游资源的保护和旅游目的地开发提供决策依据。结果表明：（1）福建沿海上丝绸之路文化旅游资源分为海上交通、商业贸易、文化融合和宗教文化四大类及 12 个亚类；（2）从整体空间结构看，资源呈集聚型分布，形成"一带四区"格局，即宁德—福州—莆田—泉州—厦门—漳州的沿海带状区域和以泉州为中心的极核区、以漳州和福州为中心的两个高密度区、以莆田为中心的次级密度区；（3）从各类型资源空间分布特征看，海上交通类资源在沿海港口处高度聚集，商业贸易类资源在福州和泉州的城区及内陆山区河流两岸聚集，文化融合类资源高度聚集在泉州、漳州和福州，宗教文化类资源以泉州为中心在沿海广泛分布；（4）从资源群开发潜力看，泉州为开发潜力最大城市；宗教文化类资源群为最具开发潜力的资源类型。基于以上研究结果，文章提出构建以"点—轴—网"为格局的福建海上丝绸之路文化旅游资源空间开发格局设想：构建以泉州、福州和漳州为中心的三大海上丝绸之路文化旅游核心区；构建东北—西南走向的两条特色文化旅游带；在旅游中心节点和旅游发展轴带的基础上，形成海上丝绸之路文化引领、山海资源融合的旅游休闲网络。

海丝中央法务区是福建省委省政府打造新发展格局的战略支点和关键支撑，是福建省在海上丝绸之路与区域发展战略上的重要结合点。石东坡、谢进和陈国飞在《海丝中央法务区的现状问题、比较借鉴与发展举措》一文中围绕如何切实推动海丝中央法务区高质量发展展开研究。文章首先在实证研究的基础上，运用样本分析、比较分析和机制分析的方法与视角，吸收空间经济学、法律社会学等理论方法，在法治形成发展所依托的组织、资源与机能上剖析和考察海丝中央法务区。其次提出其所面临的四个方面的挑战：思想认识仍有障碍；体制机制有待健全；内聚力量急需提升；特色品牌更当树立。最后提出五个方面的措施：深刻体认海丝中央法务区的重要意义，筑牢更加积极投身海丝中央法务区建设的认识前提和思想基础；健全完善科学合理的"虚拟园区"型组织体制和运行机制；创新开发法务产品，集聚法务生态要素；加强知识产权全方位保护的泛法务生态；发掘、发展特色鲜明的涉外法务专门领域。

此外，还有一些文章是从福建各地区如何推动"一带一路"建设进行研究的，主要有：张清霞的《"一带一路"倡议下泉州民营企业对外直接投资面临的问题及对策研究》（《商业经济》2022 年第 8 期），李亦然和黄薇的《"一带一路"背景下泉州海丝文化融入国际中文教育的路径探究》（《南方论刊》2022 年第 10 期），卢银飞的《"一带一路"背景下泉州文化旅游发展策略研究》（《山东纺织经济》2022 年第 5 期），吴雅莉的《海丝文化融入泉州高校校园文化建设的探究》（《江西电力职业技术学院学报》2022 年第 4 期），陈欣雨的《"海丝"背景下泉州高校公共艺术课程改革路径》（《黎明职业大学学报》2022 年第 3 期），廖钟源的《打造地域文化符号：新文创时代海丝文化的价值重塑》（《东南传播》2022 年第 4 期），何姗、曹梓欣和谢向英的《福州海丝文化城市品牌建设研究》（《福建开放大学学报》2022 年第 1 期），陈智胜的《融入"一带一路"厦门旅游业创新发展路径》（《中国外资》2022 年第 12 期），任伟的《厦门港加快融入"一带一路"的路径探究》（《中国集体经济》2022 年第 1 期），等等。

（五）关于浙江参与"一带一路"建设问题的研究概况

浙江在推进"一带一路"建设实践中硕果累累，但 2022 年理论研究方面的文章数量还是不多，主要有：陈思琦的《"一带一路"倡议下浙江国际贸易与国际物流协同发展研究》（《中国商论》2022年第20期），袁慧玲的《浙江建设"一带一路"沿线中医药文化传播"重要窗口"研究》（《中医药管理杂志》2022年第17期），袁勇的《"一带一路"背景下职业教育"走出去"的浙江样例》（《职业技术教育》2022年第21期），黄雁雁的《"一带一路"下，浙江中小企业"走出去"模式的影响因素实证研究——基于灰色局势决策理论》（《对外经贸》2022年第6期），何勇的《"一带一路"视域下宁波地方特色小吃产业化发展研究》（《四川旅游学院学报》2022年第3期），周易知和游路湘的《高职院校高质量参与"一带一路"建设人才培养研究——以浙江为例》（《南京开放大学学报》2022年第1期），任凯的《"一带一路"倡议背景下宁波打造国际贸易创新之城研究》（《江南论坛》2022年第12期），汪维的《宁波职业教育服务"一带一路"建设现状、困境和对策》（《宁波教育学院学报》2022年第5期），李书彦和徐兰的《宁波打造"国际开放枢纽之都"应加强海外园区建设》（《宁波经济（财经视点）》2022年第5期），张雨亭和张雨澄的《基于文旅融合的宁波市"海丝古港"旅游发展对策》（《宁波经济（财经视点）》2022年第6期），姚鸟儿的《宁波与中东欧开展数字贸易的问题与对策分析》（《宁波经济（三江论坛）》2022年第8期），王瑜和赵玲燕的《融入"一带一路"构建全面开放新格局》（《浙江经济》2022年第2期），等等。

其中，袁勇的《"一带一路"背景下职业教育"走出去"的浙江样例》一文是围绕浙江职业教育主动服务"一带一路"共建"走出去"进行探讨的。文章首先分析了浙江职业教育"走出去"的基础：畅通政策为浙江职业教育"走出去"凝聚共识；校企并进为浙江职业教育"走出去"奠定基础。其次分析了浙江职业教育"走出去"的现状：以重大平台建设为推动职业教育"走出去"的载体；以部省市共建为推动职业教育"走出去"的抓手；以对接国际需求为推动职业教育"走出去"的关键；以创新校企合作模式为推动职业教育"走出去"的手段。最后提出浙江职业教育"走出去"的新发展路径：建构浙江职业教育"走出去"的长效发展机制（建构浙江职业教育"走出去"的方向引领机制和保障机制）；搭建浙江职业教育"走出去"的校企合作平台（搭建校企合作信息交流平台和协同育人平台）；建构浙江职业教育"走出去"的特色标准（建构高质量的职业教育中国标准，着力提升国际竞争力以助力职业教育"走出去"；建构高质量的"浙江特色"国际化课程和专业标准）。

宁波地处海上丝绸之路和长江经济带交会处，是"一带一路"的枢纽城市。"一带一路"倡议为宁波提供了新的经济发展空间和机遇。任凯的《"一带一路"倡议背景下宁波打造国际贸易创新之城研究》一文主要是探究宁波如何在"一带一路"倡议背景下打造国际贸易创新之城。文章首先提出"一带一路"倡议为宁波打造国际贸易创新之城带来的机遇：政策扶持机遇；平台建设机遇；行业市场机遇和业态更新机遇。其次指出面临的挑战：民众对"一带一路"倡议认知不高；企业的人才和技术支撑不够；进口商品国内市场挖掘不足和区域辐射带动作用不强。最后提出"一带一路"倡议背景下宁波打造国际贸易创新之城的路径：发挥制度创新的先发优势，改善营商环境；发挥产业链配套优势，健全风险保障；发挥数字经济优势，优化贸易渠道；发挥教育系统优势，加强人才培养。

李书彦和徐兰在《宁波打造"国际开放枢纽之都"应加强海外园区建设》中写道："市第十四次党代会提出了推进'六大变革'，打造'六个之都'，建设现代化滨海大都市的宏伟目标。其中打造'国际开放枢纽之都'是最能体现宁波外向型经济优势和最具宁波辨识度的战略目标。"为此文章认为宁波应充分发挥自身优势，积极布局"一带一路"海外园区，助推甬企"抱团出海"、对接国际创新资源平台，向全球价值链、创新链上游攀升。文章首先系统地阐述了我国在"一带一路"沿线建设海外园区的特点：园区数量快速增长；园区类型日益多元；建设主体呈现省际差异。其次运用数理方法分析了宁波海外园区建设现状及问题，认为宁波企业在参与"一带一路"建设方面具有扎实基础，对外直接投资规模位居浙江前列，并多次位居浙江首位。但同时指出宁波"一带一路"海外园区建设与宁波建设"一带一路"综合试验区的要求有一定的差距。最后提出宁波应抓住"一带一路"建设的历史机遇，加快布局"一带一路"海外园区的建议：加强战略统筹，将海外园区作为宁波开放经济的重要平台；培育建设主体，鼓励龙头企业通过海外园区带动产业链"走出去"；优化空间布局，沿"一带一路"六大经济走廊重点推进；创新政策供给，接轨国际规则，健全有效机制和政策。

（六）关于其他省市参与"一带一路"建设问题的研究概况

长江经济带具有承启东西、贯通南北的区位优势，在沟通"一带"和"一路"中有重要的战略地位。2022 年有关的研究主要有：陈麦池、潘康洁和朱梦承等的《"一带一路"背景下长三角潜在游客赴非旅游信任度调查研究》（《安徽工业大学学报（社会科学版）》2022 年第 6 期），刘保奎和张舰的《长江经济带同一带一路统筹衔接的战略重点》（《开放导报》2022 年第 3 期），雷洋和黄承锋的《长江经济带与"一带一路"交通互联互通的价值及推进》（《重庆交通大学学报（社会科学版）》2022 年第 4 期），等等。

其中，刘保奎和张舰在《长江经济带同一带一路统筹衔接的战略重点》一文中从推动长江经济带同"一带一路"统筹衔接进行研究探讨。文章首先分析了长江经济带同"一带一路"统筹衔接理论逻辑与实践逻辑，主要有：（1）有助于发挥"丝绸之路经济带"和"21 世纪海上丝绸之路"的关键纽带作用，更好服务新发展格局构建；（2）有助于更好发挥长江经济带生态优先绿色发展主战场地位，为共建"一带一路"提供更大空间、更强动力；（3）有助于发挥长江经济带引领经济高质量发展主力军作用，推动经济转型升级和高质量发展；（4）有助于更好释放中心城市的带动效应和上中下游比较优势，促进区域均衡协调发展。其次分析了长江经济带同"一带一路"统筹衔接的现实基础及存在的短板。现实基础主要体现在：
（1）通过高水平共建西部陆海新通道，使长江经济带沿江省市实现与"一带一路"全方位衔接和持续拓展；（2）长江经济带是中欧班列的萌发地、主力军，支撑中欧班列成为连接中国与欧亚大陆的重要战略通道；（3）长江经济带沿江省市的自贸区等开放平台数量和层次不断提升，引领区域沿海内陆高水平开放；（4）长江经济带沿江省市、企业推动实施的境外园区起步早、质量高、影响大，成为"一带一路"国际产能合作的重要平台。也要看到，当前长江经济带同"一带一路"统筹衔接仍存在一些困难和短板，既有流域关键航道容量受限等硬件问题，也有一体化水平不高、协同能力不强等软件问题。主要体现在：通道功能有待增强；"大通关"的效率需要进一步提高，检验检疫、海事、边检、港航等跨部门联动尚需加强；中欧班列的跨区域整合进展缓慢，抢货、抢车现象明显，个别城市违背市场规律通过补贴争抢货源；对外产业合作的同构现象比较明显，导致内卷严重；长江经济带在推动面向东南亚的沿边和次区域合作上的作用需要进一步增强，长江流域在中南半岛等国的影响力有待提升。在上述分析的基础上，文章认为推动长江经济带同"一带一路"统筹衔接的总体思路：突出特色和贡献度，把握准"三大定位"（建设"双循环"相互促进的主动脉；深化"一带一路"投资经贸合作的主力军；应对气候变化国际合作的重要实践地）；强调整体性和支撑性，设计好"五大路径"（整体统筹；内外畅通；绿色低碳；产业为要；面向未来）。最后提出推动长江经济带同"一带一路"统筹衔接的战略重点：围绕中心城市打造"一带一路"的重要支点和枢纽（支持将上海打造成为"一带一路"综合服务中心；支持成渝和武汉建设链接全球、引领中西部的支点和国内国际双循环重要链接；将昆明打造成为面向南亚、东南亚的辐射中心和数字中枢；推动南京、杭州、合肥、宁波、长沙、南昌等发挥产业和创新优势；支持义乌、连云港等发挥各自优势打造长江经济带同"一带一路"融合的重要支点）；依托长江黄金水道，推动中欧班列、西部陆海新通道高质量发展（提升长江黄金水道功能；推动中欧班列高质量发展；加快建设西部陆海新通道）；依托自贸试验区网络和境外合作园区，推动内外生产体系和经贸环流有机衔接（依托自贸区，促进国家级开发区、综合保税区、海关特殊监管区等扩大开放，加快与国际最高标准经贸规则衔接；推动上中下游协同开放。更好发挥上海和长三角制度型开放优势，加快云南面向南亚、东南亚的各类开放平台建设，加强上中下游协同开放体制机制建设；提升沿边开放水平。依托瑞丽国家重点开发开放试验区等，支持云南建立面向南亚、东南亚的各类开放平台协同机制，吸引一批新产业、新业态入驻）；打造绿色化高端化现代产业体系（推动新能源产业发展和国际合作；加强数字经济合作；推动全流域协同创新）；打造"长江"重大论坛会展平台矩阵，引领"一带一路"知识和理念交流（最大限度释放进博会效应；依托世界互联网大会打造全球最好的数字科技发展交流平台）；加强境外园区建设，促进企业协同有序"走出去"（统筹长三角地区境外园区布局；鼓励单一制造业园区向综合产业新城拓展；打造集成化的"海外园区服务网"）。

雷洋和黄承锋的《长江经济带与"一带一路"交通互联互通的价值及推进》一文探讨了如何促进长江经济带与"一带一路"交通实现更高水平互联互通的策略。文章首先从经济带发展的基础动力着手，分析了长江经济带与"一带一路"交通互联互通的战略价值：交通互联互通是长江经济带发展的内在驱动力；交通互联互通是长江经济带上中下游均衡发展的抓手；交通互联互通是国家顶层战略设计同步推进的抓手。其次在系统梳理长江经济带与"一带一路"交通互联互通现状的基础上，提出交通互联互通的障碍：经济带内交通基础设施发展不均衡，上游地区对外联通能力较弱；长江航运"短板"制约江海联运效能提升；长江经济带各省市对外互联互通的整体性协调机制缺乏。最后提出长江经济带与"一带一路"交通互联互通的推进策略：加快上海国际贸易与航运中心建设，引领长江经济带高质量发展；挖掘江海联运潜能，推动长江经济带与海上丝绸之路互联互通质量；建立长江经济带沿线对外通道发展协作机制，提升整体联通水平；推动川藏、新藏等铁路建设，为长江经济带向西开放提供新动力；推动西部陆海新通道交通发展，实现长江经济带与东盟高效联通。

关于江苏省参与"一带一路"建设问题的研究有：周勇和刘慧的《江苏保险业支持"一带一路"倡议的路径与机制研究》（《市场周刊》2022 年第 12 期），潘东旭的《"一带一路"背景下江苏省特色农产品跨境电商发展策略》（《经济研究导刊》2022 年第 33 期），颜咏的《加强与港澳金融合作推动"一带一路"交汇点建设》（《群众》2022 年第 22 期），张海云、张潇和葛志伟的《"一带一路"背景下江苏省高等工程教育国际化发展》（《经济研究导刊》2022 年第 26 期），包卿和浦徐进的《持续推进江苏"一带一路"高质量发展》（《江南论坛》2022 年第 9 期），陈昱冰和许凌的《"一带一路"倡议下连云港国际枢纽海港建设研究》（《对外经贸》2022 年第 7 期），王道龙的《抓牢"数字丝绸之路"机遇为江苏"一带一路"交汇点建设注入新动能》（《财富时代》2022 年第 6 期），张晓晗和宣昌勇的《"一带一路"背景下跨境电子商务发展分析——以江苏连云港为例》（《时代经贸》2022 年第 5 期），胡越、吴雷和陈相芬等的《江苏中小企业跨境电商的创新发展研究——基于"一带一路"建设背景》（《北方经贸》2022 年第 1 期），史红月和郭燕的《"一带一路"倡议下连云港跨境电商发展对策研究》（《市场周刊》2022 年第 10 期），董瑶和王志峰的《"一带一路"背景下港口物流竞争力研究——以连云港港口为例》（《中国储运》2022 年第 7 期），周夕和张涛的《"一带一路"背景下连云港自贸区建设路径研究》（《边疆经济与文化》2022 年第 3 期），等等。

其中，包卿和浦徐进的《持续推进江苏"一带一路"高质量发展》中写道："全面准确地理解新时期国家系统性多层级的发展战略是区域发展实现准确定位的基础。新时代国家发展战略在空间层面主要体现为'三区一带'和'一流域'，推进'一带一路'倡议是实现全方位高水平开放发展战略的重要组成部分。江苏推进'一带一路'发展既是高质量开放发展的自觉选择，又是实现国家战略部署的有机组成。"文章首先概括了江苏推进"一带一路"发展的现状：主要围绕"互联互通""产能合作""丝路贸易""合作园区"和"人文交流"五个方面取得了积极进展和丰硕成果，并形成了七大主题性特色：中阿（阿联酋）产能合作示范园、柬埔寨西哈努克港经济特区、中国以色列常州创新园、江苏中欧（亚）班列、江苏省级公共海外仓、丝路苏商和水韵江苏。其次指出推进"一带一路"发展面临的挑战：宏观大势，"一带一路"是大势所趋、最优路径；当前形势，"一带一路"主导性影响力面临挑战。最后提出持续推进江苏"一带一路"建设的对策建议：着力提升江苏省"国家战略"担当；着力优化一流营商环境；着力推动更高水平制度型开放。

此外，还有一些文章探讨了其他沿海地区参与 21 世纪海上丝绸之路建设的问题，主要有：王慧艳的《山东省对"一带一路"沿线国家直接投资风险评价研究》（《生产力研究》2022 年第 7 期），冯秀彬的《"一带一路"倡议下山东影视剧的发展与思考》（《新闻传播》2022 年第 21 期），段国蕊和田晶的《"一带一路"沿线对外直接投资促进了制造业高质量发展吗？——基于山东省制造业的实证分析》（《滨州学院学报》2022 年第 3 期），刘宝鲁的《一带一路背景下青岛上合示范区发展研究》（《公关世界》2022 年第 11 期），于晓梅的《山东旅游文化在"一带一路"沿线国家的传播与影响研究》（《国际公关》2022 年第 9 期），赵锦芝的《"一带一路"下的山东机遇》（《中国外资》2022 年第 6 期），殷培焱的《"一带一路"倡议下山东跨境电子商务发展策略研究》（《现代商贸工业》2022 年第 6 期），殷航的《"一带一路"视野中山东传统手工艺文化的传播研究》（《服饰导刊》2022 年第 1 期），彭耀光的《推动齐鲁文化融入"一带一路"建设》（《山东干部函授大学学报（理论学习）》2022 年第 2 期），夏婉莹的《"一带一

路"倡议下山东省旅游服务贸易发展研究》(《环渤海经济瞭望》2022 年第
1 期),张智和乌兰图雅的《"一带一路"背景下天津对外经济发展分析预
测》(《城市》2022 年第 1 期),张越的《"海上丝绸之路"背景下滨州市海
洋经济高质量发展研究》(《商展经济》2022 年第 7 期),马一川和杜长顺的
《大连高质量参与"一带一路"建设的对策研究》(《辽宁经济》2022 年第 7
期),刘雨的《"一带一路"背景下城市语言环境建设研究——以大连市为
例》(《豫章师范学院学报》2022 年第 6 期),庄佳琪和董欣的《基于"一
带一路"背景的大连港与城市经济耦合协调发展研究》(《物流工程与管理》
2022 年第 12 期),李忠壹和周婧的《坚持系统观念发挥广大侨胞作用推动
辽宁参与高质量共建"一带一路"研究》(《辽宁省社会主义学院学报》
2022 年第 4 期),孟亮和张晨阳的《"一带一路"倡议下辽宁省与沿线国家
的贸易现状分析》(《产业创新研究》2022 年第 21 期),肇丽颖的《"一带
一路"倡议下辽宁沿海经济带港口城市发展对策》(《经济研究导刊》2022
年第 28 期),张帅的《"一带一路"倡议背景下辽宁省经济发展机遇和挑
战》(《中阿科技论坛(中英文)》2022 年第 5 期),张凯琪和赵红娟的
《"一带一路"倡议下辽宁省与日本经贸合作现状及对策分析》(《现代工业
经济和信息化》2022 年第 1 期),等等。

山东作为"一带一路"沿线上的一个重要节点,深度融入共建"一带
一路"。王慧艳在《山东省对"一带一路"沿线国家直接投资风险评价研
究》一文中专门讨论了对"一带一路"共建国家直接投资风险评价。文章
采用 CRITIC – TOPSIS 方法测度 2015—2020 年山东省对"一带一路"共建的
26 个国家直接投资风险并分析其时空变化特征,为山东省对"一带一路"
共建国家直接投资风险的管控与防范提供建议。研究发现:(1) 2015—2020
年,山东省对"一带一路"共建国家直接投资风险在波动中变化,呈逐年
上升趋势。(2) 从国家来看,新加坡、阿联酋、越南、泰国、柬埔寨直接
投资风险最低;斯里兰卡、乌克兰、巴基斯坦、缅甸、塔吉克斯坦直接投资

风险最高。（3）从地区来看，西亚中东地区直接投资风险最低，东南亚次之，南亚地区直接投资风险最高。（4）2020 年，山东省对"一带一路"共建国家直接投资面临的经济风险最高，政治风险次之，金融风险最低。其中，印度的经济风险、蒙古国的政治风险、巴基斯坦的社会风险、乌克兰的金融风险以及老挝的商业环境风险均在样本国中居首位。基于上述实证研究得出的结论，文章提出相应的建议：在政府层面要建立健全对"一带一路"共建国家直接投资风险预警机制；在企业层面要提升自身抵御风险的能力。

张智和乌兰图雅在《"一带一路"背景下天津对外经济发展分析预测》一文中基于"一带一路"倡议发展的主要进展，选取外资增速、外贸增速和地区生产总值增速指标分析了天津对外经济发展现状特征，主要有高外贸依存度、外贸净输入型和引进利用外资力度减缓等特征。对此，文章认为天津对外经济发展存在的主要问题有：贸易逆差持续增大；外商投资企业外贸占比持续下降；天津口岸承载作用相对下降。在以上数据分析的基础上，文章认为天津对外经济与宏观经济都处于由高速增长阶段向高质量发展阶段转型的过程中，故提出提升天津对外经济发展水平的建议：加快培育天津高新技术产业；大力引进前沿流行消费品生产出口企业；加大港口、铁路等交通基础设施的系统性优化。

聂新伟在《"十四五"时期京津冀推动共建"一带一路"高质量发展的思考》一文中首先分析了京津冀推动共建"一带一路"所取得的明显成效和重要进展：经贸合作持续深化；基础设施互联互通加快推进；境外合作平台建设稳步推进；人文交流成效显著。其次具体指出所面临的挑战：货物贸易集中度较高限制贸易潜力释放（京津冀与"一带一路"沿线经济体间贸易对象和贸易商品具有较高的集中度；中欧班列出行线路重合影响开通效率）；参与"一带一路"建设联动优势发挥不足（对外合作"各美其美，美美与共"存在不足；在参与"一带一路"建设的功能定位上协作互动不足）；"制造＋服务"产业协同开放新优势构筑不足（京津冀产业转型升级进展缓慢，不利于打造协同创新高地；北京服务业对外扩大开放的方向和领域与"一带一路"沿线经济体关联性不强）。在上述分析的基础上，作者提出相应的对策建议：强化提升畅通双循环的门户枢纽功能；以共建"一带一路"高质量发展牵引区域产业"链式"联动；扩大同共建"一带一路"沿线经济体服务业经贸合作；携手推动共建"一带一路"服务保障机制建设。

李忠壹和周婧的《坚持系统观念发挥广大侨胞作用推动辽宁参与高质量共建"一带一路"研究》以发挥广大侨胞作用为视角探讨如何推动辽宁参与高质量共建"一带一路"。文章首先分析推动共建"一带一路"高质量发展是新时代要求：（1）"一带一路"是共建共商共享的国际合作平台；（2）推动共建"一带一路"高质量发展需要群策群力。其次系统梳理介绍广大侨胞的特点、作用及基本侨情。最后从三个方面提出要坚持系统观念协同各要素发挥广大侨胞作用：（1）"学史增信、以文育人"在凝侨心、聚侨力上下功夫；（2）"协同要素、全面对接"在推动互联互通上下功夫；（3）"侨务立法、为侨服务"在依法维护侨益上下功夫。

马一川和杜长顺在《大连高质量参与"一带一路"建设的对策研究》一文中以"一带一路"重要节点城市大连如何高质量参与"一带一路"建设为中心进行了探究。文章首先分析大连高质量参与"一带一路"建设的重要意义：落实国家战略的重要举措；建设东北亚国际航运中心的内在要求；实现更高水平对外开放的重大机遇。其次梳理了大连参与"一带一路"建设的进展情况，主要有：（1）2016—2019年大连对"一带一路"共建国家进出口额逐年上升，2020年略有下降；（2）出口涉及36个"一带一路"共建国家，主要集中在东亚和东盟；（3）龙头企业在装备制造、纺织、渔业等行业有序拓展；（4）进口以一般贸易为主，出口以加工贸易和一般贸易为主。在上述系统梳理的基础上，文章把参与"一带一路"建设后大连市外贸发展与全国其他地区进行了比较，得出存在四个问题：（1）稳外资、稳外贸工作依然面临较大挑战；（2）对外合作机制建设和企业海外发展需求对接亟待加强；（3）企业参与国际竞争能力不强；（4）企业境外发展融资受限较为严重。最后提出相应对策建议：提升开放型经济发展层次，扩大"一带一路"合作广度和深度；完善开放合作平台，推动"一带一路"国际产能合作布局；加强创新能力开放合作，打造"一带一路"科技创新共同体。

（七）关于港澳台地区参与"一带一路"建设问题的研究概况

2022 年，关于港澳台地区参与"一带一路"建设的文章主要有：范旨祺的《文旅融合背景下粤港澳大湾区海上丝绸之路文化旅游资源公众服务研究》（《大众文艺》2022 年第 21 期），许创颖的《"一带一路"背景下粤港澳大湾区产业创新发展路径研究》（《现代商业》2022 年第 4 期），邹镇的《"一带一路"建设给粤港澳大湾区带来的金融机遇与合作》（《全国流通经济》2022 年第 2 期），肖宇和夏杰长的《香港打造服务"一带一路"投融资平台及其释放效应研究》（《价格理论与实践》2022 年第 2 期），摘自《第 12 届国际基础设施投资与建设高峰论坛年度报告》的《发挥澳门平台作用促进中葡共建"一带一路"》（《国际工程与劳务》2022 年第 7 期），杨琳曦的《智慧旅游视野下粤港澳大湾区海上丝绸之路遗产旅游体系的优化设计途径》（《中国集体经济》2022 年第 19 期），颜咏的《加强与港澳金融合作推动"一带一路"交汇点建设》（《群众》2022 年第 22 期），张妍芳、蔡泽榕和李夏琳的《"一带一路"框架下两岸高校双创教育合作分析》（《林区教学》2022 年第 6 期），等等。

其中，肖宇和夏杰长在《香港打造服务"一带一路"投融资平台及其释放效应研究》一文中就如何支持香港打造服务"一带一路"投融资平台进行了研究。文章首先阐述了支持香港打造服务"一带一路"投融资平台的重要意义：有助于缓解"一带一路"沿线建设资金缺口矛盾；有助于促进现阶段"一带一路"沿线项目形成多元化投融资格局；有助于推动人民币国际化的步伐。其次分析了香港打造服务"一带一路"投融资平台的主要功能和释放效应：香港著名国际金融中心和自贸港的地位会得到进一步巩固；吸引全球资本到港聚集；"一带一路"沿线项目旺盛的三方服务需求将放大香港发达金融服务业的国际竞争优势。最后提出实施路径探索：立足国际金融中心的角色定位，推动完善"一带一路"沿线项目在港融资机制（鼓励内地金融机构和企业到港融资；项目建设要更多采用国际联合融资；制定差异化策略和创新投融资方式；创新 PPP 投资和运营模式）；以全球离岸人民币业务枢纽中心建设为契机，吸引香港金融机构参与"一带一路"项目（推动香港人民币离岸市场成熟壮大；加大与共建国家双边本币互换安排；完善人民币跨境支付结算系统；鼓励香港金融机构到内地设立分支机构和合资银行）；发挥香港服务业发达的独特优势，扮演好三方合作超级中介的角色（利用香港服务业发达和国际接轨的比较优势，打造"一带一路"沿线项目融资、商务服务营运平台；利用"一带一路"沿线项目联合港企"走出去"；吸引"一带一路"合作国家到香港设立金融分支机构；搭建好合作国家人才培训平台）。

许创颖在《"一带一路"背景下粤港澳大湾区产业创新发展路径研究》一文中就如何构建粤港澳大湾区产业创新发展进行了探究。文章首先以中国知网数据库为数据源，结合 2017—2021 年相关学者对粤港澳大湾区的研究重点分析，得出粤港澳大湾区发展具有政策优势、科技实力优势和地理位置优势。其次指出现存的问题有：日益增长的住房需求；支柱产业下滑趋势越发明显；制度因素制约。在上述分析的基础上，作者提出"一带一路"背景下粤港澳大湾区产业创新发展思路：完善协同发展体制，整合资源、集中力量；推进"智慧＋时代"进程，人工智能等现代技术助力发展；推动文化产业发展，建设世界级旅游中心。最后提出"一带一路"背景下粤港澳大湾区产业创新路径：建设智慧城市，搭建智慧生态；推动产业发展，带动商业地产；智慧技术助力零售快消，提升商业效率；产学研用，培养科技创新人才。

（八）其他方面参与"一带一路"建设问题的研究概况

中国驻外人员和海外华侨华人社团是共建"一带一路"的重要力量，2022 年，参与 21 世纪海上丝绸之路建设的文章有：王子刚和梁芳郡的《华侨华人"一带一路"倡议"融入"情况探析》（《八桂侨刊》2022 年第 2 期），刘乐的《海外中国商会参与共建"一带一路"的现状与展望》（《全球化》2022 年第 3 期），宫宜希的《画好最大"同心圆"：海外侨胞助力共建"一带一路"》（《中国人大》2022 年第 3 期），任娜的《"一带一路"视野下马来西亚新生代华商跨国网络的重构》（《世界民族》2022 年第 5 期），等等。

其中，刘乐在《海外中国商会参与共建"一带一路"的现状与展望》一文中以世界各地的中国商会为研究对象，分析其参与"一带一路"建设的主要方式，并在此基础上进一步讨论如何推动海外中国商会高质量共建"一带一路"。文章首先在阐述海外中国商会基本情况的基础上，认为目前海外中国商会参与"一带一路"建设的主要方式可大致分为：发挥信息枢纽优势，提供决策咨询服务；履行集体代表职责，维护中资企业正当合法权益；发挥合作平台作用，推动各方务实合作；践行形象大使使命，助力丝路民心相通。其次提出进一步推动海外中国商会高质量共建"一带一路"，可以从以下五个方面着手开展相关工作：促进各海外中国商会之间的沟通协调；深化海外中国商会与其他海外华侨华人社团的相互支持；加强海外中国商会与其他各类商会之间的交流联系；优化海外中国商会与东道国政府、企业和社会之间的多重关系；统筹建立对接海外中国商会的多方协作机制。

三、21 世纪海上丝绸之路与世界发展

"21 世纪海上丝绸之路"倡议得到了国际社会的高度关注、广泛认同和"海上丝绸之路"合作国家的积极响应。2022 年，中国和"海上丝绸之路"

合作国家共同努力，扎扎实实推进和落实"21世纪海上丝绸之路"倡议。

（一）中国与东盟国家合作关系的研究概况

东盟国家历来处于海上丝绸之路的核心区域，都是共建"一带一路"国家，是疫情后"一带一路"重启的首要之地。2022年关于中国与东盟国家共建"一带一路"研究的文章比较多，研究视角多元化，主要有：王赓武的《新"海上丝绸之路"：中国与东盟》（《南洋问题研究》2022年第2期），李驰的《中国—东盟"软法—硬法"嵌合治理体系建构与前瞻——基于法治"一带一路"视野》（《广西社会科学》2022年第11期），李文溥和王麒麟的《从中国—东盟经贸关系发展看"一带一路"建设》（《经济研究参考》2022年第1期），许皓和吴光辉的《中国—东盟共建"数字丝绸之路"：机遇、挑战与路径选择》（《黄冈职业技术学院学报》2022年第5期），张梦迪的《"一带一路"倡议：中国对东盟基础设施项目探究》（《商展经济》2022年第18期），王光厚和李佳凝的《"一带一路"视域下的中国—东盟东部增长区合作论析》（《区域与全球发展》2022年第5期），田常清和黄凯健的《"一带一路"倡议下中国—东盟印刷出版物贸易现状与提升对策》（《广西社会科学》2022年第9期），张沛莹的《"一带一路"背景下"中国—东盟"金融合作路径分析》（《财务与金融》2022年第4期），王怀豫、肖尧和李奕辰等的《"一带一路"建设背景下中国与东盟国家农业科技合作的选择机制》（《科技管理研究》2022年第16期），阳力安和杨耀源的《"一带一路"倡议下中国与东盟经贸合作高质量发展研究》（《中国物价》2022年第6期），李晓娴的《"一带一路"背景下中国—东盟公共卫生合作探析》（《南阳理工学院学报》2022年第3期），包广将和范宏伟的《"一带一路"在东南亚面临的挑战与机遇：美日联盟政治的视角》（《云南师范大学学报（哲学社会科学版）》2022年第1期），普鹏飞和王子昌的《东盟及其成员国对"一带一路"的认知和反应》（《战略决策研究》2022年第2期），刘健西和邓翔的《"一带一路"东南亚沿线国家投资的劳工风险研究》

（《四川大学学报（哲学社会科学版）》2022 年第 1 期），付妮的《"一带一路"建设背景下面向东盟的语言服务能力提升研究》（《广西社会科学》2022 年第 10 期），陈欢的《"一带一路"倡议视野下面向东盟的中国国家形象建构及贸易畅通效应》（《广西财经学院学报》2022 年第 5 期），耿百峰的《丝路精神对构建中国—东盟命运共同体的价值论析》（《广西社会主义学院学报》2022 年第 5 期），赵惠霞的《"一带一路"视域：东盟华文教育发展》（《西部学刊》2022 年第 17 期），李玲的《"一带一路"背景下高职院校与东盟国家国际合作与交流路径探究》（《科技经济市场》2022 年第 9 期），石春让和赵秋苹的《"一带一路"背景下面向东盟国家的科技文档汉英翻译与语言服务研究》（《北京第二外国语学院学报》2022 年第 4 期），邵琪和张义民的《"一带一路"背景下中国—东盟教育交流合作回顾与展望——基于中国—东盟教育交流周的考察》（《比较教育研究》2022 年第 6 期），王友云和向芳青的《"一带一路"倡议下中国—东盟合作信息共享建设探究》（《时代经贸》2022 年第 3 期），杨鹏的《"一带一路"建设中我国涉东盟商事调解与仲裁衔接研究》（《广西社会科学》2022 年第 3 期），单金环的《"一带一路"倡议下共建中国—东盟命运共同体思考》（《时代经贸》2022 年第 1 期），梁伟红、叶露和李玉萍等的《"一带一路"倡议背景下中国与东南亚国家热带水果贸易现状与展望》（《中国果树》2022 年第 11 期），刘馨和代姗姗的《"一带一路"视野下东南亚贸易与会计发展展望》（《现代商业》2022 年第 30 期），王敏的《"一带一路"背景下贸易便利化对我国跨境电商发展的影响——基于我国与东盟十国样本的实证分析》（《商业经济研究》2022 年第 2 期），徐慧瑾和王兆华的《"一带一路"背景下中国与东盟水果贸易发展研究》（《湖北农业科学》2022 年第 1 期），等等。

其中，李文溥和王麒麟在《从中国—东盟经贸关系发展看"一带一路"建设》一文中针对东盟国家与中国的经贸数量及增速远远高于其他"一带一路"合作国家这个问题结合"一带一路"展开分析研究。首先，文章在考察相关文献综述的基础上，认为"一带一路"建设中的中国与东盟经贸关系发展已取得显著成绩：中国对东盟国家的贸易增长；中国对东盟的对外直接投资增长；中国对东盟国家的 OFDI 的产业特征和结构特征。其次，文章进一步分析了在"一带一路"合作国家中，中国与东盟国家的经贸关系近年来发展相当迅速的原因：中国与东盟国家有着悠久的经贸往来历史；要素比较优势互补；民营企业是中国向东盟直接投资的主力；中国制造业转移与中国—东盟—欧美的经贸大三角；政府间的制度安排与基础设施投资。最后，文章认为中国—东盟经贸关系的发展对"一带一路"建设具有借鉴意义：从经贸联系较密切的合作国家入手，渐进拓展"一带一路"建设；贸易先于投资、引导投资；产业投资是"一带一路"建设的重点；重视发挥民间资本作用，促进民营企业的对外直接投资；"一带一路"建设与国际经济大循环；更加重视发挥中国及"一带一路"合作国家政府在"一带一路"建设中公共产品提供者的职能。

邵琪和张义民在《"一带一路"背景下中国—东盟教育交流合作回顾与展望——基于中国—东盟教育交流周的考察》一文中主要考察"一带一路"背景下中国—东盟教育交流合作。首先，文章介绍中国—东盟教育交流合作逐渐深入所取得的显著进展：形成了制度化的教育交流合作框架；建设了多样化的教育交流合作平台；拓展了丰富的教育交流合作内容；深化了多类型的教育务实性交流合作。其次，文章系统回顾中国—东盟教育交流合作历程从而得出其特点：重视中国—东盟双边高层引领；构建多元主体互动框架；发挥教育交流合作的外交功能。最后作者提出相应的建议：继续完善顶层设计与保障制度，保障教育交流合作的高质量发展；培养复合型国际化人才，以教育交流合作支撑中国—东盟全面合作；以教育为媒深化双边人文交流，促进人类命运共同体建设。

普鹏飞和王子昌在《东盟及其成员国对"一带一路"的认知和反应》一文中着重针对东盟及其成员国对"一带一路"的认知，以及它们应对

"一带一路"政策特点，试图从中国的角度提出相应的对策建议。文章梳理了东盟及其成员国对"一带一路"的认知及应对。东盟及其成员国虽然认识到"一带一路"的积极意义，但同时对其有诸多担忧。为此东盟及其成员国采取了一系列应对举措：一方面，积极参与"一带一路"建设，加强与"一带一路"的战略对接；另一方面，采取措施淡化"一带一路"的消极影响。文章认为未来在东南亚地区推进"一带一路"的过程中，需要回应东盟及其成员国的这一核心关切，尊重东盟的中心地位。在上述分析的基础上，文章围绕切实尊重东盟中心地位提出以下建议：帮助东盟及其成员国协调大国平衡；在具体的合作过程中，要尊重东盟的主体性地位。

刘健西和邓翔的《"一带一路"东南亚沿线国家投资的劳工风险研究》一文聚焦"一带一路"背景下我国企业在东南亚国家面临的主要劳工风险，从而提出针对性的防范措施和治理建议。首先，文章在梳理相关文献的基础上，选择了新加坡、印度尼西亚、马来西亚、泰国、越南、菲律宾、柬埔寨、老挝、缅甸9个主要的东南亚国家，分别从劳动力市场、劳动法律法规、劳工标准和文化风俗等四个要素展开分析其劳动关系现状。其次，从劳动力市场、劳工标准、劳动法律法规和文化风俗等四个方面深入分析我国企业投资这些国家构建和谐劳动关系所面临的主要劳工风险及表现：（1）劳动力要素的多重特征导致用工成本不确定；（2）国内国际环境促使劳工标准逐渐提高；（3）劳动法律法规引发的用工风险占据风险的主要部分；（4）文化风俗差异导致沟通障碍。最后，文章提出劳工风险的防范与治理措施为：企业层面，投资前的劳工风险防范措施（综合考察劳动力市场，比较用工成本；对劳动法律法规风险分类施策，采取针对性的防范措施）；企业层面，经营过程中的劳动关系治理措施（遵守劳工标准，积极履行企业社会责任；依托"三方协商"机制，积极化解劳动纠纷；提高本地工人的雇佣比例，提升企业本土化程度；加强与各方沟通，提升企业跨国经营能力）；政府层面，加强"政策沟通"、促进区域劳务合作。

  印度尼西亚是东盟最大的经济体，是东南亚地区重要的海上交通枢纽，是"21 世纪海上丝绸之路"首倡之地。因此关于与印度尼西亚合作的文章比较多，主要有：金炜威和杨艾伦的《"一带一路"背景下中泰文化战略交流与融通》（《科技传播》2022 年第 23 期），吕昂的《"一带一路"与中泰佛教文化的交流互鉴》（《地域文化研究》2022 年第 2 期），李颖和陈迪琳的《"一带一路"背景下印尼贸易便利化对中印贸易流量的影响研究》（《商业经济》2022 年第 11 期），言银燕的《"一带一路"倡议下中印尼友好城市交流现状研究》（《国际公关》2022 年第 23 期），Anang Masduki、牛盼强和陈李龙的《"一带一路"倡议在印尼的舆情分析与应对策略》（《声屏世界》2022 年第 22 期），黄永、王端和佘廉的《"一带一路"背景下印尼中资企业进口业务税务风险管理》（《财务与会计》2022 年第 16 期），辛蕊田的《"一带一路"背景下中国企业对印尼直接投资面临的风险及其应对》（《全国流通经济》2022 年第 14 期），李皖南和杨傲的《中国与印度尼西亚双边贸易关系：特征、问题及发展对策》（《创新》2022 年第 3 期），等等。

  其中，李皖南和杨傲的《中国与印度尼西亚双边贸易关系：特征、问题及发展对策》一文重点就双边贸易关系进行研究。首先，文章在现有研究基础上，运用最新数据，系统分析 2004—2020 年中国与印度尼西亚的贸易现状，认为中国与印度尼西亚双边贸易特征：双边贸易规模扩大；双边贸易地位提升；双边贸易结构互补性强。其次，文章指出中国与印度尼西亚双边贸易关系中存在的不足：中国—印度尼西亚的贸易规模占中国—东盟贸易规模比重不高；印度尼西亚对中国存在长期贸易逆差；中国与印度尼西亚双边贸易结构互补但不对称；中国与印度尼西亚产业内贸易水平低。在上述分析的基础上，作者运用比较成本贸易理论，认为中国与印度尼西亚在产业贸易结构上存在着明显的互补效应，即印度尼西亚的劳动密集型产业与中国的技术密集型产业形成互补，"印度尼西亚对中国出口的产品主要集中于原材料或在此基础上的基本制成品，属于劳动密集型产品。而中国对印度尼西亚出口的产品主要为轻工业制成品，属于技术密集型产品。印度尼西亚本身在技术方面不占优势，要想改变进出口商品结构，实现从劳动密集型产品向技术密集型产品的升级，任重道远"。最后，文章认为进一步推动中国与印度尼西亚经贸关系良性发展，主要建议：（1）认识到印度尼西亚长期处于贸易逆差方所带来的负面影响，从稳定双边战略关系层面来解决逆差问题。（2）优化贸易商品结构，力促双边贸易稳定发展。（3）扩大投资，鼓励中国制造业企业在印度尼西亚建厂。

此外，还有一些文章考察了中国与东盟其他国家合作方面的问题，主要有：庄严和陈海丽的《"一带一路"倡议背景下对越国际传播能力建设研究》（《新闻知识》2022 年第 7 期），李雪娇和郭小虎的《"一带一路"倡议下中越跨境合作新发展探析》（《边疆经济与文化》2022 年第 4 期），郑国富和张鑫的《"一带一路"倡议下中越双边经贸合作发展的特征、问题与建议》（《对外经贸》2022 年第 2 期），周鑫磊的《"一带一路"背景下中国和东盟国家贸易与投资研究——以中国和越南为例》（《海峡科技与产业》2022 年第 1 期），吴勇的《媒体报道框架与中国在越传播——以越南官方媒体中的"一带一路"倡议报道分析为例》（《新闻爱好者》2022 年第 5 期），王佳的《"一带一路"背景下中越农产品贸易互竞性和互补性情报分析研究》（《竞争情报》2022 年第 2 期），裴春梅和祝凡的《"一带一路"背景下越南语言消费行为研究》（《财富时代》2022 年第 3 期），周子渊的《"一带一路"高质量发展下的中柬教育协同目标探析》（《老区建设》2022 年第 17 期），孙硕和颜舒婷的《"一带一路"倡议下中国与柬埔寨互联互通合作研究》（《对外经贸实务》2022 年第 11 期），张欢的《"一带一路"背景下柬埔寨中文教育的困境与出路》（《大理大学学报》2022 年第 7 期），郭莉的《"一带一路"背景下柬埔寨中资企业安全风险及对策》（《江西警察学院学报》2022 年第 3 期），俞杰和陈美华的《"一带一路"背景下马来西亚的语言生态及语言政策研究》（《金陵科技学院学报（社会科学版）》2022 年第 1

期），文园园的《"一带一路"建设中产业合作新模式探索——以中马"两国双园"为例》（《经济研究导刊》2022年第9期），任娜的《"一带一路"视野下马来西亚新生代华商跨国网络的重构》（《世界民族》2022年第5期），骆永昆的《百年未有之大变局下的中国—马来西亚关系》（《东南亚纵横》2022年第6期），赵复朝的《"一带一路"税收征管合作机制框架下提高税收确定性研究——基于马来西亚的实证研究》（《湖南税务高等专科学校学报》2022年第4期），郑国富的《"一带一路"倡议下中缅农产品贸易合作的成效、问题与发展对策》（《创新》2022年第4期），方天建和陈晓东的《"一带一路"建设视野下的缅甸佤邦华文教育发展困境》（《昆明冶金高等专科学校学报》2022年第3期），张雄和徐兰声的《"一带一路"背景下缅甸留学生对中国文化认同的现状研究》（《边疆经济与文化》2022年第5期），赵昕、韩革欣和黄德来的《"一带一路"倡议下中国—缅甸经济合作的机遇与挑战》（《产业创新研究》2022年第1期），等等。

其中，骆永昆的《百年未有之大变局下的中国—马来西亚关系》一文就中国与马来西亚关系进行了探讨。文章首先回顾分析随着马来西亚政局的演变、新冠病毒感染疫情暴发及大国博弈加剧，自2018年起，中马关系经历了波折、恢复和提质升级三个阶段。其次分析中马两国关系在经历短暂波折之后依然稳定发展并不断升级的主要原因是：马来西亚领导人对华认知积极；巫统长期主导政局；中马两国关系根基稳固；中国对马来西亚政策稳定；美国与马来西亚关系错综复杂，马来西亚并不具备一边倒向美国的条件。对此文章认为未来中马关系的发展同时面临：机遇（地区格局演变将为中国—马来西亚深化合作提供契机；经济合作仍是两国合作的驱动力）和挑战（马来西亚的政局变动可能干扰两国合作；南海问题仍将是两国关系的主要风险点）。最后得出结论：随着国际、地区及马来西亚国内政局的演变，中马关系面临的困难和挑战可能增多，管控南海争端是中马关系稳定发展的关键。

郑国富的《"一带一路"倡议下中缅农产品贸易合作的成效、问题与发展对策》一文主要研究中缅农产品贸易合作。文章首先总结了中缅双边农产品贸易合作发展所取得的成效：贸易总量持续增长，合作地位不断提升；种类和数量双增加，产品结构优化；竞争优势彰显，贸易互补性增强。其次指出中缅双边农产品贸易合作发展中存在的主要问题：贸易总体规模有限，格局不平衡；产品种类较少，结构不合理；产品附加值偏低，投资合作滞缓；贸易自由化与便利化程度低，互联互通基础设施落后。最后提出推进中缅双边农产品贸易合作发展的政策建议：增进两国政治互信，完善农业合作机制；拓展产品种类，增扩贸易规模，优化贸易结构；适当加大对缅甸农业投资，打造全产业链合作；提升贸易自由化和便利化水平，完善基础设施建设。

（二）中国与南亚国家合作关系的研究概况

2022 年关于中国与南亚国家合作方面的文章主要有：李云霞的《"一带一路"建设在南亚的进展和挑战——评析〈印度"大周边"战略及其对"一带一路"倡议的影响〉》（《中国军转民》2022 年第 21 期），章立明的《以中国—南亚文化旅游合作助推"一带一路"建设》（《公共外交季刊》2022 年第 3 期），蒿琨的《"一带一路"与南亚沿线枢纽国家发展战略对接思考》（《印度洋经济体研究》2022 年第 4 期），《美国外交学会：中国与"一带一路"倡议在南亚的影响力》（《经济导刊》2022 年第 7 期），鲁婷婷的《"一带一路"倡议背景下高职院校面向南亚留学生招生策略研究》（《广东职业技术教育与研究》2022 年第 2 期），等等。

其中，蒿琨在《"一带一路"与南亚沿线枢纽国家发展战略对接思考》一文中重点分析了中国如何推动"一带一路"倡议与南亚国家发展战略的对接。文章首先用大量数据梳理了中国与南亚国家在"一带一路"背景下的经贸发展。其次分析了"一带一路"倡议与巴基斯坦"愿景 2030"和斯里兰卡发展战略的对接。最后对"一带一路"倡议与巴、斯这两个南亚国家发展战略对接进行总体思考，认为"'一带一路'与巴基斯坦和斯里兰卡发展战略对接可以推动巴、斯成为南亚印度洋互联互通的枢纽，并为该地区的经济发展提供新的助力。与此同时，战略对接还需要预防中巴和中斯经济合作中的债务风险，防范巴基斯坦和斯里兰卡国内的政治安全风险，化解印度对'一带一路'倡议的阻力"。

斯里兰卡是印度洋岛国，被誉为"东方十字路口""宝石王国""印度洋明珠"，是高质量共建21世纪海上丝绸之路的重要枢纽。陈利君在《岛国发展困局与中斯经济合作》（《南亚东南亚研究》2022年第3期）一文中明确提出："岛国与内陆国、沿海国的地理、资源、市场容量等条件不同，其发展道路也不尽相同。世界上岛国众多，但大多数都面临一定的'发展困局'。"文章首先指出，在当今国际形势复杂多变的情况下，斯里兰卡经济发展面临着多重"困局"：发展资源不足；经济结构单一；经济脆弱性明显；对外依赖性强；各种利益冲撞之地。其次指出中斯交流合作不断增加，斯里兰卡的"发展困局"正在破解当中：政治互信不断增强；相互支持共同抗击疫情；经贸合作日益深化；民心相通成绩显著。最后提出应发挥两国经济高度互补的优势，推动中斯合作不断深化：加强各层次交流，增进互信；推动自贸协定早日签署，降低贸易投资成本；推进新能源合作，破解电力危机；拓展金融领域合作，缓解货币危机；加强港口和海洋合作，打造商贸物流中心；强化优势互补的产业合作，增强内生发展动力；深化人文交流，减少合作障碍。

此外，2022年关于其他国家与"21世纪海上丝绸之路"关系的研究还有：李德杰的《印度智库对"一带一路"倡议的认知分析》（《智库理论与实践》2022年第4期），黄艳的《"一带一路"视域下印度的认知逻辑与中国应对策略》（《西部学刊》2022年第7期），宋海洋的《"印太"概念视野下的印度对中国"海上丝绸之路"的认知及应对》（《延边大学学报（社会科学版）》2022年第2期），徐亮的《印度对"一带一路"倡议的认知心理——〈印度"大周边"战略及其对"一带一路"倡议的影响〉析论》（《中国军转民》2022年第19期），蔡知耘的《历史、现状与推进：跨文化背景下中斯高等教育交流研究》（《黄冈师范学院学报》2022 年第 5 期），郝琳的《"一带一路"倡议下中尼职业教育合作办学探究》（《老字号品牌营销》2022 年第 6 期），郭兵云和卓旭春的《新时代中国与尼泊尔关系：进度、动力与前景》（《印度洋经济体研究》2022 年第 1 期），满仓宝、王盼盼和李慧玲的《"一带一路"背景下巴基斯坦粮食生产差异之评价——基于超效率 SBM 和 Malmquist 模型》（《北方经贸》2022 年第 12 期），邓晓宇和李以晴的《多模态视角下中巴"一带一路"合作形象"自塑"研究》（《江西理工大学学报》2022 年第 5 期），李火秀的《"一带一路"背景下中巴人文交流的进展、挑战及前瞻》（《江西理工大学学报》2022 年第 5 期），刘常喜和赵晓刚的《"一带一路"背景下的中巴关系：回顾、成就与展望》（《中阿科技论坛（中英文）》2022 年第 10 期），张田和徐月的《"一带一路"视域下孟加拉国煤炭市场开发研究》（《煤炭经济研究》2022 年第 3 期），等等。

其中，宋海洋的《"印太"概念视野下的印度对中国"海上丝绸之路"的认知及应对》一文分析探究了印度对中国"海上丝绸之路"的认知及应对。文章在阐述"印太"概念以及印度"印太"观的基础上，认为印度对中国"海上丝绸之路"的认知严重威胁着印度主导印度洋的战略抱负：在地缘政治上，侵蚀印度势力范围，削弱印度影响力；在地缘经济上，以"债务陷阱"威胁印度洋地区国家经济；在地缘军事上，形成"珍珠链战略"，对印度构成安全挑战。为此，印度采取了多方面的针对性举措：在政策上，出台印度版"一带一路"倡议，扩大基础设施和互联互通的话语权；在军事上，扩大海军实力，竭力发挥所谓印度洋"纯安全提供者"作用；在外交上，实行"东向行动政策"，寻求介入南海问题；在战略上，提升与美日澳等国的关系，构建"四国同盟"。因此，认为印度的区域霸权举措对中国"海上丝绸之路"倡议产生了多方面的消极影响：对中国及印度洋国家的基础设施合作造成阻碍和破坏；对中国海上运输安全构成潜在威胁；给中国解决南海问题增添新的不确定因素；拉帮结派，将恶化中国周边安全环境。

（三）中国与非洲国家的合作关系

非洲是"一带一路"倡议的重要参与方。2022 年有关中非参与"21 世纪海上丝绸之路"建设的研究成果比较丰富，主要有：仝菲的《中国与非洲高质量共建"一带一路"：理念、基础、困境及应对》（《世界社会主义研究》2022 年第 11 期），高雪和王亮的《"一带一路"高质量发展下中国对非洲机电产品出口贸易潜力研究》（《对外经贸实务》2022 年第 12 期），刘功奇的《"一带一路"视域下中非科技合作的历史演进与实践进路》（《湘潭大学学报（哲学社会科学版)》2022 年第 5 期），赵聪鹏、左璇和杨志锋等的《"一带一路"非洲重点国家工业化特征及合作展望》（《科学管理研究》2022 年第 3 期），姚敬舜的《"一带一路"倡议对接与推进非洲经济一体化进程研究》（《济南大学学报（社会科学版)》2022 年第 6 期），彭虹的《中国与非洲农产品贸易网络结构与合作态势分析——基于"一带一路"倡议》（《中国农机化学报》2022 年第 4 期），韩红梅的《深耕拉美非洲助力"一带一路"建设》（《中国外汇》2022 年第 19 期），赵晨光的《中非"一带一路"合作机制化建设述评》（《当代世界》2022 年第 4 期），等等。

其中，仝菲在《中国与非洲高质量共建"一带一路"：理念、基础、困境及应对》一文中就中国与非洲如何高质量共建"一带一路"进行了探讨。文章首先在既有研究基础上，进一步探究以合作求发展、实现优势互补、互利共赢则是中非共建"一带一路"理念的核心特征：中非共建"一带一路"理念根源于中国的新型国际秩序观；坚持共同发展、合作共赢，是中非共建"一带一路"的精神内核；坚持重诺守信，是中非共建"一带一路"的信念基础；中非"一带一路"合作遵循层层递进、由浅入深的务实理念；中非"一带一路"合作的信念目标是构建中非命运共同体。其次指出中非高质量共建"一带一路"的现实基础主要表现在：坚实的物质基础；多层次的合作制度；广泛的民意基础。但同时面临着现实困境：中非既有合作模式的可持续性挑战；部分非洲国家政局动荡、社会治安不佳、政策缺乏连贯性；非洲不同国家对中国的认知存在差异；大国在非洲的博弈越来越激烈。最后文章认为中非高质量共建"一带一路"虽然面临诸多挑战，但是前景将十分广阔，未来亟需解决的主要问题有以下几个方面：与非洲亟须发展的产业精准对接；进一步完善中非共建"一带一路"的合作制度；更加注重培育非洲国际发展的自主性；讲好中非"一带一路"合作故事，做好对非涉华舆情的正面引导。

姚敬舜在《"一带一路"倡议对接与推进非洲经济一体化进程研究》一文中通过研究非洲一体化进程中的重点及难点，探讨"一带一路"倡议深度对接非洲经济一体化进程的发力点和有待改进的领域，并提出深化合作的具体建议。文章首先提出非洲经济一体化所面临的制约与挑战：政治、经济和制度建设落后；非洲各国发展阶段和发展水平不平衡；存在直接制约经济一体化的核心短板。其次从农业现代化合作、国际产能合作、投融资合作和基础设施互联互通合作四个方面介绍了"一带一路"倡议下的中非经济合作现状。在上述研究基础上，文章认为，"'一带一路'倡议与非洲经济一体化的重点和目标高度契合，通过关键要素的有效配置，'一带一路'倡议有望协助解决非洲经济一体化进程中面临的核心短板，但在具体的对接落实工作上，仍存在一定挑战与风险。建议宏微观多策并举，推动'一带一路'对接非洲经济一体化进程有效和有序推进，为非洲经济一体化进程提供新动能、促进中非经贸和投资领域战略互惠合作迈上新台阶"。文章最后提出推进"一带一路"对接非洲经济一体化的策略与建议：加强政府引导；推进"一国一策"；深耕重点领域。

刘功奇在《"一带一路"视域下中非科技合作的历史演进与实践进路》一文中探究了中非科技战略如何进一步对接与合作。文章首先梳理了中非科技合作的四个阶段及其特点：新中国成立初期（1949—1978 年），无偿援助奠定中非科技合作的基础；改革开放时期（1978—2000 年），互利互惠推动中非科技合作实践深入发展；中非合作论坛新阶段（2000—2013 年），全方位合作促进中非科技合作高质量发展；"一带一路"倡议新时期（2013 年至今）：能力建设推动新型科技合作关系向前发展。其次指出"一带一路"视域下中非科技合作的机遇：联合国框架下对非科技合作机制创造了良好的国际政策环境；非盟凝聚了非洲国家对外科技合作的共识；数字技术和医疗科技成为中非科技合作的新亮点。最后提出中非科技合作的实践进路：加强"一带一路"背景下中非科技合作顶层设计；重点实施"一带一路"科技创新合作框架下对非科技合作项目；推动新兴领域科技合作与产业对接。

（四）中国与大洋洲及太平洋岛国合作关系

太平洋岛国位于"一带一路"倡议南向延伸地带，是我国"一带一路"倡议的重要共建伙伴。吕桂霞在《中国与太平洋岛国的"一带一路"合作及未来前景》（《人民论坛·学术前沿》2022 年第 17 期）中写道，"中国与太平洋岛国友谊源远流长，双方'一带一路'合作具有坚实基础。与亚洲及欧洲国家相比，'一带一路'在太平洋岛国的建设虽然启动时间相对较晚、三个次区域的推进进度不一，但总体发展势头迅猛，'五通'建设特别是设施联通和民心相通建设取得了丰硕成果，双方对话机制、合作中心等不断建立与完善"。接着文章分析了"一带一路"建设在太平洋岛国所面临的主要挑战：西方国家的抹黑与打压、太平洋岛国内部的变数（太平洋岛国政局的变动、偿还债务能力的变化及其独特的土地制度等）等。同时文章认为双方的"一带一路"共建与合作有着十分广阔的前景：在同太平洋岛国共建"一带一路"时，应继续奉行平等相待、相互尊重、合作共赢和开放包容的"四个坚持"，严格遵守太平洋岛国的法律、宗教和风俗习惯，进一步深化我国的太平洋岛国研究，共同推动"一带一路"在太平洋岛国地区的建设，构建更加紧密的中国—太平洋岛国命运共同体。

彭虹的《"21 世纪海上丝绸之路"背景下中国对外直接投资与贸易效应研究——以南太 5 岛国为例》（《重庆工商大学学报（社会科学版）》2022

年第 1 期）一文在研究视角上进行创新，选取 5 个在 "21 世纪海上丝绸之路" 建设中有明显竞争优势以及在经济发展水平、战略位置、辐射能力和双边关系等方面具有典型代表性的南太平洋岛国——巴布亚新几内亚、斐济、萨摩亚、汤加、瓦努阿图，研究中国对外直接投资与贸易效应。文章基于 2009—2017 年中国对南太平洋 5 个岛国直接投资和双边贸易数据，实证分析了中国对这 5 个岛国直接投资的贸易效应，得出如下研究结论：第一，中国对南太平洋 5 个岛国的直接投资对其进出口贸易产生的是创造效应；第二，中国对 5 个岛国直接投资的贸易效应中，进口效应大于出口效应；第三，中国对 5 个岛国直接投资的贸易效应长期影响大于短期影响，即直接投资所产生的贸易效应存在一定的滞后性，其贸易创造性可能无法在短期内立即发挥出来，需要一定的观察时间。为此文章认为应进一步优化中国对南太平洋 5 个岛国的直接投资和贸易政策，发挥直接投资对 5 个岛国贸易的创造效应：首先，应继续扩大对 5 个岛国的直接投资。鼓励中国企业，特别是龙头企业借助 "21 世纪海上丝绸之路" 提供的重大发展机遇，对 5 个岛国进行直接投资，促进海外投资企业集群式和链条式发展。其次，由于南太平洋 5 个岛国国内的政治、制度环境存在较多不确定因素，对外直接投资风险较大，应给予对外投资企业相应的政策支持和投资引导，充分发挥政府在对外直接投资中的作用，为对外直接投资营造高质量、公平、稳定和透明的营商环境。再次，实现对外直接投资领域的多元化。南太平洋 5 个岛国具有丰富的矿产和渔业等自然资源，与中国可以实现贸易互补。最后，针对贸易效应中的距离因素，应加强中国对 5 个岛国投资，特别是基础设施建设方面的援助，进一步改善其贸易通路建设，降低运输成本，提升交通便利性。

2022 年有关大洋洲及太平洋岛国如何参与 "21 世纪海上丝绸之路" 的研究还有：史春林和付媛丽的《"21 世纪海上丝绸之路" 在南太平洋岛国实施研究——基于澳大利亚智库的认知及中国对策》（《智库理论与实践》2022 年第 7 期），孟雪、滕欣和荀渤阳的《"一带一路" 背景下斐济海洋空间规划的思考与建议》(《海洋经济》2022 年第 5 期)，付满和秦颢庭的《澳大利亚智库对"数字丝绸之路"倡议的认知评析》(《情报杂志》2022 年第 7 期)，郭丹凤和林香红的《中国—太平洋岛国蓝色伙伴关系：基础、路径与建议》(《国际关系研究》2022 年第 6 期)，等等。

（五）关于中国与拉美国家合作关系的研究概述

拉美是"21 世纪海上丝绸之路"的自然延伸，也是"一带一路"建设高质量推进过程中不可缺少的关键角色。2022 年有关拉美国家如何参与"21 世纪海上丝绸之路"的研究有：赵艳萍和丘文干的《"一带一路"视野下的中拉农业文明史交流——"中国—拉丁美洲农业历史国际研讨会"综述》(《中国农史》2022 年第 6 期)，韩红梅的《深耕拉美非洲助力"一带一路"建设》(《中国外汇》2022 年第 19 期)，陈倩文和薛力的《"一带一路"倡议背景下中拉人文交流研究：现状、挑战与应对》(《克拉玛依学刊》2022 年第 4 期)，高维谦的《拉美智库界对"一带一路"倡议的认知评析及我国外宣因应之策》(《前沿》2022 年第 3 期)，曹廷的《中拉蓝色经济合作：机遇、挑战与实践路径》(《边界与海洋研究》2022 年第 3 期)，杨靖的《中国与阿根廷共建"一带一路"研究：进展、驱动因素与挑战》(《西南科技大学学报（哲学社会科学版）》2022 年第 4 期)，刘馨蔚的《阿根廷加入"一带一路"中阿合作迈向新高度》(《中国对外贸易》2022 年第 6 期)，林华的《阿根廷加入"一带一路"：中阿关系快速提升》(《世界知识》2022 年第 5 期)，等等。

其中，杨靖在《中国与阿根廷共建"一带一路"研究：进展、驱动因素与挑战》一文中以供需关系为视角研究中阿"一带一路"合作。文章首先在分析中拉合作关系的基础上，认为目前在推动中阿共建"一带一路"进程中，中阿全方位合作取得了新进展：全面战略伙伴关系使中阿关系抵达新高度；中阿经贸关系取得长足发展；中阿"一带一路"合作机制不断完善；中阿两国树立了人类卫生健康共同体合作典范；中阿已进入全方位高质量合作新阶段。其次从供需视角分析中阿共建"一带一路"的驱动因素：（1）阿根廷的战略考量：摆脱债务困境，降低对 IMF 和美国的依赖；促进对外开放，扩大出口和外资来源；抓住战略机遇，加强基础设施建设与能源转型。（2）中国的战略考量：引进农业矿产资源，促进中国社会经济可持续发展；加强金融合作，促进人民币国际化在拉美推进；坚持多边主义和全球治理，维护发展中国家利益。再次指出中阿两国共建"一带一路"的挑战有：美国施压和分化瓦解中阿"一带一路"合作；阿根廷经济政策存在波动及保护主义倾向；阿根廷传统基础设施建设和新兴领域竞争激烈。最后文章认为中国和阿根廷"一带一路"合作基础稳固，促进共同发展、实现合作共赢是双边共识。新形势新挑战只会影响中阿"一带一路"合作的战略预期，不会影响其大局和方向。中国应当与时俱进，以点带面促进整体合作；重视沟通，积极开展多层次合作；诉诸"耐心资本"，以长期合作克服短期风险。

高维谦在《拉美智库界对"一带一路"倡议的认知评析及我国外宣因应之策》一文中通过研究拉美智库精英对于"一带一路"认知来探究我国外宣因应之策。文章写到，拉美智库精英从政治学、社会学和经济学等不同视角对"一带一路"进行探讨。研究发现，拉美智库界普遍认为"一带一路"倡议是新时期中国对外战略思想体系顶层设计的重要组成部分。这一理念的提出与中国国家治理能力增强密切相关，其实践以共商、共建、共享为底色，有效地解决了全球化进程中区域性公共产品提供不足的问题。但是，也有部分拉美智库精英对"一带一路"的本质存在认知偏差，并对其在拉美地区"落地生根"的前景缺乏乐观态度。为此文章认为应该在以下三个方面积极作为：加强我国智库外宣建设，积极引导拉美社会各界对华客观认知；充分发挥新媒体意见领袖的舆论引导力，在拉美社会各界形成良性循环的舆论传播链；充分发挥拉美华人华侨在中拉交流中的桥梁作用，向拉美国家讲好中国故事，加强软实力的传播。

陈倩文和薛力的《"一带一路"倡议背景下中拉人文交流研究：现状、挑战与应对》一文从人文交流的视角来考察"一带一路"倡议下中拉如何共同塑造其命运共同体。文章回顾中拉交往的历史中人文交流取得的丰硕成果：教育交流不断拓展；文艺交流持续深入；体育交流多元进展；媒体交流深化务实；公共卫生交流以民为本。同时也指出面临的挑战：文化因素，中拉文化存在异质性；域外因素，各大国在拉美多方布局；人才队伍，复合型人才培养处于起步阶段；疫情影响，多重危机深刻影响拉美各国。对此该文提出相应建议：做好中拉人文交流的顶层设计与整体规划；改进传播机制并提升"一带一路"中国形象建设；培养人才并借鉴其他国家人文交流的经验；尊重中拉文化差异并做好重点国家的合作。

中拉蓝色经济合作已成为"一带一路"倡议的重要组成部分。曹廷的《中拉蓝色经济合作：机遇、挑战与实践路径》一文就是围绕中拉共建蓝色经济进行研究分析的。文章认为，拉美国家的海洋自然禀赋、中国与拉美国家的政治共识，中拉海洋发展战略的契合、经济结构的高度互补以及当时中拉对加强合作的切实需求，均为中拉蓝色经济合作提供了现实基础和合作动力：拉美的海洋环境为中拉蓝色经济合作提供广阔合作空间；中拉海洋发展理念总体契合是蓝色经济合作的认知基础（中拉双方均重视海洋权益保护；中拉均重视发展海洋经济；中拉均重视海洋利用的可持续性；中拉均倡导海洋国际合作）；相互需求、优势互补是推进蓝色经济合作的深层动力。同时也指出目前中国与拉美国家在港口建设、海洋空间规划、资源开发、渔业科技、海洋研究等多个领域先行先试，开展了广泛而有效的合作，体现在：顶层设计推动合作不断深化；传统领域合作日益深入；新兴领域合作不断拓展。同时指出在百年未有之大变局和新冠疫情的特殊背景下，中拉蓝色经济合作面临一定的挑战：部分认知错位制约双方合作；拉美地区复杂形势影响中拉海洋合作；地缘政治博弈影响中拉蓝色经济合作；中国国内相关法律制定和落实有待完善。文章认为在当前复杂的国际背景下，中国与拉美国家加强蓝色经济合作有助于推动中拉合作提质升级，有利于实现全球蓝色经济可持续发展与包容性增长，将为促进全球海洋治理、推动南南合作发挥重要作用。因此文章详细地从三方面进行战略布局：（1）进行顶层设计：中方应以中拉"海洋命运共同体"和"21世纪海上丝绸之路"建设为引领，以"中国—拉共体"及各类双、多边战略对话机制为平台，以中拉"1+3+6"务实合作框架、"3×3"产能合作模式等中拉务实合作机制为抓手，共同谋划中拉蓝色经济合作框架；以中拉人文交流合作为基础，搭建"海洋文化"交流桥梁；以国际法为保障，构建相互尊重、互融互通的中拉海洋合作关系。（2）谋划地区布局：将中拉蓝色经济合作网络划分为中北美、加勒比、太平洋沿岸国家和大西洋沿岸国家四大板块。其中，太平洋沿岸国家是中拉蓝色经济合作的主要方向，可积极推动其与"21世纪海上丝绸之路"全面对接，将"中国—大洋洲—南太平洋"蓝色经济通道向拉美自然延伸；通过更多高水平自贸协议开拓贸易市场，鼓励中企参与拉美海洋基建投资，在环保、极地科考、渔业、能源开发等领域开展合作，将其打造成为中拉蓝色经济合作的示范区；在中美洲，重点围绕巴拿马运河与航运自由展开合作，加强中拉海上互联互通；在加勒比地区，积极回应各国在应对气候变化、环保上的期待，加强海洋生态保护和沿海旅游开发合作；在大西洋沿岸地区，探索与拉美、非洲、欧洲等涉海方的多边合作，打造横跨大西洋的"蓝色经济带"。（3）锚定重点国家。将智利等对华友好、政局相对稳定、富有海洋战略传统的国家作为重点合作对象，全面对接，以点带面，对其他拉美国家形成积极示范效应。重视巴西、墨西哥、阿根廷等大国的作用，尊重其地区利益诉求，优先夯实政治互信和推进海洋战略对接，促进蓝色经济合作。根据巴拿马等海运枢纽国家、特立尼达和多巴哥等海洋能源富裕国家、厄瓜多尔等渔业资源丰富国家的比较优势，开展针对性合作；重视委内瑞拉、古巴等友华国家的海洋战略价值，继续巩固其作为中国在拉美地区可靠合作伙伴的地位。在上述分析的基础上，提出了中拉合作路径：夯实中拉政治互信；聚焦"蓝色经济",开拓中拉务实合作新"蓝海";加强海洋保护合作,打造中拉海洋可持续发展新样板;共同维护海洋权益,推动构建全球海洋治理新格局;与美国加大拉美相关问题磋商,促进中美拉三边关系良性互动。

此外,"冰上丝绸之路"合作是"一带一路"的重要内容,开辟了"一带一路"往北极方向发展的新路线,也是对"一带一路"建设新形势下的延伸。2022年共建"冰上丝绸之路"的倡议仍是研究热点,关于"冰上丝绸之路"方面研究的文章主要有:赵万里的《"冰上丝绸之路"合作意义、制约因素与路径选择》(《东北亚经济研究》2022年第6期),李铁和陈明辉的《我国"向北开放"对接"冰上丝绸之路"路径初探》(《东北亚经济研究》2022年第5期)和《实施"五大突破"连接"冰上丝绸之路"——我国向北开放战略实施路径探析》(《海洋经济》2022年第2期),冯多、刘广东和于涛的《中俄共建"冰上丝绸之路":建设需求、对接路径与合作方式》(《东北亚经济研究》2022年第3期),杨显滨的《"冰上丝绸之路"倡议下北极外大陆架的治理困境与消解路径》(《政治与法律》2022年第6期),刘新霞的《"冰上丝绸之路"建设视角下中俄贸易路径的开拓研究》(《价格月刊》2022年第6期),黄文婕和薛忠义《"冰上丝绸之路"的三重维度》(《人民论坛·学术前沿》2022年第10期),И. М. 基齐金娜和曲悠扬的《"一带一路"倡议背景下的"冰上丝绸之路"》(《黑河学院学报》2022年第4期),高飞和王志彬的《中日韩合作参与"冰上丝绸之路"建设:机遇、挑战与路径》(《东北亚经济研究》2022年第1期),刘国斌的《冰上丝绸之路布局研究》(《东北亚经济研究》2022年第2期)和《深入推进"冰上丝绸之路"建设的研究》(《北部湾大学学报》2022年第1期),等等。

赵万里在《"冰上丝绸之路"合作意义、制约因素与路径选择》一文中首先分析了"冰上丝绸之路"合作能够对未来我国蓝色空间拓展带来巨大的经济价值、政治价值以及战略价值,主要体现在:降低海洋运输成本,拓展蓝色发展空间;推动国际经济合作,促进区域贸易发展;参与北极区域治理，深化多边务实合作；培育北极共生机制，实现共商共建共赢；加快资源开发利用，推动人类文明进步。其次指出"冰上丝绸之路"合作建设在给各国提供巨大的经济价值的同时，也面临着合作制约因素，具体有：北极地缘政治环境错综复杂；受海域权属与通行制度约束；建设资金与技术要求"双高"；支点港口及配套设施支撑不足。最后，在上述分析的基础上，作者提出"冰上丝绸之路"需要各国之间增强政治互信，本着共商共建共赢的原则，推动多边合作：推进中俄海洋合作（建立中国东北协同开放机制；加快中国东北国际物流通道建设；促进中俄海洋产业合作；推动中俄科技合作）；推进环日本海国家合作（构筑日本海区域合作共生机制；促进中日韩北极理事会观察员之间的对话协商；建立日本海国际经济共同体）；推进北极国际合作（参与北极环境保护与治理；促进北极航运合作开展；加强科技交流合作；积极与北极原住民组织合作）。

李铁和陈明辉在《我国"向北开放"对接"冰上丝绸之路"路径初探》一文中首先分析了东北地区在"向北开放"中的基础与优势：东北地区具有"近北极区域"的地缘基础；东北地区"向北开放"的海域战略优势；东北地区"向北开放"的次区域合作机制基础；东北地区"向北开放"的重要平台和大通道优势。其次分析了我国"向北开放"对接"冰上丝绸之路"遇到的问题与挑战：来自北极国家的地缘政治挑战；俄罗斯与中国共建"冰上丝绸之路"还有要协调的问题；港口物流支撑能力不足；北极地区生态环境脆弱，并受到全球气候变化的影响；建设"冰上丝绸之路"在国内还存在各种消极认识；如何在对朝合作上实现突破。最后提出我国"向北开放"对接"冰上丝绸之路"的可能路径：集聚优势，以中国近北极区域整体推进"冰上丝绸之路"；海域突破，通过中俄陆海联运合作实现跨国陆海统筹新发展；区域突破，与环日本海国家共建"冰上丝绸之路"；机制突破，借助大图们江倡议（GTI）建立东北亚地方经济合作组织；平台突破，依托珲春海洋经济发展示范区开辟国际海洋经济合作新支点。

四、学术界对 21 世纪海上丝绸之路的探讨

"21 世纪海上丝绸之路"倡议自 2013 年正式提出以来,引起各界学者的持续关注和广泛研究。学术界基于不同视角对"21 世纪海上丝绸之路"倡议以及相关领域问题开展了一系列的理论研究,形成了一大批内容丰富、见解独到的学术成果。其中,头两年国内有关 21 世纪海上丝绸之路的研究主要停留在概念辨析、内涵界定等方面,尚未形成系统成熟的研究主题。2015 年 3 月 28 日,《推动共建丝绸之路经济带和 21 世纪海上丝绸之路的愿景与行动》这份指导性文件的发布对"21 世纪海上丝绸之路"倡议的背景、原则、目标、内容等问题进行了明确定位,由此也掀起了学术界研究"21 世纪海上丝绸之路"问题的高潮。但从 2020 年到 2022 年,21 世纪海上丝绸之路探讨热度呈现下降趋势。在中国知网以"主题"和"海上丝绸之路"为关键词进行检索,结果显示,在 2022 年发表的关于"海上丝绸之路"的学术性论文成果共 187 篇,相对于前几年数量略有下降,但研究深度与广度有所拓展。这些研究成果主要集中在以下五方面。

(一) 对 21 世纪海上丝绸之路进行综合性的探讨

2022 年,时代之变与世纪疫情相互叠加,对"21 世纪海上丝绸之路"倡议的内涵、内容在不断丰富。一些文章把高质量发展"一带一路"与"数字丝绸之路""绿色丝绸之路""健康丝绸之路"等主题相结合进行研究,注重从"一带一路"的丰富实践中寻找新问题、新亮点,为"一带一路"研究提供新的增长点。因此 2022 年学术界对此展开较多研究,主要有:梅宏的《"百年未有之大变局"中 21 世纪"海上丝绸之路"建设理念与路径》(《浙江海洋大学学报 (人文科学版)》2022 年第 4 期),傅梦孜的《"一带一路"高质量发展:态势、环境与路径》(《边界与海洋研究》2022年第 1 期),甄飞扬和邓云成的《美国智库对"绿色丝绸之路"倡议的认知

与我国的应对》（《科技情报研究》2022 年第 4 期），方恺、席继轩和李程琳的《全球碳中和趋势下的"绿色丝绸之路"建设——中国的路径选择》（《治理研究》2022 年第 3 期），翟东升和蔡达的《绿色"一带一路"建设：进展、挑战与展望》（《宏观经济管理》2022 年第 8 期），高疆的《发展"一带一路"数字贸易：机遇、挑战与未来方向》（《国际贸易》2022 年第 1 期），任保平的《新发展格局下"数字丝绸之路"推动高水平对外开放的框架与路径》（《陕西师范大学学报（哲学社会科学版）》2022 年第 6 期），原倩的《新发展格局下数字丝绸之路高质量发展的总体思路与战略路径》（《宏观经济管理》2022 年第 7 期），赵骏和翟率宇的《"数字丝绸之路"国际规则体系逻辑架构——以实体化"一带一路"实践为鉴》（《商业经济与管理》2022 年第 7 期），王媛媛的《中国与"一带一路"沿线国家数字经济合作研究》（《东岳论丛》2022 年第 11 期），曾向红和罗金的《"健康丝绸之路"构建的"政府—社会"复合路径》（《浙江大学学报（人文社会科学版）》2022 年第 3 期），翟东升和梁晨的《协同推进"健康丝绸之路"建设》（《宏观经济管理》2022 年第 10 期），周琦和曾陈许愿的《"健康丝绸之路"的生成逻辑、基本架构及价值意蕴》（《湘潭大学学报（哲学社会科学版）》2022 年第 3 期），辛越优和阚阅的《"健康丝绸之路"背景下的高等医学教育合作：评估标尺与参考地图》（《复旦教育论坛》2022 年第 2 期），等等。

其中，傅梦孜在《"一带一路"高质量发展：态势、环境与路径》一文中围绕高质量发展展开研究，对"一带一路"建设具有非常重要的参考意义。文章开宗明义指出："'一带一路'高质量发展的提出，标志着共建'一带一路'在完成总体布局、绘就'大写意'后进入精谨细腻的'工笔画'新阶段。""'一带一路'高质量发展提上国家议程后，在实际政策层面进入加快推进阶段，'一带一路'高质量发展的目标更为清晰，具体要求也更为明确。""要巩固互联互通合作基础，拓展国际合作新空间，扎牢风险防控网络，努力实现更高水平、更高投入效益、更高供给质量、更高发展韧性，推动共建'一带一路'高质量发展不断取得新成就。"接着文章分析了席卷世界的新冠疫情使全球化进入怠速状态，对"一带一路"建设的冲击也很大，但疫情阻挡不了建设步伐：大批重点项目建设克服疫情带来的要素流不畅等困难，取得突破性进展；中国与合作国家经贸投资保持较快增长；"一带一路"受到越来越多国家的持续支持；多元化投融资体系逐步健全。文章作者也指出"一带一路"高质量发展的同时也面临着较为严峻的外部挑战：（1）总体经济环境影响：疫情反复导致全球经济复苏不确定性更为突出，债务危机、供应链危机、能源危机此起彼伏，全球化进程严重受挫，要素流受到一定的限制，客观上恶化了"一带一路"建设所面临的外部总体经济环境；（2）大国政治环境影响：美国不愿意看到中国崛起冲击其霸权地位，不愿意看到中国国际影响力扩大，竭力拉拢诱压一些国家，推出"一带一路"全球性对冲方案，大国博弈进程中霸权国家伸出的干扰"黑手"不时出现，"一带一路"建设进程中大国干扰的政治风险显著上升；（3）东道国建设条件影响：疫情下各国经济重启更为艰难，复苏进程不一，面临的问题差异性增大，"一带一路"建设的国别风险依然高企，特别表现在宏观经济环境变差、经济可持续发展条件滞后等方面。最后，在上述分析的基础上，文章认为对于"一带一路"高质量发展，仍要坚守"五通"这个核心目标；坚持政府引导，企业为主体，市场为主导；既要与国内京津冀协同发展、长江经济带发展、粤港澳大湾区发展战略对接，与西部开发、东北振兴、中部崛起、东部率先发展、沿边开发开放结合，也要进一步做好与当地国新时期发展战略的对接，坚持开放、绿色、廉洁、合作理念，践行高标准、惠民生、可持续的合作新理念；创新金融手段，扩大资金筹措方式和支持力度；在加强"硬联通"的同时，进一步发展完善国际通行的法律、规则、规范和标准等"软联通"。同时提出需要特别且具体强调的四个"结合"：（1）与"数字"结合；（2）与"绿色"结合；（3）与"健康"结合；（4）与"价值链"结合。

任保平的《新发展格局下"数字丝绸之路"推动高水平对外开放的框架与路径》一文把数字经济与丝绸之路经济带相结合进行考察。文章开门见山提出，在数字经济背景下，丝绸之路经济带建设必须充分利用数字经济，推进数字丝绸之路经济带建设。文章首先分析"数字丝绸之路"经济带是新发展格局下高水平对外开放的新路径：通过"数字丝绸之路"经济带建设实现各个国家之间的信息互通，推动高水平经贸合作的开展；通过"数字丝绸之路"经济带建设搭建高水平的信息沟通平台，推动各国之间高效地交流合作；通过"数字丝绸之路"经济带建设推动区域贸易交往的高质量发展，实现合作各国经贸合作中的优势互补。其次指出在新发展格局背景下，"数字丝绸之路"经济带推动高水平对外开放的框架包括以下四方面：（1）技术基础：数字技术为推动"数字丝绸之路"经济带领域的新合作提供技术基础；（2）平台系统：建立丝绸之路经济带经济、资源、能源、环境大数据平台系统；（3）数据指标：推动丝绸之路经济带经济、社会、教育发展的大数据决策；（4）合作领域：深入推进丝绸之路经济带数字经济领域的开放合作。最后文章提出的战略路径：加强"数字丝绸之路"经济带的信息系统建设，构建数字化基础设施和平台；推动"数字丝绸之路"经济带的产业合作，促进产业数字化和数字产业化的合作；建设"数字丝绸之路"经济带的跨境电子商务平台，推进与合作各国的高水平合作；借助数字技术优势，搭建"数字丝绸之路"经济带合作交流的现代化平台；完善支持体系，为"数字丝绸之路"经济带建设提供条件保障；完善治理规则，保证"数字丝绸之路"经济带建设的秩序。

翟东升和梁晨在《协同推进"健康丝绸之路"建设》一文中研究如何协同推进"健康丝绸之路"建设。文章认为，共建"健康丝绸之路"极大丰富了共建"一带一路"倡议的内涵，开辟了国际合作新空间，为加强全球公共卫生健康合作提供了新思路。2020年新冠疫情席卷全球，共建"健康丝绸之路"显然是下了一步"先手棋",其重要性紧迫性越发显现,全球共识和感召力更加强烈。因此文章先分析了共建"健康丝绸之路"具有重要现实意义:共建"健康丝绸之路"的本质是在共建"一带一路"框架下的国际卫生健康合作,是当今世界之需;共建"健康丝绸之路"是实现联合国卫生健康可持续发展目标的重要合作平台;共建"健康丝绸之路"是我国所能和发展所需。其次介绍了近3年抗击新冠疫情国际合作,形成了多元化、多层次、多领域的合作格局,取得了丰硕成果:政策沟通、经验交流的平台机制得到完善;国际卫生医疗援助得到巩固发展;卫生健康基础设施建设得到加强;医药类产品贸易投资稳步增长;中医药走出去步伐明显加快;与周边国家卫生健康合作方兴未艾;卫生健康人才国际培养培训成果丰硕。同时文章也认为,共建"一带一路"和"健康丝绸之路"的成功实践以及国际局势深刻变化,有力证明了我国提出共建"一带一路"倡议的现实必要性、可行性和倡议的强大生机,同时彰显出我国的制度优势、经济优势和国际影响力感召力,这些有利因素必将持续推进"健康丝绸之路"建设走深走实。但也应看到,当前,我国推进"一带一路"和"健康丝绸之路"建设正面临前所未有的复杂严峻的形势,其中存在多种风险挑战,应引起警觉并妥善应对。文章最后提出对应的策略建议:有效协调发挥有效市场、有为政府的作用;适当聚焦我国毗邻国家和地区;努力提升卫生健康国际合作水平;更加注重引入境外先进的卫生健康资源;做好中医药国际化大文章;协同推进"健康丝绸之路"越走越宽广。

翟东升和蔡达在《绿色"一带一路"建设:进展、挑战与展望》一文中首先指出推进绿色"一带一路"建设意义重大:共建绿色"一带一路"契合我国新发展理念;共建绿色"一带一路"顺应全球绿色可持续发展大势;共建绿色"一带一路"提升我国对外经贸合作水平。其次指出目前在绿色能源、绿色基建、绿色园区、绿色金融、能力培训以及传统改造等领域开展务实合作,取得了诸多实践成果。但也意识到共建绿色"一带一路"

任重道远，存在的主要问题有：共建国家生态环境基础复杂多样；传统工业化发展模式与绿色发展矛盾叠加；我国企业海外绿色发展能力还不能完全适应形势；对接海外规则标准存在一定的困难；以美国为首的西方社会干扰抹黑全面出击。最后认为要主动运筹，推动绿色"一带一路"行稳致远：持续强化我国企业绿色共建能力；加强人文交流互鉴，积极传播中国实践经验；积极主动做好规则标准对接工作；聚焦重点合作区域和领域；更加注重传统产业绿色化改造升级；丰富绿色金融工具，发挥资金的引导保障作用；营造和维护良好的国际舆论环境。

（二）从经贸合作的视角对 21 世纪海上丝绸之路进行探讨

经贸合作是 21 世纪海上丝绸之路的重要内容。因此 2022 年从经贸合作的视角对 21 世纪海上丝绸之路进行探讨的论文也不少，主要有：王涵和许淑婷的《海上丝绸之路沿线国家经济发展状况研究》（《北方经贸》2022 年第 11 期），夏启繁和杜德斌的《21 世纪海上丝绸之路能源贸易结构及与中国的贸易关系演变》（《地理研究》2022 年第 7 期），郭建科和梁木新的《中国与"21 世纪海上丝绸之路"沿线国家航运网络及经贸联系的耦合特征》（《地理学报》2022 年第 6 期），李林蔚、张璐和李晓峰的《中国与"21 世纪海上丝绸之路"沿线地区农产品贸易结构分析》（《经济问题探索》2022 年第 12 期），李文霞、金缀桥和卢敏的《中国农产品出口"海上丝绸之路"沿线主要国家的影响及潜力分析——基于贸易便利化视角》（《价格月刊》2022 年第 7 期），汪洁的《海上丝绸之路互联互通的贸易效应研究》（《中国商论》2022 年第 7 期），韦纪安、迟阳和李亚军等的《基于"海丝"沿线国家产业转移关系的海运影响潜力研究》（《中国航海》2022 年第 4 期），陈甬军和王诗婷的《贸易便利化如何促进中国与"丝绸之路经济带"沿线国家双边贸易》（《社会科学战线》2022 年第 11 期），等等。

其中，李林蔚、张璐和李晓峰的《中国与"21 世纪海上丝绸之路"沿线地区农产品贸易结构分析》选取除中国外的 18 个国家围绕农产品贸易结构进行分析研究，很有现实意义。文章首先分析了 2009—2021 年中国与"一路"沿线地区农产品贸易结构的现状和发展趋势，在此基础上通过 RCA 指数、TCI 指数、GL 指数、BI 指数及 Thom & Mc‒DoweII 指数，对其特征进行分析，得出结论：（1）中国与"一路"沿线地区农产品贸易结构和发展趋势现状不容乐观；（2）中国与"一路"沿线地区农产品贸易结构互补性较明显，基本不存在竞争性；（3）中国与"一路"沿线地区农产品贸易结构以产业间贸易与产业内贸易并存；（4）中国与"一路"沿线地区农产品贸易结构中垂直型产业内贸易发展较快并占据主要地位，而水平型产业内贸易逐渐退化。基于上述结论，文章从优化中国与"一路"沿线地区农产品贸易结构的角度出发，得出如下启示：（1）要继续深入推进"一路"倡议，并与"双循环"战略有机结合。充分利用"一带一路"国际高峰论坛，与更多沿线地区展开农业领域的沟通合作，形成多元化进出口市场结构，打造多边共赢的农产品贸易格局，从而解决区域结构不合理问题。（2）要持续强化现代农业基础支撑，提高农产品综合生产能力。在现有农产品比较优势的基础上，通过种源等农业关键核心技术攻关打造更多具有比较优势的农产品，以此拓展中国农产品比较优势面，缩小与农产品贸易强国的差距，进而解决进出口结构不平衡和商品结构集中度过高的问题。（3）要充分利用开放经济的优势，提高农产品产业内贸易水平。因此，应加强与"一路"共建国家的农业科技合作、强化农业技术和服务的输出，主动布局沿线农产品全产业链建设并增强其稳定性：一方面，有利于中国与共建各国的经济发展，提高人均收入水平、缩小双方差距；另一方面，有利于降低贸易成本，形成互利共赢的产业内贸易格局。（4）要根据自身农业发展情况，在供给侧改革中有针对性地调整农产品出口结构。一方面，要在前端生产中提升农产品质量，巩固并完善现有垂直型产业内贸易结构；另一方面，要挖掘在品牌、包装和规格等非质量特性上的竞争优势，更好地匹配目标市场消费者偏好，发展水平型产业内贸易结构。

　　夏启繁和杜德斌在《21世纪海上丝绸之路能源贸易结构及与中国的贸易关系演变》一文中从能源贸易结构及与中国的贸易关系演变视角来探讨开展海上丝绸之路能源贸易合作。文章基于2000—2018年共建国家化石能源贸易数据及其对外经贸属性，借助贸易互补模型、复杂网络方法、GIS空间技术等手段，揭示了海上丝绸之路沿线能源贸易的产品结构、网络结构及空间格局演化特征，探讨了海上丝绸之路在中国能源对外贸易中的地位变动及互补特征，并得出结论：（1）沿线区域能源贸易规模近年有扩大趋势，不同能源产品的进口都逐步高于出口。进口能源产品占全球的比例均有所上升，其中煤炭进口占比最高；出口能源产品占全球的比例整体下滑，其中石油出口占比最高。（2）原油、液化天然气和煤炭制品是沿线主要贸易产品。共建国家不同产品进出口优劣势格局具有显著的空间异质性，发达国家多对技术要求较低的原始产品具有进口劣势，对加工制成品具有出口优势，而多数发展中国家基本相反。（3）消费大国逐步取代出口大国成为石油贸易网络核心节点；资源赋存国家始终主导天然气贸易网络；出口大国与消费大国共同主导煤炭贸易网络。（4）石油贸易形成亚洲"拱形"格局且不断夯实；天然气贸易形成亚洲"金三角"和地中海"四边棱形"并存格局；煤炭贸易呈洲际"多拱"联系显著衰落，洲内贸易格局显著增强。（5）海上丝绸之路是中国重要的能源供给地和合作对象。中国与共建国家在石油贸易领域具有较高的互补水平，但存在显著下滑的态势；在天然气与煤炭贸易领域具有较低的互补水平，但呈现逐步提升的趋势。

　　郭建科和梁木新的《中国与"21世纪海上丝绸之路"沿线国家航运网络及经贸联系的耦合特征》一文基于中国与21世纪海上丝绸之路共建国家航运网络及经贸联系的耦合关系进行探讨，视角很新颖。文章截取2008年、2018年两个时间断面，首先运用复杂网络模型刻画中国与21世纪海上丝绸之路共建国家的港口航运网络结构，其次通过构建指标体系分析该网络与各国经贸联系耦合特征，揭示航运网络对沿线贸易的支撑能力，最后结合时空地理加权回归模型分析其影响因素的空间异质性。结果表明：（1）从整体看，两个年份的港口航运网络均具有明显的复杂网络特征，网络稠密程度提升了 111%，但网络整体运行效率下降了 8.73%。（2）港口航运网络与经贸联系的协调性提高了 5%，明显提高的国家主要分布在东亚和东南亚。至2018 年，约 36% 的共建国家与中国航运联系网络滞后于经贸联系水平，航运网络支撑能力明显不足；约 28% 的沿线国家航运要素供给相对过剩；其余国家中多数已由低级协同优化为中级协同。从国际区域层面看，二者的协调性具有明显的空间俱乐部趋同现象。（3）耦合关系的影响因素存在明显的区域差异，但总体上，贸易规模、港口航运效率、外贸经济效益是促进航贸联系协同效应的最主要因素，而航线覆盖面、港口中转能力、贸易壁垒影响较弱。在上述分析的基础上提出针对性的发展建议：（1）从网络结构来看，继续优化以东亚、东盟和欧盟各国枢纽港口为核心的 21 世纪海上丝绸之路航运网络，并强化与中东和非洲港口的航运联系，进一步提升对共建国家经贸联系的支撑能力。（2）中国与 21 世纪海上丝绸之路沿线不同国家或地区航贸联系耦合协调类型不同，各因素相互作用机制也存在明显差异。

（三）关于 21 世纪海上丝绸之路海洋、港口问题的探讨

港口是 21 世纪海上丝绸之路建设的重要支撑和关键载体。2022 年关于海洋、港口问题研究的文章主要有：贾鹏、段京铭和赵雪婷等的《"21 世纪海上丝绸之路"沿线港口投资区位选择研究》（《中国航海》2022 年第 4期），邹志强的《新时期"海上丝绸之路"港口建设：动力、方向与挑战》（《边界与海洋研究》2022 年第 4 期），沈立新、徐阳和杨琴的《海上丝绸之路沿线港口发展对经济增长的空间溢出效应》（《大连海事大学学报》2022年第 1 期），王圣的《"蓝色伙伴关系"国家港口供应链融合发展研究》（《中国渔业经济》2022 年第 1 期），李昊洲、胡鸿韬和余可欢的《海上丝绸之路倡议下的我国港口绩效评价研究》（《工业工程与管理》2022 年第 6期），王列辉、苏晗和朱艳的《21 世纪海上丝绸之路沿线港口城市的功能类

型与生命周期》（《世界地理研究》2022 年第 3 期），李晶、董烁和郭杉的《"海上丝绸之路"关键节点安全影响因素识别》（《水运管理》2022 年第 12 期），周钰淇、崔佳乐和孙博雯等的《"21 世纪海上丝绸之路"风能资源时空变化评估》（《海洋气象学报》2022 年第 4 期），王亚琨和薛宗杭的《海上丝绸之路集装箱航线网络级联抗毁性研究》（《物流工程与管理》2022 年第 9 期），潘琳、余静和马琛等的《论海上丝绸之路背景下中国与丝路沿线国家海洋空间规划合作：动因、挑战与路径》（《海洋开发与管理》2022 年第 7 期），牟乃夏、任浩楠和张灵先等的《海上丝绸之路海运网络交通不均衡性的可视化表达与分析》（《测绘地理信息》2022 年第 1 期），焦阜生、许小娟和龚海波等的《基于集合经验模态分解去趋势的水分利用效率对气候变化响应的高程分异——以"21 世纪海上丝绸之路"沿线省份为例》（《生态学报》2022 年第 17 期），段闪华、姜明波和薄文波等的《海上丝绸之路波浪能的时空特征分析》（《海洋湖沼通报》2022 年第 1 期），等等。

其中，沈立新、徐阳和杨琴的《海上丝绸之路沿线港口发展对经济增长的空间溢出效应》一文重点探究港口发展对共建国家经济增长的空间溢出效应。文章基于 2010—2019 年的跨国面板数据，借助 ArcGIS 软件，考察海上丝绸之路共建国家港口与经济发展的时空演变情况，建立空间计量经济学模型并求解，量化港口发展对国家经济增长的空间溢出效应，并进一步细化测算直接与间接溢出效应。研究表明，港口发展对共建国家经济增长有显著的正向空间溢出效应，且一国的港口发展带动邻近国家经济增长的间接溢出效应大于对本国经济增长的直接溢出效应。基于上述研究，文章给出相应的政策启示：（1）坚定支持"一带一路"倡议，继续推进"丝绸之路经济带"与"21 世纪海上丝绸之路"的建设，强调开放思维，实现多边合作共赢。（2）重视并利用好港口对经济的空间溢出效应，强化港口发展对经济增长产生的正向辐射作用。（3）加强共建国家间的经济合作与商贸往来，进一步建设融资平台，通过多方参与实现更多受益。

邹志强的《新时期"海上丝绸之路"港口建设：动力、方向与挑战》一文从新时期"海上丝绸之路"港口建设的动力、方向与挑战进行探讨。文章首先分析了中国参与海外港口建设投资的内在动因：中国海外港口建设受到港航企业追求商业利益和国际化发展的直接驱动；中国海外港口建设受到国际国内经济大环境变动的重大影响；中国海外港口建设受到"走出去""一带一路"等国家发展战略与倡议的有力推动。其次在分析过程中指出，与 2013 年之前相比，新时期中国的海外港口建设呈现出如下特点：（1）沿线港口建设被纳入"一带一路"框架之下并被赋予更为重要的角色，成为"海上丝绸之路"建设的关键载体之一，政府与港航企业之间的互动关系更加密切，逐步形成具有中国特色的国际港口合作模式。（2）海外港口建设的规划性与整体布局更为清晰有序，中国参与的港口建设项目进一步向"海上丝绸之路"沿线聚集，沿线地区出现了一批有代表性的港口建设项目，由枢纽港、支线港和节点港组成的商业港口网络化布局不断完善。（3）虽然新时期中国的海外港口建设更为显著地受到国家对外政策的推动，政府与企业的互动关系也更加紧密，但政府对企业海外港口投资的政策、资金和外交支持的目的主要是帮助企业获取经济利益，中国追求的是具有包容性的地缘经济利益，而非排他性的地缘政治利益。（4）随着"一带一路"倡议的快速推进，中国海外港口建设面临的风险与挑战日益增多，不仅沿线港口存在重叠竞争、海陆联通能力不足、港口经济深度开发有限等地缘经济挑战，而且地缘政治风险也在急剧上升。基于上述分析，文章首先提出"海上丝绸之路"港口建设的地缘经济因素与重点开发方向：港口开发潜力，包括物流处理能力、航运连通性和功能潜力等；港口及其所在国的地理位置与区域辐射价值；港口腹地经济环境，包括港口所在国及其所能依托的周边邻国腹地经济状况等；中国的海外利益存在和所在国对"一带一路"的态度。其次明确提出了未来国际港口合作方向：印度洋—红海—地中海—线是中国参与"海上丝绸之路"沿线港口建设的重点地区，线路中间地带的发展中国家和地区是港口开发的关键着力点；从中国参与"海上丝绸之路"沿线港口建设的关键合作伙伴来看，新加坡、缅甸、斯里兰卡、巴基斯坦、阿联酋、吉布提、肯尼亚、埃及、希腊、摩洛哥等国因其各具特色的地位而应受到更大重视；从"海上丝绸之路"沿线重点港口来看，新加坡、皎漂、汉班托塔、瓜达尔、哈利法、吉布提、蒙巴萨、塞得、比雷埃夫斯和丹吉尔等港口的角色更为关键。最后文章认为中国在沿线地区的港口建设需进一步明确重点方向和实现协调发展，通过多种方式优化布局和提质增效：重视港口区位重叠和无序竞争问题，加强沿线港口开发规划和协调，实现协同错位发展；面对港口配套基础设施和陆上通道建设滞后问题，积极"以陆促海"，满足"一带一路"海陆连通交汇的需求；针对港口经济深度开发不足的问题，积极拓展"港口＋"模式，加强港口发展的腹地支撑；鉴于东道国国内政治与政策环境的重大影响，综合考虑海外经济利益分布与港口所在国对"一带一路"倡议的态度及政策稳定性；面对地缘政治风险的日益上升，突出港口项目的商业属性和多边属性，淡化战略属性。

王列辉、苏晗和朱艳在《21世纪海上丝绸之路沿线港口城市的功能类型与生命周期》一文中对"21世纪海上丝绸之路"沿线港口城市的功能类型和生命周期进行了研究。文章利用全球集装箱吞吐量数据和联合国经济与社会部人口署官网的人口数据，以1995—2015年全球集装箱吞吐量排名前100的海上丝绸之路沿线港口城市为研究对象，基于相对集中指数、港口与城市功能组合模型等，分析其港城功能关系特征与演变规律，探讨"海上丝绸之路"沿线港口城市的生命周期。经研究发现：（1）"海上丝绸之路"沿线港口城市的港城功能关系类型多样，5种类型占比稳定，仅16.1%的城市处于平衡状态。（2）沿线港口城市演化分为相对集中指数（RCI）上升型、下降型和稳定型。上海、青岛和安特卫普等港口城市的RCI值不断上升，从以城市功能为主进入港城平衡或以港口功能为主；新加坡、香港和迪拜等港口城市的RCI值不断下降，港口功能强于其城市功能；汉堡和林查班等RCI

稳定型港口城市主要位于东南亚及欧洲,港口规模与城市规模同步增长。
(3)不同类型的港口城市处在港口生命周期的不同阶段,分为生长期、发展期、成熟期和停滞期。因此,文章认为,对于不同类型的港口城市,需要通过制定相应的发展策略,使港口与城市之间维持平衡发展状态,实现良性互动。同时,根据不同类型港口城市的演变规律,在进行港口规划时做出适当的修正与调整。

(四)关于21世纪海上丝绸之路建设中各种风险的探讨

随着21世纪海上丝绸之路建设的逐步深入和扩展,各种风险也日益凸显。因此,2022年更多学者从不同视角关注和探讨各种风险,主要有:王发龙和和春红的《中国对外投资的非传统政治风险——基于"一带一路"建设的分析》(《经济问题探索》2022年第6期),汪炜、乔桂明和胡骋来的《"一带一路"沿线国家直接投资对中国经济的拉动效应——基于东道国国家风险视角》(《财经问题研究》2022年第11期),邓道才和朱淼的《"一带一路"倡议实施与沿线国家债务违约风险——基于双重差分模型的实证分析》(《武汉金融》2022年第12期),张强的《"一带一路"建设的地缘政治风险及应对探析》(《国际公关》2022年第23期),张博的《"一带一路"倡议下企业对外投资的法律风险及应对》(《赤峰学院学报(汉文哲学社会科学版)》2022年第11期),张帅的《我国与"一带一路"沿线国家金融风险空间关联网络及传染效应分析》(《金融理论与实践》2022年第11期),郑玉雯和薛伟贤的《丝绸之路经济带生态环境风险评估及发展趋势预判》(《中国软科学》2022年第2期),沈一兵的《后疫情时代"一带一路"面临的文化风险与包容性文化共同体的建构》(《人文杂志》2022年第3期),等等。

其中,汪炜、乔桂明和胡骋来在《"一带一路"沿线国家直接投资对中国经济的拉动效应——基于东道国国家风险视角》一文中结合中国对"一带一路"合作国家直接投资与东道国国家风险来探讨"一带一路"合作国家直接投资对中国经济的拉动效应。文章首先指出，"近年来，中国对'一带一路'合作国家直接投资发展迅速，但也面临着巨大的东道国国家风险，从而给投资成效带来了较大的不确定性"。其次对"一带一路"倡议下中国对外直接投资的国家风险进行了全面评估，采用主成分分析法和熵值法对东道国国家风险指标进行构建、测度；同时采用系统广义矩估计方法（GMM）从东道国国家风险视角，验证"一带一路"合作国家直接投资对中国经济发展的拉动效应。研究表明：总体上，"一带一路"合作国家的东道国国家风险正逐年降低，但部分国家投资风险仍不容忽视。"一带一路"合作国家直接投资可以有效推动中国经济增长，且低风险样本国家的经济拉动效应比高风险样本国家要高。投资风险的降低有助于提升"一带一路"合作国家直接投资对中国经济增长的拉动效应，投资风险降低的正向调节作用在高风险样本国更为明显。最后文章提出相应的政策建议：（1）国家要以法律、金融、信息、人才等风控服务为支撑，做好投资风险研判和规避保障；（2）企业要增强风险防范意识，加强风险防控，科学实施"一带一路"合作国家的直接投资；（3）持续深化"一带一路"合作国家直接投资合作关系和扩大合作范围，不断促进中国经济增长。

杨振姣、陈梦月和张寒的《"海上丝绸之路"绿色发展的挑战及中国应对——基于全球治理"四大赤字"的视角》一文以全球治理"四大赤字"为视角，将绿色发展理念和"海上丝绸之路"结合，将绿色发展与全球治理"四大赤字"相结合，探索"海上丝绸之路"绿色发展的路径，提出全球治理的中国智慧和中国方案。文章首先回顾了相关文献综述，并在全球治理"四大赤字"解释框架的基础上厘清了全球治理"四大赤字"与"海上丝绸之路"绿色发展间的关系。其次指出"海上丝绸之路"绿色发展无法回避全球治理"四大赤字"的制约和阻碍，其面临诸多挑战和风险，主要有：和平赤字加剧，"绿色正义"缺失；安全赤字扩大，国际动荡加剧；发展赤字严重，分配正义缺位；治理赤字凸显，绿色发展规制缺陷；经济增长与绿色发展存在固有矛盾。最后文章提出中国作为"海上丝绸之路"倡议的发起者，面对全球治理"四大赤字"凸显，可以采取的中国应对为：深化命运共同体共识，缓解和平赤字；践行全球安全倡议，消除安全危机；推动经济绿色增长，破解发展赤字；完善绿色发展规制，夯实治理基础；推动海洋生态治理，稳固绿色发展基础。

王发龙和和春红在《中国对外投资的非传统政治风险——基于"一带一路"建设的分析》一文中认为，"中国在'一带一路'沿线投资面临的主要挑战并非器物层面和制度层面相对明晰、显在的传统政治风险，而是精神层面更为模糊、潜在的非传统政治风险"。"非传统政治风险之所以是中国在'一带一路'沿线投资面临的主要挑战，不仅因其诱因源于文化差异、认同缺失、信任赤字等深层次、根本性问题而难以识别、化解，致使中国及'走出去'中国企业缺乏应对的丰富历史经验和有效现实举措而难以防患于未然，还因其威胁具有鲜明的隐秘性、延续性。"因此文章在现有研究成果的基础上，从对外投资精神软环境视角，遵循政治心理学的理论逻辑，探讨了对外投资非传统政治风险的基本概念、生成逻辑、作用机制等理论问题，提出中国在"一带一路"沿线投资面临的非传统政治风险主要有："一带一路"建设域内外国家的认知谬误；"一带一路"建设域内外国家的情感拒斥；"一带一路"建设域内外国家的意志抗衡。文章最后提出了下面这些应对措施：推进观念认同；促进利益共享；增进战略互信。

（五）从其他角度对"21世纪海上丝绸之路"进行探讨

2022年，一些文章还从其他各种视角对"21世纪海上丝绸之路"进行探讨，内容包罗万象，丰富多彩。如有一些文章是从古代"海上丝绸之路"的文学、音乐、艺术和民俗等方面进行研究，主要有：纪德君的《中国古代"海丝之路"的文学镜像》（《学术研究》2022年第12期），蒋秀云的《海上丝绸之路与"皇帝新装"故事的旅行与变异》（《天津师范大学学报（社会科学版）》2022年第1期），张昊的《论海上丝绸之路中的民间习俗传播——以闽南"送王船"为例》（《大众文艺》2022 年第 7 期），王姣锋的《戴复古海上丝绸之路诗歌创作》（《安康学院学报》2022 年第 2 期），白静的《从〈丝绣〉看海上丝绸之路织绣文化的互学互鉴》（《艺术设计研究》2022 年第 5 期），肖云的《绘本化：跨文化交流背景下的民间故事重构——以"海上丝绸之路风情艺术绘本"系列为例》（《文艺论坛》2022 年第 3 期），杨民康的《南方丝路与海上丝路音乐文化研究专栏》（《中国音乐》2022 年第 6 期），袁燕的《视觉图像背后的历史——海上丝绸之路典型服装"可巴雅"的中国起源及传播途径》（《中国艺术》2022 年第 3 期）。也有一些文章是从文化及其传播角度进行探讨，主要有：曾艳芳、甘萌雨和李姝霓等的《海上丝绸之路旅游体验价值对旅游者文化传播行为的影响》（《中国生态旅游》2022 年第 4 期），郭微谨的《"一带一路"倡议背景下妈祖音乐跨文化传播策略研究》（《遵义师范学院学报》2022 年第 5 期），白禹铭和张汝鹏的《妈祖文化融入"21 世纪海上丝绸之路"建设中的价值与路径研究》（《文化创新比较研究》2022 年第 6 期），黄家庭和崔海东的《构建"海丝"区域文化共同体的原则与意义》（《铜陵学院学报》2022 年第 2 期），王宏涛的《海上丝绸之路上饮食文化的吸收与创新：以"营多面"的产生为例》（《品位·经典》2022 年第 14 期），吴杰伟的《太平洋丝绸之路历史价值的新思考——基于档案整理和知识传播的启示》（《社会科学战线》2022 年第 11 期），廖钟源的《打造地域文化符号：新文创时代海丝文化的价值重塑》（《东南传播》2022 年第 4 期），李少敏的《新时代流行音乐传播方式对促进海丝文化发展的研究》（《湖北开放职业学院学报》2022 年第 6 期）。还有一些文章是从海丝遗产、遗址方面进行研究，主要有：王瑞的《海丝遗址保护与开发研究》（《文物鉴定与鉴赏》2022 年第 1 期），彭雪和许凡的《丝绸之路遗产价值传播的现状与思考》（《文博学刊》2022 年第 4 期），王毅和沈阳的《文明交流对话视野下世界遗产的生产：以陆海丝绸之路为例》（《民族艺术》2022 年第 1 期），钟羡芳和徐文彬的《中国"海上丝绸之路"遗址

点的时空分布特征及形成机制》(《福州大学学报（哲学社会科学版)》2022
年第 3 期)。也有一些是从历史角度进行探讨的，主要有：夏时华和袁林的
《宋代海上丝绸之路诸国香料朝贡贸易规模与所持态度考察》(《上饶师范学
院学报》2022 年第 1 期)，袁超的《魏晋至唐宋时期海上丝绸之路对外贸易
进出口商品种类的转变》(《文物天地》2022 年第 3 期)，福建省世茂海上丝
绸之路博物馆的《海上丝绸之路与明清外销瓷纹饰流变》(《文学艺术周刊》
2022 年第 3 期)，陈玉鹏和刘德荣的《苏颂与海上丝绸之路的中医药》(《江
西中医药》2022 年第 12 期)，喻燕姣、段晓明和王卉等的《长沙五里牌东
汉墓出土宝石珠饰与古代海上丝绸之路中外交流》(《宝石和宝石学杂志
（中英文)》2022 年第 6 期)，乌云高娃的《忽必烈与元代海上丝绸之路》
(《西夏研究》2022 年第 4 期)，郭筠和陈静的《霍尔木兹与元明时期中阿海
上丝路交往——以郑和船队与伊本·马吉德的记载为中心》(《江西社会科
学》2022 年第 8 期)。此外，也有从海丝文物来进行考察探讨的，主要有：
谭文的《海丝路上的坭兴陶》(《文史春秋》2022 年第 10 期)，刘虹、沈沁
怡和苏佳玲的《丝绸之路上的植物纹样形式流变与创意传承》(《设计》
2022 年第 3 期)，王建文的《海上丝绸之路考古的新进展——上海博物馆赴
斯里兰卡考古记》(《文物天地》2022 年第 12 期)，杜文的《解读"海上丝
绸之路沉船和贸易瓷器大展"的唐瓷》(《收藏》2022 年第 11 期)。同时也
有一些关于主题展览的角度进行探讨，主要有：白黎璠的《涉海类博物馆海
丝主题展览的策展方向与实践》(《东南文化》2022 年第 4 期)，雷虹霁、潘
守永和王思怡的《2019—2020 年度"丝绸之路"主题展览的全球观察与评
述》(《故宫博物院院刊》2022 年第 5 期)。像吴桐的《海丝文化主题地理
校本课程开发的探索》(《中学地理教学参考》2022 年第 14 期)是结合教育
方面研究。

其中，曾艳芳、甘萌雨和李姝霓等在《海上丝绸之路旅游体验价值对旅
游者文化传播行为的影响》一文中主要考察了"海上丝绸之路"文化旅游

体验对旅游者文化传播行为的影响机制。文章基于情绪评价理论和社会认同理论构建了一个中介效应模型，考察了民族自豪感和文化认同这两个变量在旅游体验价值和旅游者文化传播行为之间的中介效应。以泉州 22 处申遗遗址进行实证调查，研究结论如下：（1）旅游体验功能价值、享乐价值和符号价值均显著正向影响旅游者文化传播行为，即旅游者在"海上丝绸之路"文化旅游体验过程中感受到美、愉悦、新知识、新鲜感、满足感、身份符号认知、自我实现等价值，会有效激发旅游者传播"海上丝绸之路"文化的倾向，进而产生分享推荐"海上丝绸之路"文化、购买"海上丝绸之路"文化产品、保护"海上丝绸之路"文化遗产等有利于目的地文化传播的行为。（2）民族自豪感在旅游体验价值和符号价值与旅游者文化传播行为之间起部分中介作用，即在"海上丝绸之路"文化旅游体验过程中，旅游体验价值和符号价值不仅对旅游者文化传播行为产生直接影响，还可以通过民族自豪感间接影响其文化传播行为。（3）文化认同在旅游体验价值和符号价值与旅游者文化传播行为之间起部分中介作用，即在"海上丝绸之路"文化旅游体验过程中，旅游体验价值和符号价值不仅直接影响旅游者文化传播行为，还可以通过文化认同间接影响其文化传播行为。文章认为上述模型以及相关结论丰富和拓展了旅游体验价值和旅游者文化传播行为的研究，具有一定的理论贡献，并对"海上丝绸之路"文化旅游开发和"海上丝绸之路"文化传播提供了实践启示：凝练"海上丝绸之路"文化元素符号，提高"海上丝绸之路"文化旅游体验价值；凸显"海上丝绸之路"文化成就，提升旅游者民族自豪感与文化认同感；加强与"海上丝绸之路"沿线地区合作，推进"海上丝绸之路"文化国际传播。

21 世纪海上丝绸之路建设是构建人类命运共同体的伟大实践。2022 年，世界正经历百年未有之大变局，关于"21 世纪海上丝绸之路"的研究文献数量相对比较稳定，相关研究领域呈现百花齐放、百家争鸣的特点，形成了一系列富有启发意义的研究成果。但同时我们也知道，共建"21 世纪海上丝绸之路"是一项宏大的工程，作为我国长期重点推进的国家级顶层合作规划，其研究涉及法律、人文、宗教、历史、经济、政治、军事、海洋等多学科多领域，尽管在各学科领域也取得了丰硕的成果，但目前综合性研究成果较少，也有一些文章泛泛而谈，实际操作性不强。为此学者们应更全面深入地开展对"一带一路"重大理论和实践问题的研究阐释，提升学术交流和团队协作能力，不断丰富和深化"一带一路"研究的内容和深度，用新时代高质量研究成果回答中国之问、世界之问、人民之问、时代之问，助推高质量共建"一带一路"更加行稳致远，从而谱写构建人类命运共同体的新篇章。

（本章作者：姚蕾，宁波大学马克思主义学院副教授）

第二章　海上丝绸之路东海航线研究

2022 年，海上丝绸之路东海航线研究有进一步推进，相关成果主要集中于港城、航海贸易、文化交流、外交往来等专题。另有一些论文和著作聚焦于东海航线的航路、人员往来、国族间相互认知等领域。2022 年一些地方举办了一系列以海上丝绸之路为主题研讨会，有力地促进了海上丝绸之路东海航线研究的深化。3 月 19—20 日，厦门大学召开"首届中华海洋文化厦门论坛暨厦门大学海洋文化研讨会"，来自全国各地 20 余所科研机构、高等院校的 60 余名专家学者通过线上、线下形式参加了会议，会议分为"跨国史与全球史视野下的海洋""中国海洋历史文化""海洋区域社会管理""中国海洋经济开发历程"等 4 个分论坛；6 月 25—26 日，中国社会科学院古代史研究所文化史研究室、《形象史学》编辑部、上海大学外国语学院联合举办了首届"海洋文化与中华文明传承发展"学术研讨会，会议由上海大学外国语学院具体承办，来自中国社会科学院古代史研究所中国社会科学院大学、上海大学外国语学院、莆田学院等单位的师生 20 余人参加了研讨；11 月 26 日，上海师范大学人文学院和上海市国际比较文学创新团队在上海教育国际交流中心召开"2022 年东亚汉诗国际学术研讨会"，来自中国、日本、韩国、越南等国，以及中国台湾、中国香港地区的 100 余位学者以"线上＋线下"双重模式，围绕"东亚汉诗史"主题展开了深入研讨；12 月 17

日，福建省莆田市湄洲岛举行了以"妈祖文化的世界传播与人类文明交流互鉴"为主题的 2022 妈祖文化传媒论坛，本届论坛旨在进一步推动妈祖文化在全球传播，讲好妈祖故事，扩大妈祖文化影响力，展示中华优秀传统文化，同时努力使妈祖文化在促进两岸同胞心灵契合、"一带一路"国家和地区民心相通方面发挥更大作用；12 月 24—25 日，浙江师范大学边疆研究院举办了第九届边疆与海洋论坛暨 2022 年度东亚汉学国际学术研讨会；12 月 26 日，泉州市委宣传部、市社科联、泉州海外交通史博物馆和泉州海洋职业学院联合召开了"泉州与世界海洋文明"学术研讨会。2022 年举办的众多研讨会、论坛促进了学术交流，有助于充分挖掘海上丝绸之路丰厚内涵、历史意义和现实意义。

2022 年海上丝绸之路东海航线研究成果的变化主要体现在：一是东亚古代政治关系方面的研究成果增多，而港口、航线研究则相对较少；二是海丝人员来往研究方面，海商研究较少，而东亚僧侣相关研究成果相对较多；三是海上丝绸之路上的书籍传播受到学界更多关注。下面将具体介绍这一年的研究情况。

一、港口、航路、船舶及航海研究

（一）港口研究

2022 年有关海上丝绸之路东海航线港口的研究成果，以登州、杭州、宁波、泉州等港城历史考察居多。山东省水下考古研究中心编《考古学视野下港口与码头学术研讨会论文集》（上海古籍出版社，2022 年）所收论文涵盖"港口、码头考古发现与研究"，是一部有关港口考古和水下文化遗产研究的成果集萃。其他论述海上丝绸之路东海航线港口的单篇论文如下。

王琼、董彩娟和李萍的《东北亚海上丝绸之路与登州古港发展》（《中国航务周刊》2022 年第 19 期）一文考察了东北亚海上丝绸之路上的登州港。论文指出，登州港向北出发可以通向朝鲜半岛、日本，是"丝绸、茶叶、瓷器出口的重要输出港"。

谢小羽、张楷昕和钟景媚等的《古雷州府海上丝绸之路对雷州文化生成的影响》（《文化创新比较研究》2022 年第 33 期）一文则探讨了海上丝绸之路对雷州文化生成的影响。文章认为，"海上丝绸之路为雷州半岛输入了大量外来文化：在宗教信仰方面，输入了异域信仰；在经济活动方面，带来了巨大的海外贸易经济效益和先进的生产技术；在农业生产方面，引进了新品种的作物，更新了农业结构，影响了饮食文化"。

孙源的《清代乍浦港中日航运贸易研究（1684—1861）》（东北师范大学硕士学位论文，2022 年）一文论述了清代乍浦港在中日贸易中的作用。文章指出，康熙帝开海禁后，乍浦港口对日贸易发展迅猛，成为"清朝对日贸易的中心口岸，甚至在乾隆中期以后取得了对日贸易的独占地位"。乍浦港口"进口品以洋铜、海产品为主，出口品则有生丝、纺织品、药材、砂糖、书籍、香料、工艺品等"。乍浦港具有鲜明特色，"不仅连接了长崎与中国沿海及内陆的广大地区，也使长崎能与锁国体制下无法直接接触的地域建立联系，由此形成一张覆盖东亚，影响远及东南亚、太平洋、北美洲的海洋航运网络，大量的人、物和信息得以在该网络上交互流通"。文章还指出，虽然乍浦港是经济型港口，但其也承担着海防角色。

金城和刘恒武的《宋代宁波的港口、航路以及对外航海贸易》（《中国港口》2022 年第 S1 期）一文研究了宋代宁波港在对外航海贸易中所扮演的角色。文章指出，"凭借卓越的区位和港口优势，宋代宁波逐渐发展成为当时与广州、泉州并列的海上丝绸之路三大枢纽港。宁波—博多航路成为海上丝绸之路东航航线的主干线，宁波—礼成江口的航路则成为宋丽海交要道。此外，经由泉州和广州，宁波与南海各地也保持着密切的商贸联系"。

何方耀的《宋代三佛齐与广州的佛教文化交流考述》（《学术研究》2022 年第 2 期）一文论述了宋代广州与三佛齐之间的交往。文章认为，"广州作为南海丝绸之路始发港和商贸中心，与三佛齐在佛教文化交流、僧商人员往来、佛化外交活动方面有着密切的交流互动"，在两地形成"佛商互动，即以商养佛、以佛促商的互动局面"。

龚缨晏的《明代双屿古港研究》（《中国港口》2022 年第 S1 期）一文探究了明代双屿古港，文章认为双屿港的具体位置直到现在为止依然无法确定。高红文和陈清文的《澉浦港兴衰考》（《嘉兴学院学报》2022 年第 3 期）一文认为"澉浦港起始于唐、兴盛于宋、鼎盛于元、禁航于明、复又淤而不畅于清。其繁荣兴盛关键在于'开放'，其衰落的根源则在于'海禁'"。

泉州是海上丝绸之路上的重要港口城市，也是学界研究重点之一。2022 年相关论文和著作包括：王丽明的《元代泉州印度教龛状石刻纹饰辨析》（《南亚东南亚研究》2022 年第 6 期），杨可的《泉州宋元时期海外宗教石雕研究》（中国美术学院硕士学位论文，2022 年），林轩鹤的《泉州传：海上丝绸之路起点》（外文出版社，2022 年），林华东、林丽珍和苏黎明的《泉州学概论》（厦门大学出版社，2022 年），等等。

其中，王丽明的《元代泉州印度教龛状石刻纹饰辨析》一文聚焦于泉州元代印度教石刻。文章指出，泉州元代印度教寺遗存是在融合多种宗教基础上形成的，这些印度教石刻将"印度教、佛教、道教，以及喇嘛教元素有机搭配，创作出独一无二的新图案"，"展现了在多元文化并存的时代背景下，汉文化、草原文化和印度文化的碰撞与交融"。杨可的《泉州宋元时期海外宗教石雕研究》一文探究了泉州宋元时期海外宗教石雕。文章认为，泉州拥有的宋元时期海外宗教石刻数量众多，这些海外宗教石雕属于"伊斯兰教、基督教、印度教、摩尼教"等。通过系统的研究，文章作者发现，"泉州宋元时期海外宗教石雕的出现，是掌握了高超石雕工艺的泉州地区传统石雕工匠，在多元文化社会中对海外宗教题材进行创新创作的结果。在创作过程中镂空雕技艺同辉绿岩石材的结合，泉州传统石雕工匠在宋元海外宗教石雕创作上的意外收获，为后来泉州地区南派石雕风格的形成打下了重要基础"。林轩鹤的《泉州传：海上丝绸之路起点》"以史学家的研究精神，以文学家的笔墨，刻画出泉州这座海上丝绸之路上具有历史纵深感、富有文化底蕴、饱含丝路重镇记忆的内敛而典雅的城市"。林华东、林丽珍和苏黎明的《泉州学概论》则重点诠释了泉州学，"以宋元海丝商贸为时间轴心，上溯泉州族群和文化的形成与发展，下索泉州族群和文化的延续与创新"。

何况和李启宇合著的《厦门传：海上花园之城》（外文出版社，2022年）一书是厦门城市传记，该书旨在纵观厦门的"前世今生又挖掘城市内动力和人文精神"。

薛正昌的《唐代海上丝绸之路与广州港口》（《石河子大学学报（哲学社会科学版)》2022年第5期）一文考察了广州港口与唐代海上丝绸之路的关系，亦论及广州与海丝东海航线的关系。文章认为，唐代广州港已发展成为第一大港口，"承载着海上丝绸之路瓷器、香料等大宗商品贸易。随着中国造船术、航海技术的发展，广州与朝鲜半岛、日本群岛、东南亚各国海上丝路商贸活动十分兴盛。市舶司的设置，建立了与海外更为广泛的联系，广州港口中外商船云集，彰显了唐代广州港商贸的繁荣程度"。

钟羡芳和徐文彬的《中国"海上丝绸之路"遗址点的时空分布特征及形成机制》（《福州大学学报（哲学社会科学版)》2022年第4期）一文考察了海上丝绸之路遗址分布的时空特征，文中述及海丝沿线港口、码头遗址。文章指出："海上丝绸之路遗址点的空间分布不均衡，具有南部沿海地区密集、北部沿海地区稀疏的特点，在若干城市存在显著空间集聚特征。海上丝绸之路遗址点的时间分布呈现隋唐时期增多、宋元时期最多、明清时期减少的特点，凸显海上丝绸之路历史演变趋势。海上丝绸之路遗址点类型繁多，既有瓷窑、码头、桥塔等海上经济交通设施，亦有寺庙、墓地、石刻等文化设施，彰显海上丝绸之路不仅是经济互通而且是多元文化融合的深刻内涵。海上丝绸之路遗址点的时空分布主要受区域地理环境、王朝政策调整、腹地开发程度等自然、人文因素的综合影响"。

此外，一些其他有关海上丝绸之路研究的文章也论及港口，如熊铁基、王子今和李振宏等的《秦汉史研究的前沿与路径（笔谈）》（《华中师范大学学报（人文社会科学版）》2022 年第 5 期），田丰的《岭南海洋文化精神与广东开放新格局》（《岭南文史》2022 年第 4 期），李传军的《历史与传说的双重变奏——青岛秦始皇传说的历史演变和文化动因》（《民俗研究》2022 年第 6 期），林硕的《海帆初扬：东吴时期的对外交流》（《世界知识》2022 年第 14 期），李小华的《〈明代海上丝绸之路史〉评介》（《中国史研究动态》2022 年第 5 期），唐子豪和茹裕聪的《宋代廉州与东南亚国家之间的贸易往来》（《中国港口》2022 年第 S1 期），吴春明的《海洋观、海洋性与早期海路——读王子今〈上古海洋意识与早期海上丝绸之路〉》（《海交史研究》2022 年第 3 期），谭世宝和谭学超的《粤海关与澳门关部行台的创设及演变诸问题考辨》（《海交史研究》2022 年第 2 期），等等。

（二）航路研究

2022 年海上丝绸之路东海航线的航路研究成果主要涉及中日、中琉、中韩之间古代航路发展状况。如王慧的《八世纪上半叶唐与新罗的官方贸易研究》（延边大学硕士学位论文，2022 年），孙申的《北方海上丝绸之路上的中朝交往》（山东师范大学硕士学位论文，2022 年），孙婉仪的《唐宋时期海上丝绸之路背景下的潮州窑研究》（暨南大学硕士学位论文，2022 年），等等。

其中，王慧的《八世纪上半叶唐与新罗的官方贸易研究》一文论述了唐与新罗的官方贸易，同时也对唐与新罗之间的贸易航线进行了考察。文章认为，唐与新罗之间的贸易存在两条海路航线：一是"登州海行入高丽渤海道"；二是"横渡黄海航线"，这是唐与新罗之间进行贸易的官道。孙申的《北方海上丝绸之路上的中朝交往》一文探讨了北方海上丝绸之路中朝交往问题。文章认为，春秋战国时期山东已经开通了前往朝鲜半岛的海上航线，即"北方海上丝绸之路"。特别是自汉代以来，"北方海上丝绸之路逐渐成为连接中朝两国官方来往的海上通道，中朝两国通过互相派遣使臣出访对方国家作为维系两国关系最重要的途径。明朝时期，朝鲜被纳入明王朝主导的朝贡体系中，中朝两国之间的关系进入历史上的新时期。在这一时期，双方使臣的来往次数和频率都远远超过其他任何朝代，使臣在中朝交往中扮演的角色也愈发重要"。虽然明代以后去往朝鲜有陆路与海路，且以陆路为主，但中原王朝与朝鲜半岛之间的交往路线因时而变，在特殊时期，"北方海上丝绸之路往来的使臣在明末特殊时期依然发挥了重要的作用，一定程度上稳定了中朝关系，促进两国文化的交流，维护了传统东亚国际秩序"。

陆晔和巫骁的《古代长江三角洲地区的水运交通》（《文物鉴定与鉴赏》2022 年第 24 期）一文论证了古代长江三角洲地区水运交通问题，文章涉及长三角水运网络与海丝航路的连接。文章指出，长江三角洲是"古代南方地区水上交通最为繁忙的区域"，港口众多，对外贸易频繁。

陈小法和王珂的《琉球使者魏学源的中国观察——以〈福建进京水陆路程〉为中心》（《东疆学刊》2022 年第 4 期）一文主要是以《福建进京水陆路程》为中心，考察琉球使者魏学源的朝贡之路。

聂德宁和张元的《明末清初民间海外贸易航路的发展变迁》（《海交史研究》2022 年第 3 期）探讨了明末清初民间海外贸易航路的发展变迁。文章认为，明末清初中国民间海外贸易航路发生巨大变化，"突出表现为从明朝后期福建海澄月港的一口出洋兴贩，到明末清初东南沿海地区的多口出洋通商贩贸格局的形成以及从明朝后期东洋、西洋贸易航路的限定，到明末清初东洋、东南洋和南洋三大贸易航路的全面展开，乃至中国—东南亚—日本多边贸易航线的开辟"。文章还指出，"中国海商与时俱进，应对当时国内外局势变化的生存发展之道，奠定了其在东亚海上贸易活动中的发展基础，同时也凸显出中国海商在沟通中国与东亚、东南亚以及东西方经贸往来中的重要角色和所发挥的积极作用"。

孙婉仪的《唐宋时期海上丝绸之路背景下的潮州窑研究》一文虽然主要是探究唐宋时期海上丝绸之路背景下的潮州窑问题，但也对潮州窑销售路线进行了探究。文章指出，"潮州窑瓷器外销的范围除了东南亚及东北亚等周边国家，还曾远达西亚、南亚及非洲沿岸"。其两条海上销售航线，"分南向和北向两条航线，南向航线即'广州通海夷道'，北向航线即顺西南季风驶向日本和朝鲜半岛"。

此外，学界对《更路簿》的研究取得了新进展。逄文昱的《宋元针路探微——兼论南海更路簿的形成时间》（《南海学刊》2022 年第 6 期）一文对宋元时期海上丝绸之路航线进行了考察。文章认为，依据徐兢的《宣和奉使高丽图经》、朱彧的《萍洲可谈》和赵汝适的《诸蕃志》相关记载，宋代南海海道已经按针路行船，元代"针路航海进入成熟阶段"，指南针在海上丝绸之路上起到重要作用。梁文力的《元明爪哇航路上的勾栏山新探》（《历史地理研究》2022 年第 4 期）一文探究了元明时期中国通往爪哇航线上最重要节点——勾栏山。文章对勾栏山的环境及航线进行了详细考察，并且认为勾栏山是因"元朝用兵爪哇"而兴盛，但是随着明朝施行海禁政策而衰落。陈晴和刘义杰的《韩振华：〈更路簿〉研究的奠基人、先行者》（《海交史研究》2022 年第 3 期）一文详细评价了韩振华在《更路簿》研究中的贡献。韩振华"不仅是《更路簿》研究的奠基人，还是该研究的先行者"。段惠芳和李树枝的《海南渔民〈更路簿〉档案管理问题及优化路径》（《文化学刊》2022 年第 12 期）则是探究海南渔民《更路簿》的管理问题及优化路径。

李小华的《〈明代海上丝绸之路史〉评介》（《中国史研究动态》2022 年第 5 期）一文指出，明代海上丝绸之路有三条航线，分别是西洋航线、东洋航线和南洋航线。文章对明代海上丝绸之路的特色进行了总结，认为明代出现大规模海外移民，促使"中国与东南亚、东亚之间的深度交流。中国人移民海外自宋代就有记载，明代初期有部分商民移居暹罗、吕宋等地从事商业活动，明代中期随着海外贸易的进一步发展，海外移民大幅增加，并在日本的长崎、爪哇的万丹、菲律宾的马尼拉等地形成了大型的海外华人聚居区"。

吴杰伟的《太平洋丝绸之路历史价值的新思考——基于档案整理和知识传播的启示》（《社会科学战线》2022 年第 11 期）一文基于档案整理和知识传播视角，对太平洋丝绸之路历史价值展开了新的探索。文章认为，"通过收集、整理和翻译不同语种的外文档案资料，并与中国的档案文献记载相结合，能够为中国海洋贸易史、海上交流史和大航海时代的全球史提供丰富的研究视角和空间，为中国海洋贸易在太平洋东岸地区所产生的影响寻找历史根据"。依托大量太平洋丝绸之路外文档案和文献资料，研究者既可以从中国视角进行观察，还可以从其他国家不同角度审视中国与世界的联系。文章强调，"太平洋丝绸之路自发地吸收贸易主体共同参与贸易活动和文化交流，推动了世界性的商品与货币的流通，促进了中国与太平洋各个地区的经济发展"。

（三）船舶及航海研究

2022 年古代船舶及航海研究成果数量和研究内容与之前相比，并无太多变化，但也呈现出一些新亮点。例如，时平的《徐福东渡楼船形制新考》（《北部湾大学学报》2022 年第 5 期）一文对徐福东渡楼船形制进行了新的考证。文章从"史籍记载、考古发现及以往有关研究成果出发"，考察了"战国、秦代和汉代三个历史阶段楼船的发展"，其认为，"徐福所乘楼船非战国时期的架楼形制楼船，也非西汉时期的内陆水域多层形制楼船，应是一种适于远航的双层重屋形制楼船"。

海上丝绸之路沉船研究一直被学界所关注，成果不断。如蔡薇、王科力和席龙飞等的《对"南海Ⅰ号"古船舱壁信息的解析》（《海交史研究》2022 年第 4 期）一文通过"各舱壁板构件的测绘、典型横剖面构件的信息分析"，揭示了"古代海上丝绸之路上中国船舶结构的牢固性"。吴启昌的

《"南澳Ⅰ号"出水瓷器文物保护修复研究——以两件青花瓷器为例》(《客家文博》2022年第3期)探讨了"南澳Ⅰ号"沉船出水的两件青花瓷器修复问题。

美国学者马修的《水下沉船遗址形成过程》(上海交通大学出版社,2022年)主要聚焦水下沉船遗址形成过程展开分析与研究,论文分为三部分:第一部分介绍影响沉船遗址形成的自然因素,包括地质地貌、沉积环境、水流冲刷、海洋腐蚀和有机物降解等;第二部分介绍影响沉船遗址形成的文化因素,譬如海洋能源开发、捕鱼、海洋保险与打捞等;第三部分简单说明沉船遗址形成研究在遗产管理和研究方面的应用,指出这类研究有助于遗产管理机构制定水下遗产管理策略。

白广珍、王笑和秦杰的《沉船遗珍:菏泽元代古船出土文物保护修复与研究》(齐鲁书社,2022年)一书主要是围绕菏泽元代古船出土文物展开。其总计有7章内容,分别论述了沉船基本信息、保护修复目标、保护修复原则、项目组织及实施进度等专题,并提出了相关的保存建议等。此类与沉船相关研究或报告还有国家文物局考古研究中心、海南省文物局、海南省文物考古研究所合编的《华光礁一号沉船遗址发掘报告》(文物出版社,2022年),以及中国航海博物馆编的《远帆归航:泰兴号沉船出水文物特展图录》(文物出版社,2022年),等等。

宋上上的《明代船"料"研究回顾与拾遗》(《海交史研究》2022年第4期)一文主要论辩了明代船"料"问题。文章认为,在此之前学界主要是围绕"料"的含义和计算方式展开探究,目前仍旧存在着分歧。论文"通过结合明代的算书、政书等史籍记载,发现船'料'指的是船舶的装载货物容积,一料等于一斛,约3立方尺,折合装载粮米一石",同时指出这种计算方式存在不确定性,主要是因为"船料数反映了船只载货净容积多少,与船只总容积不成正比,无法得到由船只尺寸计算船料的公式"。

杨斌的《"无钉之船":考古和文献中最早往返于西亚与中国之间的海

舶》（《海交史研究》2022 年第 1 期）一文考察了最早往返于西亚与中国之间的海舶问题。文章围绕"阿拉伯'无钉之船'在海洋亚洲衍生流传的海底磁山的传说"进行讨论。文中指出，元明时期中国版本"海底磁山"传说实际上"彰显了中国和印度洋（阿拉伯）世界的海上贸易和由此产生的密切文化交流。"

魏峻的《16—17 世纪的瓷器贸易全球化：以沉船资料为中心》（《故宫博物院院刊》2022 年第 2 期）以沉船资料为中心，考察了 16—17 世纪瓷器贸易全球化问题。文章认为，15 世纪末至 16 世纪初，欧洲航海者发现新大陆，开辟大西洋—印度洋—太平洋新航线，"以中国为中心的瓷器贸易体系"从区域走向全球，"贸易规模的扩大、海洋上商船的增加，国家和地区间交流的频繁，导致世界各大海域中遗留的沉船数量也有较大增长"。

此外，有关沉船的研究还有丁见祥的《南海 I 号沉船目的地研究——以出土金叶子为线索》（《南方文物》2022 年第 5 期），文章考察了"南海 I 号"沉船出水的金叶子。李佩凝的《宋代南海地区的海上贸易模式探究》（《海交史研究》2022 年 2 期），文章作者在论述宋代南海地区海上贸易模式时也涉及沉船问题。

海上丝绸之路东海航线航运研究方面，张晓东的《古代上海的大族与海上航运——以元代为中心的考察》（《许昌学院学报》2022 年第 1 期）一文考察了元代上海大族与海上航运问题。文章指出，"在元代海洋政策的积极刺激下，上海港口贸易有了新的发展，而当地大族积极参与海上航运和贸易活动成为突出的现象"。元代上海大族"依靠自身海上活动的经验和能力，并以权贵家族的身份世袭承担和掌控了重要的官方海事活动"。正是元代上海大族的海上活动，突出"元代上海在中外海洋活动中具有重要的枢纽地位，已成为各种海事活动的基地"。另外，郑苏淮和王蓓的《重温汪大渊的蓝色文明之旅：关于汪大渊与〈岛夷志略〉的再认识——〈岛夷志略简注〉序言》（《地方文化研究》2022 年第 1 期）一文主要围绕元代航海家汪大渊的《岛夷志略》进行了考察。

航海技术研究方面，任杰和滕飞的《过洋牵星术研究回顾》（《海交史研究》2022 年第 1 期）一文探究了过洋牵星术问题。文章认为，牵星术单位"指"的物理含义存在着争议，在"一指"对应度数的问题上形成"一度半多"和"两度左右"两派意见。随着研究的不断深入，"前人意见渐趋于统一"。

相比于 2021 年，2022 年有关海上丝绸之路东海航线港口、航线和船舶的研究成果并无显著增加。一些科普类著述的推出也对海上丝绸之路的宣传起到了积极作用。

二、航海贸易、海洋行政研究

（一）航海贸易研究

2022 年有关海上丝绸之路东海航线航海贸易研究成果覆盖专题包括：航海贸易与东亚关系、海洋贸易管理体制、贸易政策、航运与海上贸易、海商、航海贸易物品等。

袁灿兴的《朝贡、战争与贸易：大航海时代的明朝》（天地出版社，2022 年）一书主要是从地缘格局、统治思维和政治制度、民间海外贸易、货币制度、中西方思想启蒙、武器与科技、海寇等内外多方面审视了明朝逐步落后于近代世界的过程。该书指出，16 世纪以来由全球海洋贸易而营建出国际新秩序的过程，一直由欧洲国家主导，而在明清易代之后，朝贡思维仍被清王朝所固守。

刘永连和冉晓旭的《试析明代朝贡贸易制度下的私人贸易成分》（《古代文明》2022 年第 2 期）一文探寻了明代朝贡贸易制度下的私人贸易成分。文章指出，明代朝贡贸易制度下很少存在私人贸易，主要原因是"使团所带私货在规模、价值上远超官方交换货物；在往来使团内外活跃着各种身份的商人；海禁政策下官民开展私人贸易的现象广泛存在"。

黄清和刘永连在《犯禁之举：明代中期中朝弓角贸易问题述论》（《浙江海洋大学学报（人文科学版）》2022 年第 2 期）一文中针对明朝与朝鲜之间弓角贸易问题进行考察。文章指出，弓角是明代军需管控品，"明朝对弓角的交易多有限制，只允许朝鲜每年收买二百副"。朝鲜为了获取更多弓角，采取"私下收买或互赠礼物的方式犯禁获取弓角"。文中强调，明朝某种程度上默许朝鲜的多方采购方式。

孙源的《清代中日航运贸易研究（1684—1861）》（东北师范大学硕士学位论文，2022 年）一文以乍浦港为中心，论述了清朝与日本之间的贸易问题。首先，文章指出乍浦港在清朝与日本进行贸易优势。乍浦港"拥有优越的地理区位、便捷的水路交通、优惠的进出口税率等优势条件，加之中日两国的政策倾斜，乍浦逐渐在沿海地区众多海港中脱颖而出，成为清朝对日贸易的中心口岸，甚至在乾隆中期以后取得了对日贸易的独占地位"。其次，文章分析清朝与日本之间的主要贸易物品，"乍浦中日贸易的商品种类丰富，进口品以洋铜、海产品为主，出口品则有生丝、纺织品、药材、砂糖、书籍、香料、工艺品等"。最后，文章认为，"乍浦港在成为面向海内外的重要贸易港后，为国内各地及中日之间的商品流通和文化交流提供了重要场所。但不可忽视的是，在向经济贸易的重要港市转型的同时，乍浦还始终扮演着海防重镇的角色，同时是漂流民接收及送还的主要口岸，这些不同面相互交织渗透，共同构成了乍浦的独特历史"。

杨晓春的《元末海商陈宝生家世与海外贸易史事补考》（《海交史研究》2022 年第 3 期）一文以元末海商陈宝生家世为中心，依据《铁网珊瑚》所载《陈妇节义集》《春草堂记》《泉州两义士传》等文献解读了元代海外贸易问题。文章认为陈氏"由商转文的实态，充分说明了社会主流的儒家价值观对海商的深刻影响"。

吴越滨和周玲的《唐代青瓷开启世界外传成因考》（《美术》2022 年第

11 期）一文论述了唐代青瓷贸易问题。文章认为，"唐代青瓷烧制技艺在造船技术和航海技术等世界领先因素下"开创了"海上陶瓷之路"。

羊泽林主编的《连江浦口窑址》（海峡文艺出版社，2022 年）一书主要是对连江浦口窑址进行了研究。该书考证详细，文章认为"浦口窑规模最大，烧造时间最长"，在宋元时期的社会经济和海外贸易中具有重要作用。

刘未的《香港宋皇台遗址出土宋元贸易陶瓷研究》（《文物》2022 年第 11 期）一文从考古视角探究香港宋元时期皇台遗址。文章指出，"宋皇台遗址出土贸易陶瓷可分为北宋末期至南宋初期、南宋早期、南宋中期、南宋晚期、南宋末期至元代早期、元代中晚期六个时期"。文章通过综合分析认为，宋元时期主要流行的对外贸易瓷器产自闽浙赣窑场。

明清时期大量瓷器外销，是出口贸易中的大宗物品，且这些瓷器不仅能够根据客户需求进行定制，还刺激了国外商家进行仿制。如郝亚雯的《明清狮子造型外销瓷塑研究》（北京印刷学院硕士学位论文，2022 年），赵梦霞、王尚义和田毅的《明清时期景德镇陶瓷的行销及商路研究》（《陶瓷研究》2022 年第 1 期），罗娟的《清前期贵族家庭西洋器物来源的考察——以曹雪芹家族为例》（《今古文创》2022 年第 27 期），杨天源和苗诗钰的《18—19 世纪中国外销瓷贸易及其影响的概述》（《中国港口》2022 年第 S1 期），姜郭霞、潘师敏和余天的《明清外销紫砂器与欧洲仿制品中的纹饰演变》（《中国陶瓷》2022 年第 4 期），等等。

其中，郝亚雯的《明清狮子造型外销瓷塑研究》一文主要考究了明清狮子造型外销瓷塑。文章认为，随着明清与西方交流日益频繁，"狮子形象被赋予了独特的审美特征和符号寓意"并被西方接受，因此，明清时期外销的"狮子造型外销瓷塑，以工艺精美、造型多样、品种丰富等特点，深受海外市场的欢迎，成为欧美地区争相购买的商品"。赵梦霞、王尚义和田毅在《明清时期景德镇陶瓷的行销及商路研究》一文中指出，"发达的水运网络体系是明清两代景德镇陶瓷业贸易繁荣发展的重要因素，并由此形成了数条重要的陶瓷贸易商路。景德镇陶瓷内销发展到全国，外销自明初郑和七下西洋，从亚洲拓展到欧洲、非洲、美洲和澳洲各地"。罗娟的《清前期贵族家庭西洋器物来源的考察——以曹雪琴家族为例》一文则是以曹雪芹家族为例，考证了清前期贵族家庭西洋器物来源。文章指出，清代前期西洋器物的来源主要包括"外国进贡的、广州十三行购买的以及江宁织造采购的"。杨天源和苗诗钰的《18—19 世纪中国外销瓷贸易及其影响的概述》一文考察了18—19 世纪中国外销瓷贸易问题。文章认为，18—19 世纪由于中国瓷器大量外销至欧洲，在很大程度上"催生了欧洲制瓷业的产生和发展"，也影响到欧洲社会生活。姜郭霞、潘师敏和余天的《明清外销紫砂器与欧洲仿制品中的纹饰演变》一文指出，随着东印度群岛航线开辟，宜兴紫砂畅销欧洲，"迅速受到欧洲各国达官贵族和皇室的青睐"，因此，欧洲在仿制过程中经历"初期的探索仿制、中期的风格继承和后期的创新发展三个阶段"。

此外，学界对明清时期外销瓷器的研究并不局限于贸易本身，而且还尝试从女性群体、"中国白"图像、中外文化冲突与融合等不同视角进行考察与论述，如：孙悦的《十七至十八世纪女性群体在中国外销瓷中的身份介入》（《紫禁城》2022 年第 10 期）、郑永松的《从物之图像到物之话语：17 世纪至 19 世纪"中国白"图像的全球传播》（《美术》2022 年第 12 期）、王岩的《异质文化冲突与融合：18—19 世纪清代外销画研究》（《南京艺术学院学报·美术与设计》2022 年第 6 期）等。

其他航海贸易物品相关论文涉及茶叶、海产品、红木、翡翠和通草画等。

张聪的《论华光礁Ⅰ号沉船出水茶器与宋代茶叶海外贸易之关系》（《农业考古》2022 年第 2 期）一文论述了"华光礁Ⅰ号"沉船出水茶器与宋代茶叶海外贸易之关系。文章认为，外销瓷器中茶器占有大量份额，这"在一定程度上能够反映出贸易国对茶叶的需求"，也为"明清茶叶贸易达到顶峰奠定了基础"。

安艺舟的《江户时代日本俵物"出血输出"中国的历史逻辑》(《海交史研究》2022 年第 4 期) 一文探讨了江户时代日本出台专门针对中国俵物的出口政策。文章认为,日本政府虽然采用"统筹管理、奖励生产、民间禁食等多种手段,搭建起纵贯全国的俵物供货网络。至 18 世纪形成俵物出口中国的稳定渠道",但是,实际作用并不是很明显,"俵物出口量虽在波动中持续上升,却并未给日本带来实质经济收益"。

卢永安的《明清红木消费与社会文化变迁》(西南大学硕士学位论文,2022 年) 一文是对明清时期红木消费进行的探究。首先,文章明确红木进入中国文化体系是在明清时期,并且在第一章中对红木相关内涵和外延作界定与论述。其次,文章指出,虽然国内生产红木,但产量少,多数红木主要从东南亚地区进口。自明朝中后期以后,红木消费成为社会风气,"各阶层纷纷购买红木,制作红木家具"。文章认为明代"社会经济的发展、消费观念的变化、工匠手工艺的提高三个因素,是推动明朝中后期红木消费兴起的主要原因"。最后,作者探究了清代红木消费的原因。文章指出,"清宫的红木消费状况,一定程度上影响了民间红木消费的趋势,民间的红木家具也多用紫檀木制成"。

李玉兰的《明清时期翡翠在中国社会的流通、消费与意义变迁研究》(西南大学硕士学位论文,2022 年) 一文论述了明清时期舶来品翡翠在中国的流通与消费情况。文章指出,明代"获取红宝石等资源,实行了宝井开发活动,也带动了民间的宝玉石商贸活动发展",明末翡翠"官方的开发活动停止",但民间翡翠商贸仍然在继续。清代翡翠价值提高,成为"一种民间流行的贵重玉石"。文章进一步指出,"从明初到清末,翡翠从价格低廉的区域性商品,渐渐成为象征消费者财富和地位的奢侈品。翡翠玉石也取代了原有的翡翠鸟和翡翠羽毛,成为'翡翠'这一名称所专指之物。这一过程中,国家权力主导的宝石开发带动了民间翡翠开发活动,商业活动促进了翡翠在不同地域和阶层的流通,传统文化是民间在认识和定义翡翠时的重要工具，这些因素共同塑造了宝玉石翡翠"。

章荣玲的《广州十三行博物馆藏外销通草画研究》（《中国港口》2022年第 S1 期）一文论述了广州十三行博物馆藏外销通草画。文章认为，这些外销通草画是"清代广州与世界各地商贸往来、文化交流的历史"。卢敏智的《清代三幅外销画关联历史文化初探》（《岭南文史》2022 年第 2 期）一文从清代三幅外销画入手，证实了清代绘画成为海外市场"热销的商品"。

有关中外物种交流史的研究成果值得关注。

蔡亚非的《从齐文化博物院文物看齐国的对外交流》（《东方收藏》2022 年第 12 期）一文对齐国对外交流与海上贸易进行考证，文章认为"银豆是从海上丝绸之路历尽艰险远洋航行而来"。

史煜飏的《论花生传入中国的时间与地点》（《海交史研究》2022 年第 4 期）一文是考察花生传入中国的时间与地点，作者经过翔实的史料分析得出以下结论："第一，1492 年哥伦布到达美洲之前，中文材料中所谓对花生的记载均不可靠。我国在宋元时期就有花生种植的说法既得不到文献支持，也不符合生物学原理。第二，明代江南地区文献中频繁出现的'落花生'是指一种天南星科植物，并非花生。第三，花生在明末清初多次传入中国，其中较明确的两次分别是崇祯年间传入福建漳州沿海，以及康熙初年传入福州。两次传入的花生可能是不同的品种"。

闫哲的《〈遵生八笺〉"番椒"考——兼论外来作物在中国的传播》（《海交史研究》2022 年第 4 期）一文以雅尚斋本《遵生八笺》为视角，论证了传入中国的外来作物"番椒"。文章认为，"'番椒'记载依次经历了从无到有，从'红花'到'白花'的修订过程，但增订时间距初版刊行时间应当并不远，依然将《遵生八笺》视为辣椒传入中国的最早记载也或无不可"。此外，相关研究还包括辣椒、玉米和番薯的舶来等，如：金国平和叶农的《"葡萄牙人大传播"：辣椒在全世界的播散》（《贵州社会科学》2022年第 9 期）、李晓幸的《族群互动与共生：清代以来玉米在广西山地的本土化进程——兼论斯科特"佐米亚理论"在中国的适用性问题》(《中国历史地理论丛》2022 年第 2 期)、李昕升和崔思朋的《明代番薯入华多元路径再探》(《历史档案》2022 年第 1 期)、李昕升的《明清以来美洲粮食作物经济地理研究》(《中国经济史研究》2022 年第 2 期)、刘婷玉的《从财政角度看明代胡椒及其海内外贸易》(《中国经济史研究》2022 年第 2 期)。

（二）海洋管理与行政研究

2022 年有关古代海洋管理与行政研究成果涉及的具体专题包括：海上丝绸之路与国际关系体系、朝贡制度、市舶管理、海洋政策、海禁以及海疆防卫等。

万明的《丝绸之路上的明代中国与世界》(中国社会科学出版社，2022 年)一书主要是从中外关系史角度以整体——全球双重视野和国家——社会双重主线思考论证了明代丝绸之路史。作者尝试再现 14 世纪末至 17 世纪中叶中国和世界大转折时代丝绸之路上中国与世界关系演化的历史轨迹及其国际关系体系构建。作者强调，"注重发掘明代中国历史发展的内在逻辑和中外关系的互动互鉴史实，归纳总结了明代整体丝绸之路在中国史乃至全球史的历史定位，阐明了明代中国对于全球人类命运共同体做出的历史性贡献"。

沈一民的《唐代封贡体系下的贡物制度——以渤海国贡物为视角》(《江西社会科学》2022 年第 6 期)一文以渤海国贡物为视角，考察了唐代封贡体系下的贡物制度。文章认为，唐代朝贡在政治上是藩属国"寻找到了一条非武力、和平地进行国力较量的路径"；在文化上是藩属国"依凭着贡物和赏赐的流通，各方实现了文化上的互联互通"。文章强调，唐代建立贡物制度"保障了唐朝、羁縻府州及藩属国两方面的利益，客观上为营造一个和谐的东亚世界提供了助力"。

刘栋的《汉唐时期"涨海"的含义及其与南海的关系》(《南海学刊》2022 年第 2 期)一文论证了汉唐时期"涨海"含义及其与南海的关系。文章认为，汉唐时期"涨海"含义经过三次扩展。三国魏晋之际"涨海"是指"出产奇珍异宝的特定海洋地理位置"；魏晋南北朝时期"涨海"指代水域中特殊地形地貌；唐中后期"涨海"又可以指代特定海洋地理范围，标志着唐代海疆观念的形成。文中强调，唐代文献中的"涨海"可以指代南海海域。

山崎觉士、高雅云和陈硕炫的《宋代两浙地区的市舶司行政》（《海交史研究》2022 年第 2 期）一文论述了宋代两浙地区的市舶司行政。文章指出，"宋代以来，作为沿海行政一环的市舶司是在沿海地区率先施行的，随着市舶司收取的贸易利润在国家财政中所占比例不断增加，市舶司行政成为一项重要的政治课题"。文章认为，"在宋代整个时期都极大程度地左右了国家的政治运营……尤其是南宋孝宗时期以后，市舶司行政在国家财政层面上的重要性愈显突出，作为鼓励海商活动之策，被朝廷加以推广利用"。

谢忱的《〈福建市舶提举司志〉论说》（《海交史研究》2022 年第 4 期）一文主要是对《福建市舶提举司志》进行解读，论及"福建市舶司的历史沿革、规模建制、职官体制以及市舶管理机制"。

吴宏岐、朱丽的《〈东莞县重修文庙儒学记〉之"舶可刘公"正讹——兼论明代广东东莞地区的市舶管理运作》（《海交史研究》2022 年第 2 期）一文对《东莞县重修文庙儒学记》中的"舶可刘公"进行了考证。文章认为"舶可刘公"实为"舶司刘公"之讹。通过对广东东莞地区市舶管理运作进行探究认为，"有明一代东莞地区的市舶管理运作大致经历了三个发展阶段：明前期广东市舶司主管东莞等地市舶时期，在史料中未见到东莞地方官员直接参与相关事务的记载；正德初到万历前期海道副使主导、东莞等地方官员参与市舶管理时期，除东莞地方官外，前任番禺县令也参与了整顿东莞抽分之事；万历后期至明末海道副使兼督、市舶提举专理、东莞县官员协助管理时期，东莞县还要从地方赋税中划拨出广东市舶提举司官员、提举员下官员和吏目的马丁编银，这在一定程度上反映出了明后期东莞地区市舶管理与具体运作的复杂情状"。

黄纯艳的《宋代海洋政策新变及其国内效应》(《中国史研究动态》2022 年第 2 期)一文剖析了宋代海洋政策新变及其国内效应。文章认为，宋廷"允许并鼓励本国民众出海贸易，使中国海商作为贸易主导力量之一参与亚洲海洋贸易，中国真正成为亚洲海洋贸易重要的发动机，推动亚洲海洋贸易进入全新的阶段"。

徐睿的《宋代海外贸易中的人口流失危机与国家应对》(《云南民族大学学报·哲学社会科学版》2022 年第 4 期)一文分析了宋代海外贸易中的人口流失危机与国家应对。文章指出，宋廷采取"中央、地方官府和民间力量通过另立户籍、加强巡检、提升航海技术等方式积极应对，不断加强海外贸易管理，力求在不断扩大海外贸易的同时，尽可能减少海外贸易中的人口流失"。

孙博的《宋代阇婆国语言及相关问题研究》(《海交史研究》2022 年第 2 期)一文围绕宋代阇婆国语言展开论述。文章认为，"阇婆国首次通贡中国的缘由是为了与三佛齐的战争中寻求军事协助，但是北宋对于介入两国纷争并无过多兴趣，其对南海诸国的关注重点在于华夷秩序的构建。另一方面，从两次三佛齐—阇婆战争的结果可以看出，北宋是左右当时东南亚局势的重要域外力量，凸显出当时中国与东南亚之间的紧密联系"。

赵莹波的《浅谈宋朝时期日本"渡海制"禁令下的"派遣僧"与"偷渡僧"》(《史林》2022 年第 5 期)一文分析了日本颁布"渡海制"禁令问题。文章指出，日本在唐末开始施行锁国禁令，导致中日两国出现"两个漫长的政治文化'空白期'"，但是，日本政府却多次打破禁令，派遣僧侣到宋朝，即便官派僧侣取消后，仍旧有大量"偷渡僧"前往宋朝求法。文章明确指出，日本施行"渡海制"禁令就是针对中国禁令，但在禁令之下渡海而来的日本僧侣为中日两国佛教文化传播做出了贡献。

于逢春和谭婧霞的《宋元海陆双重帝国架构何以墙倾楫摧——明朝之百姓"片板不得下海"国策探析》(《社会科学战线》2022 年第 11 期)一文

分析了明朝百姓"片板不得下海"国策。文章认为，明朝海禁政策使"宋元两朝初步形成了海陆双重帝国架构"冰消瓦解，明朝海禁国策是基于"朱氏通过戮尽功臣并借此废除丞相制以集权后，其防范重点便转移到士人与百姓身上，尤其是格外防范海商、渔民与游民"。"癣疥之疾"的倭寇对明朝而言，"不构成实质性的威胁"。正因如此，文章强调，"倭寇便成为明廷可资利用的道具。因为只要倭寇存在，朝廷就有了对百姓海禁、让皇室与官府借此垄断海上贸易的理由，这也是各类真假'倭寇'能与强大的明朝共存 200 多年的内在原因"。

严中立和李庆的《隆万时期福建海贸制度的演变——以〈东西洋考〉为主要材料》（《世界华文文学论坛》2022 年第 4 期）一文主要是以《东西洋考》为中心，剖析了隆万时期福建海贸制度的演变问题。文章指出，隆庆开海之后，明代海防制度发生变化。文章认为，"海贸制度的演变不可避免地受到朝廷帝权的影响，隆万时期福建海贸制度虽然已颇具雏形，但制度的具体执行存在权力妥协与因人而治的色彩"。

马云超的《明朝初期的对日认知与"日本国王良怀"名号——洪武年间中日外交问题新探》（《海交史研究》2022 年第 4 期）一文辨别了洪武年间对日本认知存在的误区，并指出导致明朝对日产生误区的原因是日本存在南北朝对立局面。文章指出，"《明太祖实录》编纂者始终将良怀视为日本国王，对于身份不明的入贡者全部加以良怀的名号，同时对存在矛盾的记录进行了删改"。基于此，导致"持明天皇的存在不断削弱，相关记录在后世史书中逐渐被良怀所替代，给今人理解洪武时期的中日关系制造了困难"。

明代，由于倭寇一直袭扰中国沿海地区，因此倭寇问题、海防建设成为学界关注重点。

田琳的《〈武安王灵签〉纸背所见明万历十九年浙江沿海地区海防力量之加强》一文以新发现上海图书馆藏《武安王灵签》纸背文献内容为中心，考察明万历十九年浙江沿海地区海防建设问题。文章指出，明朝获取"日本关白企图向中国沿海大规模进犯",因此,在万历十九年九月底前朝廷已经完成在浙江增额任务,加强浙江海防建设。李睿的《时代中叶倭寇问题探析》一文旨在探究明代中叶倭寇问题。文章认为,嘉靖朝倭寇猖獗的原因有四:"(一)朝廷厉行海禁政策,断绝对外贸易;(二)海上走私贸易猖獗,形成逐利集团;(三)朝廷内部权臣专政,一直有内廷官员庇护海上走私集团;(四)明军军备废弛,助长了倭寇嚣张气焰。"同时,作者还探究了明朝官员对消除倭寇的看法,认为"平靖倭乱有利于恢复秩序,发展生产"。林炫羽的《14—15世纪明朝与朝鲜倭患的联动效应》一文分析了14—15世纪明朝与朝鲜共同应对倭患的原因。文章指出,"朝贡体制下中朝政治军事合作机制的匮乏是造成明朝与朝鲜倭患此消彼长的深层原因"。

花展鹏的《明代嘉靖时期土司抗倭研究》一文考察了明代嘉靖时期土司抗倭活动。文章指出,嘉靖朝奉行海禁政策,导致"东南沿海地区爆发了前所未有的倭乱,对当时的社会造成了巨大的破坏"。作者重点分析了抗倭土司主力军——湖广永保、容美土司与田州土司,并在第四章分析土司兵在抗倭斗争中取得胜利的原因,"首先是地方土司爱国之心的鼓舞。倭寇在沿海地区造成了累累恶行,对社会安定、百姓生命财产安全等造成了巨大的危害。土司军队虽与中央王朝时有摩擦,但是面对外敌时还是坚定地站在一起,共同抗击倭寇。其次是土司军队严密的军纪组织,与明军松垮的组织不同,土司兵在作战时有着极为严苛的纪律与惩罚措施。最后是地方土司独特的阵法和有效的兵器,面对倭寇时能胜多负少,为战胜倭寇起到重要的作用"。同时,作者还强调土司抗击倭寇作用,"明代嘉靖时期地方土司出兵抗倭这一事件进一步彰显了地方土司国家认同感与中华民族共同体意识的增强"。

徐钰敏的《明末苏松兵备道在崇明岛的海防实践》一文是以《壬午平海纪》为核心文献,论述了明末苏松兵备道在崇明岛的海防实践。文章指出,明代中后期苏松等沿海地区海患、倭乱频繁,苏松兵备道程峋采取的海防应对措施主要包括"苏松兵备道上通应天巡抚,下系崇邑父老;联络江南总兵、漕运总督、崇明县令和苏松海防同知等诸多官员共同加入平定顾荣海乱的行动中；指挥驻扎崇明岛的诸多军营守备开展对海寇的军事作战和招抚事宜；利用职能之便在所辖的苏松诸地进行海防经费与战争物资的调拨和筹集、士兵的招募和军营的组建等内容，即在程峋的主导下合东南之人力和物力平定顾荣海乱"。高力的《明嘉万时期广东沿防体系研究》一文探究了明嘉万时期广东海防体系建设。文章指出，嘉万时期以广东卫所制为核心的旧海防体系有结构性弊端："一、没有充裕饷银来源。二、沿海无可靠常备力量。"尤其是在隆万时期两次倭寇大举入侵暴露水寨防御体系不足，引起了明廷高度重视，"广东数任督抚对水寨进行增添裁撤，水寨位置、数量经过调整后，以沿海水寨和募雇兵船为主，卫所军力为辅的海防格局基本成型"。此外，刘素平的《抗倭名将戚继光传》（中国书籍出版社，2022年）一书是从史实角度，展示一位真实、多才、英勇、敬业的抗倭名将戚继光的传记。

冯佳的《1759年洪任辉事件所见清中期治理的制度困局：以6%加征和1950两规礼为中心》（《海交史研究》2022年第3期）一文以清廷处理洪任辉事件为中心，论述了清代一口通商政策出台的时代背景。文章指出，清廷处理洪任辉事件"实为在既有制度框架内解决问题之手段，反映的恰是18世纪以来清政权'高专制权力'和'低基层渗透'、世袭君主制和官僚制等根本制度层面的危机，一个清廷难以解决的制度困局"。

陈贤波的《清代平定华南海盗战争（1790—1810）的官方纪念与历史书写》（《清史研究》2022年第4期）一文主要是探讨了清代平定华南海盗战争的官方纪念活动，包括"举行纪念性仪式，修建纪念性建筑物，刊行纪念性文献和绘制纪念性图像等"。文章认为，这些活动表露出"清朝帝国武功的文化建构，也折射出嘉道以降国势衰落期的社会危机和文化变迁"。

陈奉林的《古代欧亚交流区域的扩大与东方外交圈的发展》（《海交史研究》2022年第4期）是一篇综合性研究论文，其考察了古代欧亚交流区域扩大与东方外交圈发展问题。文章认为，"古代东方国家对外交流区域的形成、发展与扩大，不仅开阔了视野，带来整体发展，也使各国获得了不竭的发展动力。国家间正常的交往活动是文明昌盛的标志，推动着社会发展进程"。

此外，有关明清时期的对外政策还有其他方面的研究，如：中国历史研究院课题组、高翔的《明清时期"闭关锁国"问题新探》（《历史研究》2022 年第 3 期）、吴曼的《从"天下"到国家：清代的边界与边疆治理》（《广西民族研究》2022 年第 6 期）、谢祺的《清代海禁与东南沿海地方粮食调控的博弈》（《福建论坛（人文社会科学版）》2022 年第 12 期）、郑宁的《迁海令与清初海禁政策的变迁》（《史林》2022 年第 6 期）、齐悦的《"准贩东西洋"：晚明的海外贸易》（《书屋》2022 年第 6 期）、陈尚胜和鲍海勇的《明成弘时期（1465—1505）走私活动与沿海豪势及权贵——兼论 15 世纪下半叶东亚海洋贸易体系》（《济南大学学报（社会科学版）》2022 年第 1 期）、吴旭东的《清初海洋政策再思——以清初的海禁与开海为讨论中心》（《哈尔滨师范大学学报（社会科学版）》2022 年第 3 期）等。

三、文化交流、政治交往、人员往来与国族间认知研究

（一）文化交流研究

古代东亚诸国深受儒家观念和佛教思想影响，这决定了海上丝绸之路东海航线文化交流拥有丰富内涵和多样形式。2022 年，古代中国与朝鲜半岛交流研究成果仍然丰富。除有关文化传播样态的综合研究外，其他诸如历史思想、民间信仰、史志、文学、艺术、典籍、制度、建筑、器物等方面的交流专题也得到较多探讨。

侯跃中的《朝鲜王朝〈左传〉学研究》（河南理工大学硕士学位论文，2022 年）一文剖析了《左传》学在朝鲜的发展。文章指出，《左传》作为一门显学，早在三国时期就已经传入朝鲜半岛，并且为朝鲜所接受。作者强调，《左传》在传入朝鲜后不断发展，"朝鲜王朝《左传》学著作主要是对

《春秋》的解读和对《春秋》解说的集解，在其他方面，还有许多朝鲜王朝文人针对《左传》基本问题和内容所写成的札记。朝鲜王朝《左传》学大体继承中国宋代《左传》学，整体上是作为《春秋》学的附庸而存在，同时在朝鲜王朝中后期，也有受中国清代乾嘉汉学影响的痕迹，在学习中国《左传》学的同时，又有自己的创新和发展"。

彭卫民的《文公礼法家同教：〈家礼〉的朝鲜化与朝鲜朝的中华观》（《东疆学刊》2022 年第 2 期）一文论述了朱熹《家礼》在朝鲜的传播与影响。文章认为，"朱子礼学为朝鲜朝性理学的奠定与中华观的建构夯筑起强大的礼制基石。《家礼》朝鲜化所内涵的'语言民族主义'意味着认知、运用以及阐释华夏之礼，是承续中华道统的重要方式。通过这一方式，朝鲜朝逐步确立在东亚文明的排序以及对'我者/他者'的认知"。

朱冶的《明初教化性敕撰书在朝鲜半岛的传衍》（《西南大学学报（社会科学版）》2022 年第 3 期）一文论析了明初教化性敕撰书在朝鲜半岛的传衍。文章指出，明初编撰诸多教化性敕撰书，这些书籍传至朝鲜产生深远影响，作者强调，"朝鲜王朝人士对儒家伦理观念的接受，还产生出《三纲行实图》《二伦行实图》《海东臣鉴》等衍生性著作。明初教化性敕撰书在东亚汉文化圈的传播情形，实际呈现儒家伦理纲常思想在周边诸国的下行与实践过程"。

杨昕的《明代中朝使臣对异国的文化认知与体察初探——以"皇华集"与"朝天录"为中心》（《东疆学刊》2022 年第 1 期）一文以《皇华集》与《朝天录》为中心，分析了中朝使臣对异国文化的认知与体察。文章指出，在《皇华集》中体现了中朝两国使臣对传统文化中的"孝"和"节"的认知；《朝天录》的内容更为丰富，政治、经济、军事、文化等包罗万象。

苏文菁的《亚洲海域的文明交流：以福建的佛教传播为例》（《福州大学学报（哲学社会科学版）》2022 年第 2 期）一文论证了亚洲海域的佛教传播。文章认为，福建具有得天独厚的地理优势，佛教文化"自海道出入中国途中的一站"，尤其是在明清时期，福建对外贸易发展，"闽人在环中国海地区沿岸形成贸易离散群体，使得明清易代、清末民国时期均出现了福建地区的佛教向海外'溢出'与'互动'的显著现象"。

夏德美的《东亚佛教视野中的义寂〈菩萨戒本疏〉》（《中国史研究》2022 年第 2 期）一文是以《菩萨戒本疏》为中心，探究东亚地区佛教交流。文章认为，义寂"注疏既坚持法相宗承继瑜伽行派的'五种姓'说，与'众生皆有佛性'的佛教主流思潮唱反调，又融合其他各派宗师的菩萨戒思想，形成了特色鲜明、条理清晰、适应范围广的菩萨戒理论，对东亚佛教产生重要、深远的影响"。文中强调，"义寂的《菩萨戒本疏》堪称隋唐时期中韩共建佛教文化的一个缩影"。

李铭佳的《东亚"述而不作"传统下的〈金刚经〉复合诠释形态——以朝鲜刊〈金刚经五家解〉成书考为中心》（《佛学研究》2022 年第 2 期）一文是以《金刚经五家解》为中心，分析了东亚"述而不作"的传统。文章指出，"朝鲜半岛对唐宋《金刚经》注释所作的校订、夹注、谚解等重新编辑工作，显示了东亚佛学思想家在'不作'的传统框架内积极寻求'作'的丰富诠释方式及复合诠释形态"。

王雅静的《道教"洞天福地"思想与韩国汉文小说》（《宗教学研究》2022 年第 1 期）一文对韩国汉文小说道教"洞天福地"思想进行了分析。文章认为，韩国汉文小说"不仅将中国的蓬莱、瀛洲、方丈三山看作'三神山'，还把朝鲜舆图上的金刚、汉挐、智异三山附会此说；小说中的'洞天'意象包含避乱功能、田园牧歌式生活场景和修仙之所三方面内涵；而小说中的'桃源'情结，一方面与'洞天'意象融合，阐释战乱中的人们渴求和平安定生活的愿望，另一方面与隐逸思想结合，表现文人出世、肥遁山林的主题"。

李兆曦的《壬辰倭乱时期汉文化东渐朝鲜王朝研究》（延边大学硕士学位论文，2022 年）一文以壬辰倭乱作为历史背景，通过探究因援朝明军群体而产生汉文化东渐朝鲜王朝的内容与影响。文章作者在对"汉文化东渐"研究中选择以"关羽信仰、阳明学、《纪效新书》及历史演义小说"为具体考察对象，指出，"朝鲜半岛对汉字、儒家思想以及汉籍的受容，是壬辰倭乱时期汉文化东渐朝鲜王朝的文化背景，而朝鲜王朝与明朝宗藩关系的建立不仅是壬辰倭乱时明朝出兵的重要政治条件，还是壬辰倭乱时期汉文化东渐朝鲜王朝的政治基础"。文章作者在第二章中具体考察"朝鲜王朝对关羽信仰与阳明学的受容和继承"，认为，"阳明学在壬辰倭乱前已传入朝鲜王朝，因在初传阶段受到了朝鲜王朝朱子学者的排斥与批判而鲜少发展，通过论述壬辰倭乱时期援朝明军对阳明学的再次积极宣讲"，阳明学在朝鲜重新获得发展。

金洪培和冯英盾的《叙述与记忆：朝鲜半岛文人的徐福东来记事研究》（《史学集刊》2022 年第 2 期）一文辨析了朝鲜半岛徐福东来传说。文章认为，新罗时期徐福传说已经在朝鲜半岛流传，朝鲜半岛"徐福的传说、民谣至今仍在朝鲜半岛南部区域广泛流传"。

裴钟硕的《田横形象在朝鲜半岛的历史演变及文学价值》（《东疆学刊》2022 年第 3 期）一文剖析了田横形象在朝鲜半岛的历史演变及文学价值。文章认为，新罗时期田横形象与"《史记》中的田横明显有一定的距离"，朝鲜半岛文人对田横形象存在"或褒或贬"的态度。文章认为其原因是"朝鲜古代文人在接受田横时都摆脱了《史记》的确定性语境，将其塑造成了价值功能符号，不仅代表了不同文人的思想立场，还代表了不同时代的社会和政治气象"。

金哲和张慧雯的《明清时期"燕行录"中孟姜女传说变异考——以"情节"和"人物"演变为例》（《东疆学刊》2022 年第 3 期）一文论述了明清时期"燕行录"中孟姜女传说。文章认为，"朝鲜使臣吸收山海关姜女庙石碑的碑文内容与当地民间传闻，融入个人认知、情感和想象，在自身文化背景、民族心理的影响下进行改写和再创造，使传说逐渐演变成独具特色的'燕行录'版孟姜女故事"。并强调，燕行录中的孟姜女"能够揭示中国传统文化域外传播的独特魅力和规律，为当下中韩文化交流提供有益借鉴"。

史志编撰方面，秦丽的《朝鲜王朝的中国通史撰述及其特点》（《南开学报（哲学社会科学版）》2022 年第 6 期）一文论证了朝鲜王朝中国通史撰述及其特点。文章指出，"朝鲜王朝中后期官私史学日益发达，朝鲜社会涌现出许多本土自撰的中国通史著述，包括独立的中国通史著述和一部分中韩历史合编书"。朝鲜编撰中国史书具有"明确的教育功能，以儿童训蒙、科举用书类普及性读物居多。其编纂形式多样，有编年体、纲目体、人物传记，以及中国历史年表、图表等；在史料上主要取资于历代正史和东传朝鲜的宋元明普及性史书，特别是后者成为朝鲜中国通史著述的重要史料来源；在著史理念上强调《春秋》华夷观和褒贬精神"。

古代中国与朝鲜半岛在文学交流史方面的研究成果涉及诗词、戏剧、小说等方面，主要论文如下：

吕肖奂的《盛况记忆：宋丽复交后的诗歌存储》（《暨南学报（哲学社会科学版）》2022 年第 12 期）一文剖析了宋丽复交后的诗歌存储。文章指出，宋丽复交 50 年中，"宋丽双方不仅频繁互派较大规模使团，而且不断提高接待对方的礼仪规格。宋皇帝主导的群臣唱和成为礼遇高丽的重要标志，神宗首唱，哲宗、徽宗继承，形成了君臣唱和款待远客的传统；高丽贡使的创作唱和是对宗主国礼遇的回响，朴寅亮、魏继廷、朴景绰、李资谅等人仅存的诗歌，体现了高丽使臣对宋的态度及汉诗水平"。

尹允镇和梁旭的《高丽朝怀古诗研究——以〈东文选〉所录怀古诗为中心》（《东疆学刊》2022 年第 3 期）一文是以《东文选》为中心论述了高丽朝怀古诗特征。文章认为，高丽朝怀古诗深受"中国怀古诗包括咏史诗的影响"，出现两种发展趋势，"一是取材于中国历史的怀古诗；一是取材于韩国历史的怀古诗，并开始显现出明显本土化趋势，同时也表现出东亚中古汉文化共同体汉诗文学与中国怀古诗'同根多支'的种种特征"。

朴哲希的《论性情说与朝鲜古代"唐宋诗之争"的演变》（《浙江学刊》2022 年第 5 期）一文论述了性情说与朝鲜古代"唐宋诗之争"的演变。作者指出，"朝鲜古代的'唐宋诗之争'从萌芽到尾声，贯穿高丽、朝鲜两朝诗学史数百年，对朝鲜诗学理论体系、理论范畴建设有着深刻的影响"。文中认为，"朝鲜朝中期的性情说针对的是诗坛肤廓空疏之风以及剽窃蹈袭之弊，文人以此为武器开始尊唐贬宋；朝鲜朝后期的性情说则使文人不专以一家为师，要有自家之音，文人由此力倡兼学唐宋；近代之后，为凸显创作主体之个性又迎来性情论的短暂复兴，学唐之风也随之抬头"。

陈丽娟和房锐的《凌云吐凤：论马扬典范在朝鲜半岛之建立与演绎》（《四川师范大学学报（社会科学版）》2022 年第 5 期）一文剖析了马扬典范在朝鲜半岛之建立与演绎。文章指出，"朝鲜赋家推尊马扬，不仅习其技法，摹其赋篇，还编纂了《扬马赋抄》《扬马赋选》等专集和选本，并衍为'独尊西京'的理论倾向，显示出对马扬典范的多元接受。同时，在闱场赋和文人赋两大创作领域中，朝鲜赋家对马扬赋的不同侧面各有取用：闱场赋注重挖掘和利用马扬辞赋中'义尚光大'的经义成分，故多与《上林》《子虚》《长杨》等大赋相关联；文人赋则缘情而发，有所寄托，在祖'骚'主'情'的思想支配下，亦选择马扬骚体赋进行拟效，或踵事增华，或反案为文，以一己之创作实践与马扬典范形成共生"。

池东恩的《15 世纪末朝鲜文献〈杜诗谚解〉中的朝鲜语汉字词研究》（《东疆学刊》2022 年第 4 期）一文是以朝鲜历史上最早翻译诗集《杜诗谚解》为中心，研究了 15 世纪末朝鲜语汉字词。文章指出，"《杜诗谚解》是诗歌谚解译文，风格独特，且其作为唐代著名诗人杜甫的诗歌译文，语言优美，词汇丰富且多样，无疑是研究 15 世纪朝鲜语言特点的重要文献资料，意义重大"。

刘秀秀的《论朝鲜李朝与中国明朝外交中的辞赋唱和》（《西南民族大学学报（人文社会科学版）》2022 年第 12 期）一文阐述了朝鲜李朝与中国

明朝外交中的辞赋唱和。文章指出，中朝外交中辞赋唱和的主题主要集中在"平壤祭吊箕子、途中纪述游览、汉城宴游登临三类"，这些辞赋"在文学上发扬了中华辞赋次韵唱酬的形式，接受并延续了'祖骚宗汉'的中华赋学观"。

安生的《〈南山诗〉与"神童"群像——论朝鲜朝汉诗发展中的次韵诗学》（《外国文学评论》2022 年第 3 期）一文阐释了朝鲜朝汉诗发展中的次韵诗学。文章作者通过研究《南山诗》，认为"《南山诗》所标识的次韵诗学不仅出自学习心态与酬唱交际，更得益于朝鲜朝的一系列崇汉文化政策"。文章强调，"在朝鲜国家基础教育的视野中，'神童'的培养关系着汉文化人才的储备力量。另一方面，精湛的次韵诗可在外交应对中发挥纾解国患、胜战朝廷的政治效力。由此，次韵诗学的游戏文字在东亚交往的历史境遇中被涂抹了极具目的性的功用色彩"。

汤可的《〈西厢记〉在韩国的传播与接受研究》（大连外国语大学硕士学位论文，2022 年）一文充分运用文献研究、文本分析、案例研究等方法，分析了《西厢记》在韩国的传播与接受史。文章认为，《西厢记》"自 16 世纪末传入朝鲜并广为流传，不仅出现了《东厢记》《北厢记》《春香传》等仿作，更是对韩国戏剧史、小说史，乃至文体文风产生了巨大的影响"。

李巧的《〈水浒传〉在朝鲜半岛的传播与"翻案"》（江苏大学硕士学位论文，2022 年）从比较文学视角，结合大数据、文献法、文本细读等研究方法，阐述了《水浒传》在朝鲜半岛的传播及其对朝鲜半岛文学产生的极大影响。文章指出，早在 1607 年左右《水浒传》就传入朝鲜半岛，在其影响下，朝鲜半岛小说创作不仅对《水浒传》进行模仿和借鉴，而且结合本土文化对其进行创新，"翻案"许多类似文学作品，如《洪吉童传》《洪将军传》《林巨正》等。

崔雄权的《心象风景：韩国文人笔下的"桃源图"诗文题咏》（《外国文学研究》2022 年第 3 期）一文辨析了韩国文人笔下的"桃源图"诗文题

咏。文章认为，"桃源图"诗文题咏传入朝鲜半岛后，"韩国文人承袭了中国'桃源图'与题画诗文所蕴含的对生命自由境界的追求、对人生如梦的感慨、对理想治世思想内涵的承袭，同时，他们为了不落窠臼，在书写与接受过程中表现出对传统主题的回避与延展，深化了大同世界高尚主题的宣示性书写，开拓了入世精神的现实意义，体现出鲜明的民族特色与独特的审美个性。"

在中韩古代艺术交流研究方面，林如的《高丽末、朝鲜初期的文人绘画观——以对赵孟頫书画的接受为考察中心》（《美术研究》2022年第5期）一文以赵孟頫书画的接受为考察中心，论述了高丽末、朝鲜初期的文人绘画观。文章认为，元代中国与高丽、朝鲜无论在政治、经济还是在文化上都处于密切交流时期，尤其是赵孟頫书画大量传入高丽，对之后朝鲜时代的书画产生了极大影响。文章作者强调，"赵孟頫的文人画理念在朝鲜早期也并没有掀起大的波澜，直到朝鲜晚期以金正喜为代表的'秋史画派'，经过《顾氏画谱》的传入、'吴门画派'和董其昌等人绘画理念、创作的传播，文人画的概念才得以慢慢确立"。

中韩古代典籍交流研究成果主要集中于武学文献的东传，具体如下：

周江吾的《〈六韬〉在朝鲜王朝的传播与运用研究》（河南师范大学硕士学位论文，2022年）一文研究了《六韬》在朝鲜王朝时期的传播与运用。文章指出，《六韬》早在三韩时期就已流传到朝鲜半岛，迨至朝鲜王朝时期，"《六韬》成为朝鲜王朝武举考试重要内容之一"。但是，由于朝鲜"武举考试被两班阶层操纵"，且"朝鲜文治主义盛行和考查制度的宽松"，导致"难以真正选拔将才"。文章认为，《六韬》具有"治国理政与军事思想，成为朝鲜王朝治国理政与军事实践活动的重要借鉴，凸显出政治与兵学双重价值"。作者还强调，"在朝鲜王朝五百年历程中，《六韬》展现出不可磨灭的光辉，是东亚兵学文化交流史的一个重要'缩影'。《六韬》在朝鲜王朝的传播与运用，不仅加深了对中国文化的认同感，还巩固了中朝两国宗藩关系，既强化了朝鲜军队的作战能力，也在打击外来侵略中发挥了重要作用"。

蔡艺、张琬婷和袁晓辉的《从"模仿"到"创新"：基于〈武艺诸谱翻译续集〉的中朝武艺交流史研究》（《西安体育学院学报》2022年第3期）一文探讨了《武艺诸谱翻译续集》在朝鲜半岛的传播，运用文献资料、历史研究等方法考察东亚武籍交流。文章指出，《武艺诸谱翻译续集》是在"万历援朝战争结束后，朝鲜为防倭御胡，以《练兵实纪》《纪效新书》《万宝全书》等中国武术古籍为参考，收录青龙偃月刀、夹刀棍、钩枪、拳法、倭刀5技的武艺教材"。文中强调，"《武艺诸谱翻译续集》所辑武艺势法来源更为丰富，体现了朝鲜武艺从'模仿'到'创新'的转化历程"。文章作者指出，"《纪效新书》《武备志》等绝大多数中国武术古籍由中国与朝鲜、日本之间的'书籍之路'，集中在明清时期传播至朝鲜和日本。中国武术古籍东传异域之后，通过原本再刊、摘抄部分内容成书、翻译与注解、以中国武籍为参考新编武籍等形式实现本土化再生，从而助推中国传统武术文化在东亚的广为传播。这些再生的域外武籍，又有部分经由'书籍之路'回流中国，形成循环往复的东亚武籍双向交流通道，丰富了中国对域外武籍的历史认识，为孕育具有同质性的东亚武术文化创造稳定的互动空间"。

刘乐容的《明代武术古籍东传对朝鲜早期汉文武籍编撰的影响研究》（湖南工业大学硕士学位论文，2022年）一文运用文献资料法、逻辑分析法、历史分析法等方法，探明了明代东传武术古籍在编撰格式、武艺内容、武艺思想等方面对朝鲜武籍编撰的影响。作者通过研究得出以下四点结论："第一，明代武术古籍是朝鲜王朝亟须的书籍。为解决国家军事软弱的情况，亟须军事书籍指导与重建国家军事制度。第二，朝鲜王朝汉文武籍编撰源于对援朝明军的学习。基于肄其技，传其谱以及加快朝鲜将士操练和学习效果需求，开始以戚继光所著《纪效新书》为蓝本，进行朝鲜本土化的武籍编撰尝试的道路。第三，朝鲜王朝的武学内容体系构建得益于明代武术古籍。自朝鲜武籍撰写开始，东传武术古籍就为朝鲜武艺书籍撰写格式奠定了基础；建立了以徒手武艺为入艺之门发展步兵战阵武艺和骑兵武艺的内容体系；确立了以明代东传武术古籍所言'长以卫短短以救长、去花存正、长兵短用、棍为诸器之基，短器之本'等武艺思想为朝鲜武艺发展的思想路线。第四，中华传统武术文化在朝鲜武艺文化中处于源头地位。"

中韩制度交流方面，金永寿和元美花的《明朝法典〈大明律〉在朝鲜封建王朝的传播与本土化》（《东疆学刊》2022年第4期）以《大明律》为中心，考论了其在朝鲜王朝的传播与本土化问题。文章指出，"朝鲜朝建立后，正式接受《大明律》为朝鲜朝的刑法，并根据国情进行了本土化改造，如修订、翻译出版《大明律》执法指导书籍《大明律直解》，还通过与朝鲜朝固有法的比较以及实施过程补充和调整《大明律》的内容，使之成为名副其实的朝鲜朝法，该法使用了500多年，对朝鲜朝封建社会产生了重要的影响"。

中韩古代物质文化交流研究成果涉及都城、铜镜和青瓷等主题。

赵淑怡和周裕兴的《韩国百济都城遗址所见中国文化元素初探》（《艺术百家》2022年第4期）一文对韩国百济都城遗址进行了考述。文章指出，韩国百济都城遗址充满中国元素。首先，百济在都城结构布局的规划"借鉴了华夏大陆都城规制包括宫殿坐北朝南的基本格局"；其次，百济王室池苑中的池、假山、建筑址等构成要素是"受到道教文化影响的重要实物证据"；最后，百济的城墙版筑技术"应是受南朝中期莲花纹瓦当制作技术之影响而形成的，并在引进南朝造瓦技术之后自成体系"。

白云翔的《汉代中韩交流的最新实物例证——韩国庆山阳地里汉镜及相关问题》（《文物》2022年第1期）一文从考古视角探究韩国庆山阳地里汉镜。文章指出，"韩国庆山市阳地里墓群汉代铜镜的出土，作为韩国境内汉镜的最新发现，成为汉代中韩交流的最新实物例证"。

万剑、周艺红和梅娜芳的《论隋唐时期越窑青瓷艺术海外传播路径与民族文化影响力》（《江苏陶瓷》2022年第3期）一文是从艺术视角探寻了隋唐时期越窑青瓷对外销售问题。文章认为，"隋唐时期越窑青瓷以明州港为始发港、外销港，以东北、东南、西南航线为艺术传播路径，其所到之处的造物艺术、瓷器艺术均受熏陶和影响"。

此外，相关成果还有：杨晓瑜的《宋丽文化交流史研究综述》（《赤峰学院学报（汉文哲学社会科学版)》2022 年第 11 期）、贾艳的《试论燕行使臣对中朝文化交流的贡献》（《哈尔滨学院学报》2022 年第 7 期）、潘超的《"魁星鳌头"：东亚汉籍出版中的魁星印文化》（《文献》2022 年第 4 期）。

其中，杨晓瑜的《宋丽文化交流史研究综述》（《赤峰学院学报（汉文哲学社会科学版)》（2022 年第 11 期）一文论述了宋丽文化交流史。文章指出，"宋、丽两国以海路为主要交通路径，通过官方互派使者、留学生和民间的贸易及诗人、僧人往来，在各个文化领域都有所交流，对双方的文化发展产生了不同程度的影响"。贾艳的《试论燕行使臣对中朝文化交流的贡献》（《哈尔滨学院学报》2022 年第 7 期）一文探究了燕行使臣对中朝文化交流贡献。文章写道："朝贡体制下中朝文化交流的轨迹，燕行使臣对促进中朝两国关系的和谐发展做出了重要贡献，主要体现在：政治上巩固了两国的宗藩关系；经济上促进了两国物质文化交流；思想文化上促进了汉文化的传播。"

2022 年古代中日文化交流研究成果较为丰富，内容涉及佛教、信俗、史志、诗歌、音乐、书画艺术、书籍和器物等诸多方面。

古代中日之间佛教文化交流频繁。卢江良的《临海龙兴寺与中日佛教文化交流》（《法音》2022 年第 6 期）一文论述了临海龙兴寺与中日佛教文化交流。文章认为，"唐代高僧鉴真第四次东渡扶桑弘法前暂住"龙兴寺，其弟子思托"更是在这里驻锡了近十年"。文章还强调"日本高僧最澄也曾在这里参谒天台九祖道邃（727—826）求学佛法，归国后创立了日本天台宗"。

秦琼的《〈传教大师将来台州录〉考释》（《海交史研究》2022 年第 3 期）一文以日本内阁文库藏《传教大师将来台州录》为中心，考辨了汉地佛典通过海上外传日本之情状。

李铭敬和王荟媛的《〈盂兰盆经疏新记〉日本流传考》（《烟台大学学报（哲学社会科学版）》2022 年第 4 期）一文以《盂兰盆经疏新记》为中心，阐述了其传入日本的影响。文章指出，《盂兰盆经疏新记》"在中国已经散佚，难以考据其传播和阅读的历史，但在日本却广为流传，并为僧侣所撰唱导文学、说话文学和佛经注疏等所征引。其中，《新记》记载的孝子故事成为唱导资料集《言泉集》的重要素材来源，说话集和佛经注疏则多引《新记》对词汇的解释。这些引书撰者包括了净土宗、禅宗、律宗、真言宗等不同宗派的僧侣，这与泉涌寺诸宗兼学的主张及其对各宗派的影响颇有关系"。

华雪梅的《日本新宫市医药之神徐福的历史传承与当代建构》（《常州工学院学报（社科版）》2022 年第 6 期）一文阐述了日本和歌山县新宫市的徐福传说。作者指出，"新宫市的徐福传说与其信仰，在数百年的流布和变化中逐渐与民众的日常生活相结合，创造出该地区独有的徐福信仰与民众生活的互动关系"。

毕雪飞的《丝绸之路的开拓、往来与牵牛织女传说在日本的传承——以九州宗像大社中津宫牵牛织女传说为中心》（《民俗研究》2022 年第 4 期）一文认为，海上丝绸之路的发展促使"中国牵牛织女传说与七夕不断被融入日本的信仰与文化之中，共生共融形成牵牛织女传说共同的历史记忆、文化记忆与跨文化记忆"。毕雪飞在《日本牵牛织女故事的叙事形态研究——以七夕传说型天鹅处女故事为中心》（《日语学习与研究》2022 年第 4 期）一文中阐述了中国牵牛织女七夕相会故事传入日本后，经过"日本文化'母本'基础上"的嫁接与重新叙事，形成了"日本七夕传说型天鹅处女故事"。

施錡的《17 世纪关帝图像东传日本研究》（《艺术探索》2022 年第 2 期）一文分析了 17 世纪关帝信仰随临济宗黄檗派东传日本后，"关帝进入了黄檗宗伽蓝神的范畴"。

中日古代史书编纂交流研究方面，曾堰杰的《东亚视域下的〈日本书纪〉史体流变》(《古代文明》2022 年第 3 期)一文围绕《日本书纪》在东亚流变展开论述。文章认为,《日本书纪》是古代日本第一部官修正史,在编撰史体上深受中国影响,"自经学中独立出来的史学伴随着东亚诸国间的交流向外流传,并推动朝鲜半岛诸国及日本进行史书编撰。《书纪》的编纂年代正处在'经史分离'大转折的中间期,其史体的变迁事实上也成为中国史学体裁发展变化在日本的映射"。

中日古代诗歌交流相关成果如下:

张晓希的《中国古代诗学理论对日本诗话形成与发展的影响》(《天津外国语大学学报》2022 年第 3 期)一文探究了中国古代诗学理论对日本诗话形成与发展的影响。文章指出,中国古代文学史上诗学理论通过海上丝绸之路传入日本,"日本诗话通过对中国诗学理论的吸收、消化和创新,最终形成了具有自己特色的诗话体系"。

李曼和冉毅的《论日本江户时代以诗为教的道德教育——以汉学私塾咸宜园为例》(《东疆学刊》2022 年第 4 期)一文是以汉学私塾咸宜园为例,阐述了日本江户时代以诗为教的道德教育问题。文章认为,咸宜园是日本江户时代民间最大的私塾,开设"汉诗课程进行道德教育"。文中指出,"通过汉诗艺术的感召力,直抵人的心灵唤醒道德思考,从而升华人的道德境界。在这一方面,咸宜园在江户时代具有很强的典型性。咸宜园培养了具备忠孝道德的弟子,一方面有利于维持德川幕府统治,另一方面又为日本近代化的发展准备了可利用的智力资源和道德资源"。

闫秀和冉毅的《日本万叶时代家训文化构建中的中国元素溯源——以〈喻族歌〉为例》(《东疆学刊》2022 年第 3 期)一文以《喻族歌》为例,论述了日本万叶时代家训文化构建中的中国元素。文章认为,《喻族歌》是"日本万叶时代家训文化的代表性作品",作者推测"日本万叶时代家训文化的中国元素源头可以追溯至陶渊明的《命子》"。

向卿的《身份认同与他者构建:"宋濂樱诗"在江户日本的命运》(《历

史教学（下半月刊)》2022 年第 12 期）一文辨析了"宋濂樱诗"在江户日本的命运。作者强调，"宋濂樱诗"并不能直接说明樱花是日本独有，而是江户日本以"樱花日本独有"论构建自我的樱花观及基于此的自他认识的形成产生了深远影响。"宋濂樱诗"既反映了"江户日本自他认识的转变及其原理，也反映了江户日本身份建构的路径和原理"。

刘晓萱的《日本内阁文库藏孤本〈槜李二姬倡和〉与晚明女性诗歌创作》(《首都师范大学学报（社会科学版）2022 年第 1 期》）对日本内阁文库藏孤本《槜李二姬倡和》二卷进行考辨。文章指出，"日本内阁文库藏孤本《槜李二姬倡和》二卷，为晚明嘉兴女诗人桑贞白追和同郡陆圣姬之诗集，是古代女性唱和结集刊刻之先导，为解读晚明女性文学创作活动提供了更多素材与独特视角"。

邓芳艳的《明清之际渡日遗民诗学研究》（河南理工大学硕士学位论文，2022 年）一文阐述了明清之际渡日遗民诗学问题。文章认为，明清易代，"众多文人、僧侣、商人远渡重洋，在异域传播中国文化"，"当属朱舜水、陈元赟，他们与日本文人学者进行文学文化交流，对日本社会产生了极大影响，获得了日本国民的广泛认可，代表着渡日遗民文学的最高成就"。文章指出，"朱舜水属于醇儒学者，其零散的诗学观主要以经世致用为核心，振日本儒风，代表着江户初期的主流诗学倾向，是一种以政治属性为前提的实用诗学。陈元赟一方面深受明朝诗学发展的影响，一方面立足江户初期汉诗发展的实际，就学诗作诗提出了其诗法观；在明代'复古'与'革新'的诗学潮流中，他以宽容、折衷的态度形成了以'性灵'为主，兼取'格调'的诗学选择；同时，他的诗学思想承接公安派，有浓厚的道家情怀，对日本道学的发展做出了重要贡献"。

范舟、郦文曦的《中日〈兰陵王〉流变考论与补说》(《北京舞蹈学院学报》2022 年第 3 期）论述了中日《兰陵王》流变。作者经过考证认为，"第一，考证中国《兰陵王》形态的演变，即北齐军乐—唐民间散乐—唐教坊散乐这三个流变过程；第二，考证《兰陵王》东传日本的时间、东传者、东传时的作品性质等问题；第三，从国风化、安定化、近代化三个阶段论述《兰陵王》进入日本之后的流变情况"。

此外，还有其他相关研究涉及中日之间的文化交往，如：潘德宝的《〈红楼梦〉在亚洲的传播与接受》（《红楼梦学刊》2022 年 6 期）、林杰祥的《京都大学藏〈升平策乐府〉考论》（《戏曲艺术》2022 年第 4 期）、赵明的《舶载中国书法碑帖在江户时代日本的流播》（《艺术传播研究》2022 年第 3 期）、薛晗的《日本国立国会图书馆藏〈福建海岸全图〉成图时间考》（《珠江水运》2022 年第 14 期）、高薇和韦立新的《六谕对日本江户时期家庭教育的影响——以〈六谕衍义〉异本为例》（《韶关学院学报》2022 年第 8 期）等。

唐卉的《御琴与玉琴：日本古代琴文化背后的王权统治和玉石信仰》（《百色学院学报》2022 年第 4 期）一文分析了日本古代琴文化背后王权统治和玉石信仰问题。文章指出，日本古代琴文化"受到中国琴道和礼乐思想的深刻影响，在日本皇宫中盛行"。文章强调，"日本神道精神圣物之一的古琴与日本古代王权政治关系密切，一度盛行的琴文化背后深藏着日本本土以及从中国输入的礼乐观念和玉石信仰，阐明带有'王'字头的琴在特殊时期充当着政治与宗教结合的重要媒介"。

吴瑶瑶的《日本江户时代（1603—1867）"唐样"书法研究》（苏州大学硕士学位论文，2022 年）一文论述了日本江户时期"唐样"书法。文章指出，明清时期中国书法传入日本后产生巨大影响，"为日本书坛带来新的视觉冲击，儒者文人间掀起一阵学习中国书法的风潮"。文章认为，"日本'唐样'书法的形成并非只是单纯的接受与被影响的结果，两国相似的文化结构使中国书法得以在日本扎根生存，但这一时期的中国书法始终以一种中断、零碎的样态呈现于日本，这使在日本出现的'唐样'书法既具有相近的明清时代书法特点，同时，中国书法的'日本化'又有着较大的空间"。

徐强的《晚明黄檗禅林书风东传日本的影响》（《中国书法》2022 年第 6 期）一文考察了黄檗书法在江户日本的流播和影响。文章认为，黄檗书风东传日本后，"江户时期开始兴盛并绵延至明治时期占据了绝对的主导地位"。

苏浩和黎菁予的《黄檗书法在江户日本的流播和影响》（《中国书法》2022 年第 6 期）分析了黄檗书法在江户日本的流播和影响。文章作者指出，黄檗宗书法"不仅上承宋元墨迹的传统，而且彰显了明代书风的取法与追求"。文章强调，"黄檗翰墨对宗教的依附，受到日人崇信，在日本蓬勃发展了二百余年，对日本书法史产生了深远的影响，为江户书坛打开了新格局，甚至也启示了日本当代的大字书、前卫书和表演书道"。

此外，学界还从其他视角探究了中日佛教文化，如：解小青的《明末清初黄檗禅墨与日本唐样书道》（《中国书法》2022 年第 6 期）、施錡的《东传日本的黄檗宗白衣观音像研究》（《湖北美术学院学报》2022 年第 3 期）、赖正维的《明末清初闽籍黄檗禅僧对中日文化交流的历史贡献》（《湖州师范学院学报》2022 年第 9 期）、谢奇烨的《宗派正统观念对日本黄檗宗的影响》（《中国宗教》2022 年第 9 期）、彭东航的《日本黄檗宗顶相画研究》（《美术观察》2022 年第 10 期）等。

薛莉清的《中日文化交流中的日本南画及其回流现象》（《艺术百家》2022 年第 6 期）一文论述了中日文化交流中的日本南画问题。文章指出，日本僧侣、旅行者、商人和留华学者将中国南画带入日本，形成了长期以来"对日本都是单向输出的态势"。但是随着中国南画"被全盘接收并逐渐本土化，形成了日本南画，成为其文化艺术基因，也形成中日文化记忆的共同基底。这种单向输出的态势到现当代发生了转变，即日本文化反向输出到中国，更明显的则是日本本土化后的中国文化艺术回流到中国"。

孙启的《将军之"好"：日本室町时代足利幕府的中国画鉴藏趣味》（上海戏剧学院硕士学位论文，2022 年）一文阐述了日本室町时代足利幕府的中国画鉴藏。文章指出，"日本与明朝正式外交关系的建立及'勘合贸易'的实施，不仅恢复了自元朝开始就已中断的官方交流，也在一定程度上积极推动了日明僧侣在文化上的往来"。因此，作者从足利幕府收藏条件及相关时代文化背景、足利幕府有关中国绘画藏品的记录文献、所藏中国绘画的风格类型及画坛影响等方面展开讨论。文章强调，足利幕府看重中国绘画意味着"不仅是将军财力与文化权利的双重象征；其多种风格的视觉呈现，亦是足利氏将军审美意识的阶段性表现。尽管幕府的威严及境况遭遇着转变与衰颓，但足利将军对于中国绘画的鉴藏行为却有所保留。无论是第三代将军足利义满时期的'华丽'亦或是第八代将军足利义政时期的'空寂'，中国绘画在幕府不同阶段的文化氛围营造上，确是其中不可忽略的'主角'"。

黄帆和刘赦的《清宫到江户：18 世纪后半叶的中日美人图——从图中身高比例之变管窥中国美术对浮世绘的影响》（《厦门大学学报（哲学社会科学版）》2022 年第 4 期）一文从中日美人图中身高比例之变管窥中国美术对浮世绘的影响。文章认为，中国的姑苏版画中的美人形象是源于"清初的宫廷美术"。这种绘画技法传入日本后，对 18 世纪下半叶浮世绘产生深远影响。

古代中日之间的文化交流研究还包括书籍文献传播的考察，如：张彧的《日本有邻馆藏古写本〈春秋经传集解〉新考》（《中国文化研究》2022 年第 4 期）、宁稼雨的《日本尊经阁藏宋本〈世说新语〉版本文献价值》（《社会科学战线》2022 年第 12 期）、程水龙和曹洁的《朝鲜、日本〈近思录〉文献本土化特色及学术意义》（《苏州大学学报（哲学社会科学版）》2022 年第 6 期）等。

其中，张彧的《日本有邻馆藏古写本〈春秋经传集解〉新考》（《中国文化研究》2022 年第 4 期）一文以日本有邻馆藏古写本《春秋经传集解》卷二残卷为线索，论述了中日"书籍之路"上书籍流转的复杂性与多样性。文章指出，"该卷较阮元校刊本更接近《左传》及杜注原貌，可以订正阮本之处颇多，具有很高的校勘价值"。

　　宁稼雨的《日本尊经阁藏宋本〈世说新语〉版本文献价值》一文对日本尊经阁藏宋本《世说新语》进行了辨析。文章认为，通过比对"嘉趣堂本和湘中刻本"，尊经阁本具有重要的学术价值。程水龙和曹洁的《朝鲜、日本〈近思录〉文献本土化特色及学术意义》（《苏州大学学报（哲学社会科学版）》2022 年第 6 期）一文分析了朝鲜半岛、日本对《近思录》文献实施本土化的学术意义。文章指出，朝鲜半岛、日本对《近思录》的本土化措施主要是运用"既有刊印或抄写的文本，也有编撰的各类汉文本，还有用本国文字注译或札记或讲说的《近思录》文献等，其本土化手段由浅层次向深层次不断推进，各具特色"。文章强调，"朝鲜、日本本土化《近思录》文献解决了其本土无性理之学文献可依从的困境，为朱子理学在东亚的传播和影响提供了可据的实证，为推动程朱之学在东亚的传播作出了不可磨灭的贡献，也是史上中、朝、日友好相处、思想文化不断交流的结果"。

　　2022 年中日古代器物交流相关研究成果包括紫砂器、漆器、陶瓷器等专题的论文，具体如下：

　　潘师敏、何以诺和余天的《茶文化交流背景下清代输日紫砂壶的艺术内涵》（《中国陶瓷》2022 年第 12 期）一文从茶文化视角考论了清代输送到日本紫砂壶的艺术内涵。文章认为，明朝万历年间宜兴紫砂远销东洋。"茶会的热衷以及对紫砂壶的推崇、与紫砂艺人的交往，甚至直接参与紫砂壶的设计都直接推动了日本紫砂文化的审美风尚。"

　　雷茜、王婷和索雯笛等的《论明代江苏漆器、陶瓷、织绣的对日交流》（《大众文艺》2022 年第 6 期）一文考辨了明代江苏漆器、陶瓷、织绣的对日交流问题。文章指出，"明清是中日文化交流的繁荣时期，以漆艺、陶艺、织绣为首的工艺品频繁穿梭往来于中日两国之间，并作为媒介载体担当起政治、经济、文化的交流传播任务。"

　　宁泳欣、尧伊萌和陈昊武的《17 世纪至 18 世纪东亚外销彩瓷边饰的审美差异探究》（《陶瓷研究》2022 年第 1 期）一文论述了 17 世纪至 18 世纪东亚外销彩瓷边饰的审美差异。文章指出，17 世纪至 18 世纪有大量的瓷器外销至欧洲。在这期间，日本的制瓷业得到较快发展，"日本完成了从单纯模仿明代五彩到伊万里彩瓷'和风'的确立"。清朝在瓷器制造上也"呈现本土与外来纹样相结合的装饰风格"。

古代中国与琉球之间文化往来相关成果有：王小恒的《"诗史互证"视域中的周煌涉琉球文学、史学撰著及其价值》（《重庆师范大学学报（社会科学版）》2022 年第 1 期）、吴少静的《明清"册封制度"下的中琉礼乐文化研究》（《泉州师范学院学报》2022 年第 4 期）、徐竞和陈硕炫的《试论风水在琉球的传播与应用》（《海交史研究》2022 年第 1 期）等。

王小恒的《"诗史互证"视域中的周煌涉琉球文学、史学撰著及其价值》（《重庆师范大学学报（社会科学版）》2022 年第 1 期）一文论述了"诗史互证"视域中周煌涉琉球文学、史学撰著及其价值。文章指出，周煌的《琉球国志》"其内容匡正前作，凌越前述，堪称体大思精，为此类撰著的集大成之作；诗集《海山存稿》存有不少周煌出使琉球途中及出使前后创作的诗歌作品，与《琉球国志》相互印证，可补《琉球国志》之不足。两者互参，可得到许多新颖而有价值的信息"。吴少静的《明清"册封制度"下的中琉礼乐文化研究》（《泉州师范学院学报》2022 年第 4 期）一文探究了明清"册封制度"下的中琉礼乐文化。文章认为，在长达 500 年"册封制度"下，"礼乐范式"是两国建立良好政治关系的重要桥梁。文章强调，"闽人三十六姓"成为中琉礼乐文化交往的重要纽带。徐竞和陈硕炫的《试论风水在琉球的传播与应用》（《海交史研究》2022 年第 1 期）一文剖析了风水在琉球的传播与应用问题。文章认为，风水是随着"中琉间朝贡关系的确立以及闽人三十六姓移居琉球"传入，尤其是在清代，琉球实施"中国化志向"政策，为风水在琉球广泛传播创造了有利的政治和历史条件。"风水受到琉球王府的推崇，风水师也受到国王的重用，享受极高的社会地位，甚至赴闽肄习风水亦成为评价久米士族勋功的标准之一。"

程继红和黄昊的《中国海上诗路图景初构（上）——以东亚海上诗路为中心》（《浙江海洋大学学报（人文科学版）》2022年第6期）一文以东亚海上诗路为中心，论证了中国海上诗路图景初构问题。文章认为，"中国海上诗路约可分为东亚海上诗路、西洋海上诗路和近海海上诗路等三大诗路图景。其中，东亚海上诗路图景又可细分为：北线——中朝海上诗路、中线——中日海上诗路、南线——中琉海上诗路等"。文章作者强调，"东亚海上诗路，以东亚海上贸易、朝贡体系为依托，以诗集传播、汉诗创作为途径，最终形成了东亚汉诗文化圈的历史图景建构"。

此外，还有一些成果以东亚或东南亚整体区域文化交流为考察对象，相关论文和专著列举如下。

徐臻的《文明互鉴中国与世界：唐文化圈视域下的东亚诗歌互动研究》（四川大学出版社，2022年）一书主要阐述了汉诗在古代东亚世界流播的基本情况和特点，解读汉诗在东亚世界中产生的外交、文学和文化意义。

马显冰的《从"南海Ⅰ号"出水龙泉窑菊瓣式青瓷看中外文化交流互鉴》（《客家文博》2022年第4期）一文是以"南海Ⅰ号"出水龙泉窑菊瓣式青瓷为中心，考述了中外文化交流与互鉴。文章认为，菊瓣样式龙泉窑青瓷大量出口并被仿制，是"内外文化的兼容，并逐渐走向本土化；同时，作为文化与技术交流传播的载体，龙泉窑菊瓣式青瓷从借鉴他国到被他国借鉴，见证了古代世界陶瓷的双向互鉴"。

李富强、马君红和唐春松的《铜鼓文化的传播、传承与海上丝绸之路》（《社会科学家》2022年第6期）一文分析了海上丝绸之路上的铜鼓文化。文章认为，海上丝绸之路发展促进了铜鼓文化传播，铜鼓文化成为"中国—东南亚民族文化交流互鉴的壮丽图景"。文章强调，"中国—东南亚铜鼓文化是海上丝绸之路上宝贵的民族文化资源，对'21世纪海上丝绸之路'建设意义重大"。

（二）政治交往研究

从东亚整体视阈探讨东亚诸国政治交往史以及相关观念形态的论文有：

林硕的《海帆初扬：东吴时期的对外交流》(《世界知识》2022 年第 14
期)，李磊的《陆、海疆地缘秩序与传统中国的疆域成型》(《学习与探索》
2022 年第 7 期)，王森的《〈肇造区夏：宋代中国与东亚国际秩序的建立〉
读后》(《赤峰学院学报（汉文哲学社会科学版）》2022 年第 9 期)，王日根
的《重审海权观与清代前期海疆政策》(《中国史研究动态》2022 年第 2
期)，侯博仁的《传统宗藩体系及其崩溃》(《今古文创》2022 年第 30 期)，
陈奉林的《古代欧亚交流区域的扩大与东方外交圈的发展》(《海交史研究》
2022 年第 4 期)，等等。

　　其中，林硕在《海帆初扬：东吴时期的对外交流》一文中指出，东吴
政权在对外交往上不仅积极欢迎海外来客，而且派遣使臣去往南洋和东南亚
地区。文章认为，"孙权对蓝色海洋有着超乎常人的向往和征服欲，主要是
源于三国时期东吴造船业的发达。"李磊的《陆海疆地缘秩序与传统中国的
疆域成型》一文重点论述了陆、海疆地缘秩序的形成过程。文章认为，"东
南海疆的地缘秩序是近 500 年来中国历史发展的命脉所在"。王森在《〈肇
造区夏：宋代中国与东亚国际秩序的建立〉读后》一文中阐明其赞同该书
作者观点，认为"宋朝士大夫群体中产生了'国族认同'，这种认同意识来
源于此时政权内部的制度变革和特殊的东亚国际体系"，并认为该书有助于
推动宋史研究的发展。王日根在《重审海权观与清代前期海疆政策》一文
中指出，清朝前期海洋政策是为了"建立良性社会秩序而采取的应急之
策"，自康熙朝以后，"清代前期海疆政策中体现了从自我海疆意识向西方
海权观的转变，但以我为主开放包容的中国传统文化价值观仍然被坚持"。
侯博仁的《传统宗藩体系及其崩溃》一文认为，近代以后"传统中国的宗藩
体系开始走向崩溃"。陈奉林的《古代欧亚交流区域的扩大与东方外交圈的发
展》是论述了古代欧亚国家与东方国家之间的外交。文章强调，"东方国家对
外交流的历史经验内容丰富，实践形式复杂多样，值得认真总结研究"。

　　2022 年刊载的以古代中韩关系为主题的论文列举如下：

张维慎的《龙朔元年苏定方东征高句丽失利原因再探》（《陕西师范大学学报（哲学社会科学版）》2022 年第 5 期）一文剖析了龙朔元年苏定方东征高句丽失利原因。文章认为失利的原因主要有四点："一是唐百济留守军陷入困境，对苏定方之大唐远征军难以形成有效配合；二是高句丽王廷无内讧，苏定方无机可乘；三是唐朝国内铁勒叛乱的突发事件，阻挠了唐高宗南北夹击高句丽战略的顺利实施；四是进入夏历十二月后，大唐远征军因饥寒交迫而导致最终失利。"

聂宁桂的《唐朝遣新罗使者研究》（延安大学硕士学位论文，2022 年）一文探究了唐朝遣新罗使者。文章认为，"唐朝遣新罗使者是唐朝对新罗政策的执行者与维护者，同时还是新罗政策执行的监督者，在唐罗关系中起到关键的作用"。唐罗之间经历多次变化，文中指出，"唐太宗统治时期唐朝国力逐渐强盛，高句丽却挑战唐朝的权威，联合百济侵掠新罗，促使唐罗联盟得以构建。唐罗积极遣使沟通军情，唐使者大多皆为武官，品级较高，体现出唐罗联盟时期以军事行动为主的特点"。唐罗在这时期"大规模地收容唐朝的典章制度"，但是，随着唐罗联盟的破裂，导致"唐罗关系陷入低潮"，但仍保持着"唐罗间的宗藩关系"。迨至唐中宗朝时期，唐罗关系有所改善，"双方进入和平发展时期，遣使频繁。使者种类增多，多为文官，多兼摄御史中丞和东宫官制，且有宦官出使，这与唐后期外交体制的变化有关"。

魏志江的《东亚视域下的三别抄抗蒙战争与蒙丽日三国关系》（《贵州社会科学》2022 年第 12 期）一文探究了三别抄抗蒙战争与蒙丽日三国关系。文章认为，三别抄政权"极大地打击和牵制了蒙丽联军对日本的征伐"，"对东亚蒙丽日三国关系和东亚地缘文明的变化也产生了重大的影响"。

黄彪的《明朝与朝鲜封贡关系形成实态》（《外国问题研究》2022 年第 4 期）一文论述了明朝与朝鲜的封贡关系。文章指出，明朝与朝鲜之间的封贡关系"历经了曲折波澜的复杂过程"后，才最终形成"前近代东亚世界宗藩关系的典范"。

李麒的《元明之际的东北局势与中朝关系》（辽宁大学硕士学位论文，2022 年）一文分析了元明之际东北局势与中朝关系。文章认为，元明鼎革之际，"中国与邻邦高丽的关系也发生了本质变化"。首先，作者梳理了元朝东北地区与高丽关系，同时指出，"元朝在东北地区的统治呈现出鲜明的二元制特点，即设立了作为行政机构的辽阳行省，同时蒙古诸王在东北地区的影响力也得到了加强。元朝对高丽内政的干涉和控制亦超越了前代，不同于一般意义上的宗藩关系"。其次，基于对红巾军进军东北和高丽过程及影响的考察，文章作者指出，"红巾军在东北的一系列军事行动瓦解了元朝在东北地区的统治，原本效忠于元朝的官员开始割据一方，辽东地区的本土豪强势力崛起。元朝对东北红巾军进行围剿后，红巾军转战高丽，促使高丽的政局和元丽关系发生新变化"。最后，在考察明朝建立后东北地区与高丽关系的基础上，文章认为，元亡后，"高丽则出于自身利益的考量，周旋在北元朝廷和明朝之间"。随着纳哈出归附明朝，高丽结束了"两端外交"。但是由于"明朝计划于鸭绿江地区设置铁岭卫，扼制高丽的影响力"，引起高丽国王不满，进而导致武臣李成桂篡位建国，高丽灭亡。作者在文中强调，"东北局势的再度稳定推动了中朝宗藩关系的最终形成"。

刘秀秀的《论朝鲜李朝与中国明朝外交中的辞赋唱和》（《西南民族大学学报（人文社会科学版）》2022 年第 12 期）一文论述了朝鲜李朝与中国明朝外交中的辞赋唱和，并将这些辞赋唱和的主题分为"平壤祭吊箕子、途中纪述游览、汉城宴游登临"三种类型。文章指出，朝鲜李朝的辞赋不仅"接受并延续了'祖骚宗汉'的中华赋学观"，还在"文化上具有彰显本国物情和颂宣明朝上德两重意涵"。

孙卫国的《历史书写与现实诉求——朝鲜王朝洪启禧〈文山先生详传〉考释》（《世界历史》2022 年第 2 期）一文以朝鲜王朝洪启禧《文山先生详传》为中心考述了洪启禧对"尊周思明"理念的宣扬活动。文章认为，在性理学"华夷观"影响下，朝鲜在文化心理上仍旧保持着"胡无百年之运"

心态，尤其是朝鲜英祖朝高举"尊周思明"大旗，对朝鲜影响深远。

赵江红的《过去和未来的时间：东亚时间秩序中的〈万年历〉研究》（《自然辩证法研究》2022 年 6 期）一文分析了《万年历》在东亚时间秩序中的作用。文章认为，此书"雍正八年传入朝鲜，后由朝鲜观象监编行，至今仍是韩国重要历书之一"。

李亮的《从"遵明"到"奉清"：朝贡体系下的清朝颁历朝鲜活动》（《自然科学史研究》2022 年第 1 期）一文阐述了朝贡体系下清廷对朝鲜进行颁历授时活动，但是朝鲜在清朝颁历问题上面临着"政治"与"技术"上的双重困境。文章指出，朝鲜期初在"政治和文化"上对清朝是抵制和蔑视态度，但是又不得不在礼治上"接纳和认同"。此外，文章进一步指出，朝鲜利用出使机会"重贿钦天监"和"深结西洋人"办法窥探清朝历法机密，体现"朝贡体系下双方在政治、文化以及技术等方面的内外互动与角力"。

黄修志的《18 世纪朝鲜的政治整肃与对华外交——以〈明纪辑略〉为中心》（《外国问题研究》2022 年第 2 期）一文是以《明纪辑略》为中心，分析了 18 世纪朝鲜的政治整肃与对华外交。文章认为，朝鲜国王英祖期间发生了"诬史之狱"事件，导致朝鲜"对内展开政治整肃和文化整饬，对华派遣使臣赴北京交涉辩诬"。作者进一步指出，"乾隆帝的解禁与英祖的辩诬本质上都在寻求一种'君臣义理'，即有助于巩固君权秩序的效忠精神，展现了 18 世纪中朝两国在政治伦理层面上的共同诉求和权力互动"。黄修志的《19 世纪朝鲜哲宗时期的王权运作与对华关系》（《世界历史》2022 年第 2 期）一文分析了朝鲜哲宗时期王权运作与对华关系。文章指出，由于朝鲜面临着严重的危机，尤其是哲宗国王被"安东金氏全面控制"，安东金氏在内政上采取"删改档案记录、赴京辩诬祖父罪行、辩诬太祖事迹、修改家族谱牒、追尊金氏先祖等，以巩固哲宗的王权合法性和安东金氏的执政名分"等多种措施；在对华关系上则是积极加强与清朝联系，从而形成坚实的

"奉清""尊清"观念，使"小中华"思想发生重要转变。

李花子的《朝鲜王朝〈西北界图〉考——兼论与清朝舆图、志书的关系》（《清华大学学报（哲学社会科学版）》2022 年第 4 期）一文论述了朝鲜私撰《西北界图》事件。文章认为，《西北界图》的绘制底图不仅有清朝《康熙分府图》和《盛京通志》（乾隆元年）"黑龙江图"，还有朝鲜郑尚骥的《东国地图》和朝鲜官撰《海东地图》，但《西北界图》在绘制时存在标错碑址的现象。

2022 年论及古代中日关系的相关成果不多，张静宇的《元日战争和日本中世文学中的中国形象》（《中国文化研究》2022 年第 2 期）一文从元日战争视角阐述了日本中世文学中的中国形象问题。文章认为，"日本中世文学通过对神国的建构将对元军的恐怖转变为对元军的蔑视，在仰慕中国文化的同时也开始以平视的姿态重新审视中国文化"。在日本中世文学中借助白居易、杨贵妃等中国文化象征进行重构，以此"完成了'异域—本土'双向建构，从而试图确立日本文化的独特性和优越性"。

论及古代中琉交往的著作与论文有：陈波的《东亚视域下的明清鼎革》（上海古籍出版社，2022 年）、赵毅和崔达的《明清鼎革之际琉球对外邦交在南明与清之间的艰难抉择》（《西南大学学报（社会科学版）》2022 年第 6 期）、王学深的《清代乾隆朝全魁册封琉球事略——以博明绘〈沧溟槎使图〉为中心》（《美术学报》2022 年第 3 期）、孙晴的《嘉庆朝中琉交往之琉球朝贡》（《兰台内外》2022 年第 32 期）等。

其中，陈波的《东亚视域下的明清鼎革》从东亚视域探究了"明清鼎革"的国际影响。文章试图"以《华夷变态》的记载为中心，结合中国、朝鲜与琉球史料，追寻这种异域文献所呈现的'华夷变态'与中国文献所谓'明清鼎革'两者之间的差异，以及这种历史叙事的差异之所以发生的思想史历程"。

赵毅和崔达的《明清鼎革之际琉球对外邦交在南明与清之间的艰难抉

择》一文论述了明清鼎革之际琉球对外交往抉择问题。文章认为，"琉球作为故明藩属国，面临效忠宗主国的抉择，效忠南明，看似是出于延续同明朝的宗藩关系，但背后却有白丝贸易的利益需求"。清以半强制的方式与琉球确立宗藩关系，作者指出，"琉球的抉择过程几乎是其在东亚外交中的缩影：先小心试探，以国家利益为先，企图像以往一般在旋涡中摇摆，左右逢源。但因国小而力微、不得不随时俯仰，被迫决断"。

王学深的《清代乾隆朝全魁册封琉球事略——以博明绘〈沧溟槎使图〉为中心》一文以博明所绘的《沧溟槎使图》为例，探讨了清代乾隆朝全魁册封琉球的历史事件。文章从绘画史角度对使臣的着装进行分析，认为"册封正使全魁身着一品麒麟服正襟端坐，凸显了清朝作为宗主国所派'天使'的威严形象"。

孙晴的《嘉庆朝中琉交往之琉球朝贡》一文以嘉庆朝琉球朝贡为特定研究对象展开论述。文章认为，"从整体看，嘉庆朝中琉关系更多的是以封贡关系中的'贡'，即朝贡关系为主，且它更加贴近百姓的生活"。

此外，学界还有其他方面涉及琉球的研究，如：林祎阳和赖正维的《明代琉球暹罗通商考叙——以〈历代宝案〉为中心》（《洛阳师范学院学报》2022 年第 1 期）、塔娜的《和刻本〈中山传信录〉述论》（《黔南民族师范学院学报》2022 年第 3 期）、刘师恺和赖正维的《蔡世昌与琉球教育改革》（《洛阳师范学院学报》2022 年第 4 期）、陈晴的《福州怡山院与清代琉球册封使团的海神信仰》（《福建史志》2022 年第 3 期）等。

丰臣秀吉发动的侵朝战争是晚明东亚政治关系史中的大事件。2022 年多篇文章涉及该专题，如：张洋洋的《壬辰战争时期明朝境内屯田之策研究——以山东、辽东、天津三地为中心》（《农业考古》2022 年第 6 期）、刘永连和高楠的《壬辰战争时期朝鲜王廷对明日封贡议和的反应——以通信使黄慎的遣出为中心》（《北华大学学报（社会科学版）》2022 年第 4 期）、刘晓东的《万历壬辰战争和谈中的朝日交涉——以朝鲜义僧惟政与加藤清正的接触为中心》(《山西大学学报(哲学社会科学版)》2022年第1期)、邢丽娜的《明朝万历朝鲜战争中的孙鑛研究》(山东大学,2022年)、董建民的《〈明史·河渠志〉"海运"辨正一则——兼论壬辰战争中山东粮草海运成效》(《历史教学(下半月刊)》2022年第7期)、董建民的《壬辰战争中明朝的粮草海运开通考》(《历史档案》2022年第2期)、刘永连的《再论影响万历援朝大举出兵的关键因素》(《暨南学报(哲学社会科学版)》2022年第6期)等。

其中,张洋洋的《壬辰战争时期明朝境内屯田之策研究——以山东、辽东、天津三地为中心》一文围绕壬辰战争时期明朝在山东、辽东、天津三地进行屯田之策展开探究。文章认为,由于派兵运饷救援朝鲜决定加重了山东、辽东、天津三地军粮供应负担,因此明廷官员向朝廷提议在战时军事危机状况下实行屯田政策。

刘永连、高楠的《壬辰战争时期朝鲜王廷对明日封贡议和的反应——以通信使黄慎的遣出为中心》一文以通信使黄慎为中心进行论述。文章认为,明廷派遣出册封使出使日本"封贡"遭到朝鲜"极其厌恶,对遣使参与议和的提议更是强烈反对",但是,议和失败后,朝鲜则积极"遣使赴明请兵,积极备战"。文章进一步指出,朝鲜在这期间的反应实际上是,在"'自我中心'思潮影响下,朝鲜王廷诸多心理、举措与'事大'传统的冲突,又反映出军事受挫情况下,朝鲜在面对日本时更为强调自身文化优越性的心态"。

刘晓东的《万历壬辰战争和谈中的朝日交涉——以朝鲜义僧惟政与加藤清正的接触为中心》一文围绕朝鲜义僧惟政与加藤清正展开讨论。文章指出,朝鲜与日本的这次外交接触虽然没有取得成效,导致和谈失败,但是,其为后来双方"邻交"关系的恢复埋下了伏笔。

邢丽娜的《明朝万历朝鲜战争中的孙鑛研究》一文分析了万历朝鲜战争中孙鑛的活动轨迹。文章指出,万历二十二年(1594)六月,孙鑛任御倭经略，直接参与明、日议和。但是他"通过多方面侦探倭情，对册封事宜提出质疑并表示反对"，但被明廷忽视。文章认为，虽然孙鑛是蓟辽总督经略朝鲜，但其"始终处于被怀疑和受牵制的尴尬境况中"。日本再次入犯朝鲜后，孙鑛因明廷"内部针对封贡失败罪责的勘定进行了激烈的政治斗争和角力"而被革职。孙鑛在朝鲜的形象又因与"孙鑛缺乏直接有效的沟通，加之在议和立场上的相左以及明、鲜信任危机的推动，与孙鑛的关系日益紧张，双方间的裂痕日渐增深，最终导致孙鑛在朝鲜社会各层记述中多以负面形象出现"。

董建民的《〈明史·河渠志〉"海运"辨正一则——兼论壬辰战争中山东粮草海运成效》一文讨论了壬辰战争中山东粮草海运成效问题。文章指出，明朝通过山东粮草海运至朝鲜，为战胜日本提供重要物资保障，但"清官修《明史》时，出于现实政治的需要，在相关内容的历史书写上加以否定"。作者认为，"粮草海运工作，不仅表明了明朝自始至终对于域外战争后勤供应的高度重视，而且彰显了明朝对于保障朝鲜安全的决心"。

刘永连的《再论影响万历援朝大举出兵的关键因素》一文对明朝万历援助朝鲜关键因素进行了分析。作者不赞同"中韩学界多将郑崑寿请兵视为促成明朝大举出兵的主要和直接原因"，而是认为"明廷的军事行动主要是根据对朝鲜倭情的掌握程度和出兵准备的进度而开展的"。

此外，吴东铭的《为万历抗倭援朝明军将士正名——孙卫国著〈"再造藩邦"之师：万历抗倭援朝明军将士群体研究〉评介》（《史学月刊》2022年第10期）一文评介了《"再造藩邦"之师：万历抗倭援朝明军将士群体研究》一书。文章认为，作者"以明军主要将领为研究线索，将明军战绩、重大战役、基本问题、历史脉络等熔于一炉，彰显明军将士的主导作用，肯定东征将士的历史功绩"。文章还进一步指出，该书"驳斥外国学者的谬论，增强中国学界的话语权"。

赵庆伟和陈敬阳的《从"华夷之限"到"捍卫中华"——〈皇华集〉所

载壬辰战争前后鸭绿江意象文化内涵的变迁》（《延边大学学报（社会科学版）》2022 年第 6 期）一文以《皇华集》记载壬辰战争前后鸭绿江意象文化内涵变迁进行论述。文章认为，"鸭绿江意象的文化内涵在壬辰战争前后发生了重要转变，即由普遍观念的'华夷之限'转变为'捍卫中华'的重要藩屏，由两国使节私人友情的见证转变为两国人民集体记忆中的国家友谊象征"。

（三）人员往来与国族间认知研究

2022 年研究古代东海航线人员往来的成果比较丰富，相关论文内容涉及东亚区域移民活动以及商人和僧人的往来。其中，古代中朝人员往来相关成果如下：

徐琦的《宋商的常时性来往——评李镇汉〈高丽时代宋商往来研究〉》（《赤峰学院学报（汉文哲学社会科学版）》2022 年第 9 期）是对李镇汉新著《高丽时代宋商往来研究》的书评。文章认为，该书突破了以往学界对"宋商往来问题"的研究范式，"展示了宋与高丽活跃的贸易往来，有利于推动学界从新视角看待宋丽贸易"。

王晶瑾和李官福的《朝鲜高丽朝文人元天锡汉诗的佛禅因缘》（《东疆学刊》2022 年第 1 期）一文主要论述了高丽朝末期隐逸文人元天锡的汉诗。文章认为，元天锡汉诗表达了"诉诸佛禅的心灵疗愈"。

尹铉哲和王寒的《高丽朝使臣与元朝名士之交流》（《东疆学刊》2022 年第 3 期）一文探讨了高丽朝使臣与元朝名士之交流。作者指出，元朝名士与高丽使臣之间进行"唱和交流"展示了两国文人之间的风采。

杨昕的《明代中朝使臣对异国的文化认知与体察初探——以"皇华集"与"朝天录"为中心》（《东疆学刊》2022 年第 1 期）一文围绕《皇华集》与《朝天录》两部文学著作展开论述。文章认为，两部文集透露出了中朝两国文人对"箕子、伯夷、叔齐等共同文化符号的文化认知和体察"，是有明一代中朝两国"彼此进行文化认知和体察的概貌"。

蒲媛希的《嘉靖时期漂流至朝鲜半岛的"荒唐船"研究（1522—

1566）》（暨南大学硕士学位论文，2022 年）一文论述了嘉靖时期漂流至朝鲜半岛的"荒唐船"事件。文章指出，虽然明朝嘉靖时期朝廷实行海禁政策，但是在巨大利益影响下，仍有大量"沿海百姓违禁下海"，导致漂流事件频频发生。作者将嘉靖时期朝鲜官府应对"荒唐船"事件分为"前期（1522—1544）、过渡期（1545—1551）、后期（1552—1566）三个时间段"。文章认为，朝鲜在处理与应对"荒唐船"漂流事件中态度发生巨大转变，从"开始优待并送还漂流明人，到禁止'荒唐船'停泊，禁止船员上岸的'勿使下陆'政策"，体现出朝鲜"对外政策由'事大至诚'到'事大'与'交邻'并行转变"。

贾艳的《试论燕行使臣对中朝文化交流的贡献》（《哈尔滨学院学报》2022 年第 7 期）一文论述了燕行使臣对中朝文化交流的贡献。文章认为，燕行使臣贡献主要有三点："政治上巩固了两国的宗藩关系；经济上促进了两国物质文化交流；思想文化上促进了汉文化的传播。"

王敏雁的《18 世纪朝鲜使臣文学中"物记录"与丝路文化传播》（《天津外国语大学学报》2022 年第 3 期）一文论述了 18 世纪朝鲜使臣文学中"物记录"与丝路文化传播。文中指出，这些朝鲜使臣文学中记录农学知识，不仅沿袭了"中国文学中的'名物学'传统"，还将中国农学知识引入，对"朝鲜农业社会产生影响"。文章认为，18 世纪朝鲜使臣文学中"物记录"内容"拓展了丝绸之路的传播路径，记录了丝路文化的东亚流变，进而丰富了丝路东线文学中的物质文化多样性"。

李玉会的《从"诗史"到"赋史"：朝鲜文人赵彭年纪行赋的国事书写》（《外国文学评论》2022 年第 4 期）一文论述了朝鲜文人赵彭年纪行赋的国事书写。文章认为，文人赵彭年创作的《龙湾述怀赋》和《南归赋》具有"赋史"意识与特征，并进一步指出，赵氏"在承袭中国纪行赋书写范式的同时又有所创变：叙事视角由追怀历史遗迹转变为记录国家时事"。

赵亚军的《清代朝鲜"仁祖辨诬"与明臣袁可立形象的书写》（《烟台

大学学报（哲学社会科学版）》2022 年第 2 期）一文以清代朝鲜"仁祖辨诬"为背景，探究明臣袁可立在清廷与朝鲜的不同形象。文章认为，"朝鲜君臣对仁祖请封过程中袁可立的重要助力作用有着清晰的认识，但在辨诬时却对其进行重点抨击。在辨诬过程中，朝鲜为达到目的多次向清朝提及袁可立，进而影响到清代关于袁可立的历史书写"。

古代中日之间佛教交流密切，论述僧侣往来的相关论文有四篇：其一为李怡文的《九世纪中后期中日间的僧商互动——以〈风藻馀言集〉与"唐人书简"为中心》（《海交史研究》2022 年第 5 期），该文以《风藻馀言集》为中心，论述了 9 世纪中后期中日之间的僧商互动。文章认为，表面上看是僧侣求助于海商，但是，实际上是海商看重僧侣所处的佛教网络能够为其带来巨大的商业利益。其二是黄艺娜和连晨曦的《隐元禅师东渡弘法成功原因及其影响》（《福建技术师范学院学报》2022 年第 6 期），该文考察了隐元禅师东渡日本弘法成功的因缘及影响。文章认为，"黄檗文化东传是近世中日文化交流史的缩影"。其三为陈文庆的《隐元隆琦与郑成功关系新证——基于相关资料的史源学考察》（《福州大学学报（哲学社会科学版）》2022 年第 3 期），该文从史源学视角论述了隐元隆琦与郑成功的关系。首先，讨论了阮旻锡《海上见闻录》中记载隐元东渡一事与张光启赴日借兵，认为是"孤例"，不能直接说明隐元隆琦与郑成功的关系。其次，利用日本黄檗山所藏佚名《得侍法教帖》和两种《隐元年谱》等三种文献进行考证，指出"隐元厦门之行，除借船东渡外，另一重要目的在会晤郑成功"。其四是余涵馨、吴佩秀和薛慧慧的《唐宋时期明州地区中日僧侣交流活动探究》（《名作欣赏》2022 年第 17 期），该文探究了唐宋时期明州中日僧侣之间的交往。文章指出，"明州作为海路主要港口，见证了中日僧侣的友好交流"。

其他论及古代中日人员往来的论文有：牛震宇的《明日朝贡贸易视域下的宋素卿及其结局》（《史学月刊》2022 年第 7 期）一文围绕"宁波争贡"事件进行分析。与传统看法不同，文章认为宋素卿"瘐死狱中"。王振忠的

《18 世纪唐通事眼中的中日贸易与长崎社会——新见抄本〈琼浦闲谈〉研究》（《学术月刊》2022 年第 5 期）一文以《琼浦闲谈》为新史料，探究了18 世纪唐通事眼中中日贸易与长崎社会。文中通过解读《琼浦闲谈》，认为活跃于长崎福州府属人群不仅将"中国各类信仰崇拜移植日本"，还借用"日本神明"使"江户时代在长崎的不同人群之信仰彼此交融"。

徐东日的《明清中朝文士的京都书写与中国京城文化的异域流转》（《外国文学评论》2022 年第 4 期）一文阐述了日本京都给明清中朝文士的不同体验。文章认为，京都深受"唐长安建筑文化、中华风水理论影响"，因此，明清中朝文士"对母国都城的文化自觉"，并"依据各自接受的汉文化标准对日本京都进行了审美评价"。

论述古代中琉人员往来的论文有：王学深的《清代乾隆朝全魁册封琉球事略——以博明绘〈沧溟槎使图〉为中心》（《美术学报》2022 年第 3 期）一文剖析了乾隆二十一年（1756 年），清廷派遣全魁和周煌充任册封正副使，前往琉球行册封礼。文章以博明所绘的《沧溟槎使图》为线索探究乾隆朝册封琉球史实，探析册封使服饰规制，以及考辨画内琉球官员身份等级，为学界进一步研究清朝时期的中琉关系奠定基础。陈小法和王珂的《琉球使者魏学源的中国观察——以〈福建进京水陆路程〉为中心》（《东疆学刊》2022 年第 4 期）一文以《福建进京水陆路程》为中心，论述了琉球使者魏学源在道光十八年（1838 年）至十九年往返京闽两地的行程路线及沿途见闻的汉文献。文章指出，魏氏出于国家利益考量，在《福建进京水陆路程》的记述中采取"虚实掺杂"的手法，凸显了魏氏"反抗萨摩强权、维护国家主权方面的外交智慧"。

此外，付马的《航海家亦黑迷失的母语誓愿——泉州〈一百大寺看经记〉碑上的回鹘文题记》（《海交史研究》2022 年第 3 期）一文对元代航海家亦黑迷失在泉州所立的《一百大寺看经记》碑上的两行回鹘文题记进行了校录。刘洛君的《13—15 世纪欧洲行旅记游中的中国江南形象》（江南大学硕士学位论文，2022 年）一文探究了 13—15 世纪欧洲行旅记游中的中国江南形象。文中强调，"13—15 世纪的中国和欧洲不再是孤立的个体，而是文化融合碰撞浪潮中不断交流的共同体"，从"马可·波罗、鄂多立克、马黎诺里为代表的欧洲游历者以眼观景、以笔记事、以心悟情"论述了江南形象。文章在第二章中"从自然风光、建筑景观、风土人情等多重角度，展现13—15 世纪欧洲游历者眼中的江南形象图谱"。强调"游历者刻画的众生群像与对小人物的关注、浓墨书写江南贸易衍生下的繁盛之景，以及洞悉江南流行风尚，共同构成'安乐'江南形象"。文章认为，13—15 世纪欧洲游历者"不仅塑造出'乌托邦化'的中国形象，而且打开了以'他者'视野反省和完善自身文化的新世界"。文章还指出，"江南是中国的重要组成，是中西对话的中介，江南形象塑造与中国形象构筑互为观照，江南形象体系在历史流动中生成，在多维度的审视中凸显在中国和世界形象版图之中"。

四、海洋信仰研究

海上丝绸之路东海航线海洋信仰研究方面，妈祖研究仍旧是学术界关注的焦点。2022 年有关妈祖研究取得新进展，代表性论文包括：徐以骅和盖含悦的《妈祖信仰的海外传播与中日人文交流考论》（《福州大学学报（哲学社会科学版）》2022 年第 2 期）、钟建华的《明清时期妈祖信仰在琉球的传播与式微》（《八桂侨刊》2022 年第 1 期）、吴可的《妈祖信仰在高丽和朝鲜王朝的传播》（延边大学，2022 年）、何振良和范正义的《泉州天后宫的历史嬗变与文物价值研究》（《南方文物》2022 年第 3 期）、林明太和连晨曦的《妈祖文化在韩国的传播与发展》（《莆田学院学报》2022 年第 6 期）、林晶的《明清时期妈祖文化在琉球的传播与接受》（《云南师范大学学报（哲学社会科学版)》）、刘育民的《泉州天后宫：一座承载历史与妈祖海外传播的宫庙》（《文物鉴定与鉴赏》2022 年第 24 期）、刘芳羽的《从清代妈祖档案看妈祖庙

的兴建及特点》（《兰台内外》2022 年第 36 期）、陈晴的《福州怡山院与清代
琉球册封使团的海神信仰》（《福建史志》2022 年第 3 期）等。

其中，徐以骅和盖含悦在《妈祖信仰的海外传播与中日人文交流考论》
一文中指出，妈祖信仰自明代传入日本后，"逐渐形成华侨群体的文化记忆
和信仰实践，并在部分地区经本土化而进入日本神道系统"。但是，"18 世
纪以来日本的妈祖信仰的社会基础因当地政治环境变化曾一度式微"，直到
20 世纪末期，妈祖信仰 "凭借海洋记忆和实用价值得以复苏并成为中日人
文交流的载体之一"。钟建华在《明清时期妈祖信仰在琉球的传播与式微》
一文中论述，是日本吞并琉球后，导致 "琉球妈祖信仰衰弱"。

吴可的《妈祖信仰在高丽和朝鲜王朝的传播》一文重点探讨妈祖信仰
在高丽和朝鲜王朝时期向朝鲜半岛的传播及表现。文章指出，妈祖信仰经过
中国历代朝廷册封，成为官方信仰。随着中国与朝鲜半岛交流日益紧密，
"妈祖信仰也开始向海外传播"。在第二章中论述了高丽时期妈祖信仰在朝
鲜半岛的传播。文中指出，忠烈王时期妈祖信仰是 "高丽王朝祭祀以妈祖为
中心的三圣，将三圣奉为主导水路祸福的保护神。高丽末期，以郑梦周为代
表的高丽使臣多次出使明朝，途经登州，经过庙岛妈祖庙，受妈祖文化的熏
陶，使臣们接受了妈祖信仰并信奉妈祖"。在第三章中，主要论述了朝鲜王
朝时期妈祖信仰在朝鲜半岛的传播，文中指出，"朝鲜王朝继承了对三圣的
祭祀，将以妈祖为中心的三圣奉为医药神和降雨神，妈祖信仰在朝鲜王朝得
到了极大的关注"。文章在总结中指出，"妈祖信仰传播到高丽和朝鲜王朝，
作为海洋保护神、医药神、降雨神得到了高丽和朝鲜王朝国家层面的祭祀，
在出使路上作为海神被高丽和朝鲜王朝使臣祭祀，是出使群体共同的信仰"。

何振良和范正义的《泉州天后宫的历史嬗变与文物价值研究》一文主
要考察了泉州天后宫的历史嬗变与文物价值。文章认为，"明清时期天后宫
在拓建、重修中刻意维持了元明时代的建筑规制和风格，使得泉州天后宫作
为文物具有了真实性的特点"。文章还认为，泉州天后宫 "作为文物具有了

人民性的特点。"

林明太和连晨曦的《妈祖文化在韩国的传播与发展》一文对妈祖文化在韩国的传播现状进行了分析。同时，对当前加强中韩妈祖文化传播交流提出对策与建议。

林晶的《明清时期妈祖文化在琉球的传播与接受》一文详细论述了明清时期妈祖文化在琉球的传播与接受。文中指出，琉球通过积极采取"创建下天妃宫、共建天后宫、推动祭典的制度化"等措施，保持"对华夷秩序的向心力，更树立起强大的文化自信"。

此外，刘育民的《泉州天后宫：一座承载历史与妈祖海外传播的宫庙》一文论述了泉州天后宫在对外传播妈祖文化中的作用。刘芳羽的《从清代妈祖档案看妈祖庙的兴建及特点》一文则是剖析了清代妈祖庙兴建特征，认为清廷的措施有助于"妈祖信仰的推崇"。陈晴的《福州怡山院与清代琉球册封使团的海神信仰》一文阐述了清代福州怡山院在清代琉球册封使团的谕祭活动中的重要作用。

综上所述，通过对 2022 年海上丝绸之路东海航线研究梳理可知，本年度学界研究动态主要集中在东亚各国之间海上交通、航海贸易、文化交流、人员往来等诸多层面。其中，古代东亚航海贸易、跨海文化交流一直都是东亚海上丝绸之路东海航线重点研究对象，这两个专题板块可以连接东亚书籍之路、瓷器之路、茶叶之路等研究维度。研究者们不仅持续开辟新的研究领域，而且不断纠正先前研究存在的不足。总之，2022 年我国学界在海上丝绸之路东海航线研究领域取得的新成果，进一步丰富了海上丝绸之路学的认知体系。

（本章作者：金城，淮南师范学院马克思主义学院讲师；刘恒武，宁波大学人文与传媒学院教授）

第三章　海上丝绸之路南海航线研究

海上丝绸之路是全球交往互通的一个重要典范。海上丝绸之路南海航线的开辟与发展，促进了中国与东南亚、西亚及非洲各地的交流。自海上丝绸之路南海航线兴起以来，对沿线国家历史和中外交流进行研究的学者不乏其人，逐步勾勒出中国与其沿线国家交流的轨迹。2022 年海上丝绸之路南海航线研究继续呈现蓬勃发展态势，本年度国内学界的研究更加深入，其成果主要集中于港口、航路、船舶及航海研究，航海贸易、海洋行政研究，文化交流、政治关系与人员往来研究等方面。下面将具体介绍 2022 年的研究情况。

一、港口、航路、船舶及航海研究

（一）港口研究

2022 年有关海上丝绸之路南海航线港口研究成果，一方面是以上海、广州、泉州等国内港口的历史考察为主，另一方面还关注包括中国通往爪哇、印度洋和非洲等航线的重要港口的历史研究，这也体现了 2022 年海上丝绸之路南海航线港口研究成果的新热点。在唐朝后期出现了新的远洋航线，而自魏晋时期就已出现的"循海岸水行"航线继续作为重要贸易线路发挥着作用，于是创设于盛唐时期的上海青龙镇港发展受益于经济变迁和航路变迁，成为海上丝路重要的中转贸易枢纽港口。"青龙镇设镇于天宝年间，兴起于唐代，极盛于宋代，在南宋衰落；上海镇出现于南宋，于元代兴起为县城。"唐宋青龙镇港口与陶瓷贸易的关系被予以高度重视。张晓东的《从海上陶瓷之路变迁看唐宋青龙镇港口的兴衰》(《史林》2022 年第 3 期) 一文对海上陶瓷之路及其变迁影响下的青龙镇港口发展做了专门著述。文章认为，"在唐代，长江流域和钱塘江流域名窑生产的瓷器通过中转贸易借助青龙镇港向国外不同地区出口，中转贸易的外销辐射范围远至东北亚和印度洋周边"。青龙镇和古代上海地区在中外贸易中的地位被大大提升。在唐代沿海开展的中转贸易活动依赖魏晋时期出现的"循海岸水行"航线，青龙镇在海上贸易中的枢纽作用也得益于这条航线。在唐五代，长江流域和闽江流域名窑生产的瓷器通过中转贸易线路，借助青龙镇港和其他港口中转后向国内外不同地区出口，"既沿海岸线北上中原，甚至深入北方草原，同时外销辐射范围也远至东北亚和印度洋周边"。通过与中转贸易的结合，青龙镇不仅在中外丝路贸易中，也在南北交流中占有重要的枢纽地位。宋代青龙镇仍是长江下游和浙闽地区瓷器的中转贸易要地，出口外销远至东北亚和印度洋各地。"青龙镇在国内外陶瓷贸易网中的中转港作用是古代上海在海上丝绸之路上占有一席之地的重要表现。"

广州是一座历史文化名城，也是著名的港口城市。广州港开发较早，自秦汉开始，其地缘中心地位及独特的地理环境，尤其是其鲜明的海洋属性，使其成为周边国家商船前来中国贸易必先到达的港口。薛正昌的《唐代海上丝绸之路与广州港口》(《石河子大学学报 (哲学社会科学版)》2022 年第 5 期) 一文认为，唐代广州港已发展成为第一大港口，承载着海上丝绸之路瓷器、香料等大宗商品贸易。随着中国造船术、航海技术的发展，广州与朝鲜半岛、日本群岛、东南亚各国海上丝路商贸活动十分兴盛。市舶司的设置，使广州建立了其与海外更为广泛的联系，当时，"印度洋、南洋和波斯湾地区定期往返于中国的航线大都集中于广州港"。广州港口中外商船云集，彰显了唐代广州港商贸的繁荣程度。"唐代后期，各国商人聚集广州，蕃坊成为外国商人的居住区。大食、波斯兵围攻广州城，黄巢协助政府平叛，这一事件间接表明广州已成为国际性港口城市，折射的是广州港海路商贸的繁荣景象。"

广州港也是我国古代陶瓷出口的主要商港，齐皓的《广州港，"海上陶瓷之路"的文化变迁》（《兰台内外》2022年第22期）一文以特定的视角，梳理我国古代广州港"海上陶瓷之路"文化变迁的发展脉络，分析了广州港"海上陶瓷之路"的瓷器、瓷业和地位。文章认为，"广州作为'海上陶瓷之路'的重要发祥地，具有起始年代早、时代跨度大、类型和数量丰富等特点。在清代之前两千多年的时间里，广州港陶瓷贸易长盛不衰"。广州港"海上陶瓷之路"也是"一带一路"建设研究的重要课题。文章认为，"21世纪广州港'陶瓷之路'的复兴，是'一带一路'倡议实践和粤港澳大湾区建设的现实所需。广州港'陶瓷之路'在新的时代和新的世界空间必将有更大作为"。

作为宋元时期最有包容力的城市之一，泉州不仅具有因自身地理位置而产生的独具特色的闽南文化，还有因对外贸易发达而遗留的外来文明。波斯、印度、锡兰乃至非洲一些国家的人在此会聚、交流。2021年7月25日，我国世界遗产提名项目——"泉州：宋元中国的世界海洋商贸中心"顺利通过联合国教科文组织第44届世界遗产大会审议，被成功列入《世界遗产名录》，至此，我国世界遗产总数升至56项。王秋燕的《宋元泉州历史文化遗产"年轻化"传播路径研究》（《三明学院学报》2022年第4期）一文认为，"历史文化遗产是一个地区传统文明的重要载体，传递着当地的文化信息和人文价值观，是当代经济和社会发展的重要资源"。但其厚重的历史属性有时候也会令游客却步，各地应当因应年轻人对"美、趣、潮"的心理需求，以"轻阅读"的方式吸引游客。具体而言，"可以通过传播内容和传播方式两方面达成：在传播内容上，挖掘历史文化遗产中的'异质文化'及穿越时空的'共同情感'；在传播方式上，致力于文化遗产的视觉化呈现、异质内容的场景化体验及历史文化的现代化传播"。

伊朗德黑兰大学历史系穆罕默德·巴格尔·乌苏吉教授的新著《波斯湾航海家在中国港口的遗迹：广州、泉州、杭州》于 2020 年 7 月由四川人民出版社出版。该书从中国汉朝张骞通西域抵达安息，中伊两国开始直接文化交流写起，以"海上丝绸之路"为线索，详细描述了伊朗安息王朝时期（前 250—224 年）、萨珊王朝时期（226—651 年）、伊斯兰早期（651—750 年）、阿拉伯阿拔斯王朝时期（750—1258 年）以及中国宋元时期，波斯湾航海家在中国广州、泉州、杭州港口的遗迹，论述了伊朗航海家来华贸易而带来的中伊两国文化交流状况。马娟的《7—15 世纪伊朗与中国的海上交往——穆罕默德·巴格尔·乌苏吉〈波斯湾航海家在中国港口的遗迹：广州、泉州、杭州〉评介》（《丝路文明》2022 年第 1 期）一文认为，该著作图文并茂，呈现了各个时期来华的伊朗人在广州、泉州、杭州这三大港口城市遗留至今的文化遗迹和文物状况，是了解中古时期"海上丝绸之路"带动亚洲西部与东部经济文化交流的重要学术著作，具有十分重要的学术价值。

朱彧，字无惑，北宋乌程人（今浙江吴兴），具体生卒年不详。其于徽宗宣和年间（1119—1125 年）所撰《萍洲可谈》记载了北宋时期的士风民俗、朝章国典及轶闻趣事。薛桂荣的《试论海陵岛在宋代海上丝绸之路的特殊地位——从朱彧〈萍洲可谈〉说起》（《广东经济》2022 年第 8 期）一文通过研究宋代笔记朱彧的《萍洲可谈》，结合相关历史文献资料综合考察，得出初步结论："在宋代海上丝绸之路上，海陵岛是官方巡检机构所在地，是海洋贸易中转口岸、商船后勤补给站和中央政府实施武装护航的军事基地，它在宋代海外贸易发展中起着十分重要的作用。"文章进一步进行分析，从唐至宋，在多重有利因素的共同作用下，广东海外贸易持续发展，并臻于鼎盛。"广州通夷海道"在宋时向更远处延伸，并且有新的航线开辟。作为广南东路唯一由中央政府直接控制的海上丝绸之路的起点和终点，广州港一直处于主导地位。"在当时的技术条件下，中外远航商船并不是像现在的远洋航运一样能直接抵达目的地。在漫长的航程中，它们需要在一些外围港口停靠。扼守古代南海航线要冲的阳江海陵岛，是这条长链中的重要一环。"此外，"明朝时也在海陵岛设巡检司驻军，这是沿袭宋朝的做法"。由于海陵岛扼守海上丝绸之路航线，具有十分重要的战略地位，因此宋朝把这里作为一个军事护航的基地来经营。

宋朝疆域不如汉唐时期广阔，发展陆上丝绸之路存在困难，海上丝绸之路对外贸易则相应得到了重视。廉州地处西南沿海地带，随着宋朝统治者对海外贸易重视程度的增加及航海技术的进步，廉州在宋代的海上丝绸之路对外经济交流中得到了良好的发展机遇。唐子豪和茹裕聪的《宋代廉州与东南亚国家之间的贸易往来》（《中国港口》2022 年 S1 期）一文以《诸蕃志》《岭外代答》等文献为中心，分析了宋代廉州与东南亚国家之间的贸易往来。"宋代廉州海上丝绸之路对外贸易得到进一步发展，主要得益于造船业的发展、航海技术的进步、统治者对于海外贸易的重视以及廉州本身的港口区位条件。但由于受到广州、泉州、温州等大港口发展的影响，宋代海上丝绸之路对外贸易中，廉州主要依靠的还是地理便利的优势吸引到交趾、占城、真腊等东南亚国家。"与这些东南亚国家进行贸易往来和人文交流，"不仅带动了廉州当地的社会经济发展，也使得廉州海上丝绸之路对外贸易在宋代进入新的发展阶段"。

汪大渊在《岛夷志略》中多次提到"处州青瓷""处州瓷器"等概念，这是因为古代龙泉被处州（今丽水）管辖。"在丝绸之路沿线分布于西亚、非洲、东南亚的几十个国家中，处州瓷器具有高度的认可性。实际上，处州因为地处浙西南，成为物质产地、物资供应地，对温州、宁波等地进行直接的海上贸易供应。港口的造船优势与处州的物资优势相得益彰，成为海上丝绸之路重要节点。"王伟和任婉丽的《起点刍议：处州在海上丝绸之路中的地位》（《文物鉴定与鉴赏》2022 年第 8 期）一文认为丽水是海上丝绸之路的重要起始地，"如若把青瓷作为海上丝绸之路的重要贸易指代，那么处州（今丽水）在海上丝绸之路中无疑扮演了重要的角色"。此外，文章还对起始地之争进行了分析，"在考察海上丝绸之路的时候，需要明确港口的时代性与功能性，更要明确起点与港口实际上的区别。泉州港、明州港能够后来者居上，是时代赋予它们的机遇，但从历史视角的概念阐释上来看，起始地之争实际上是文化遗产之争，体现出文化的认同感"。

西汉合浦郡包括合浦、徐闻、高凉、临允、朱庐五县，而合浦县境包括今广西横县（南部）、容县、玉林、博白、北流、陆川、钦州、灵山、浦北、合浦、北海市区，总面积 33200 多平方千米。由于合浦县海上交通极为发达，因此汉朝的使者和商船大都经由合浦出洋，外国使者和商人亦由此登陆，合浦遂成为"海上丝绸之路"的始发港之一，见证了中国"海上丝绸之路"的兴衰，留下了众多的历史遗迹，如合浦汉墓群、大浪古城遗址、草鞋村遗址等。刘丹和梁保明的《北海"海上丝绸之路"史迹的文化内涵研究》（《东方收藏》2022 年第 4 期）一文通过对包括合浦县在内北海的这些史迹的梳理，剖析其文化内涵，并探讨了北海结合"海上丝绸之路"史迹开发文化旅游资源的对策。文章认为，北海既有得天独厚的地理位置，又有厚重的"海上丝绸之路"文化底蕴，这就为北海开发"海上丝绸之路"文化旅游项目奠定了基础。文章建议，北海可以从改造合浦汉代文化博物馆入手，打造以海上丝绸之路为主题的公园、文化旅游节、观光旅游项目以及特色民宿等，提升北海作为旅游城市的影响力和吸引力。

中原王朝对南方边疆的经营可追溯至秦代。关于这一时期南方丝绸之路上的城镇建设与商业贸易往来，由于资料零散等原因，专文研究较少。方铁的《汉晋时期南方丝绸之路上的城镇与商业贸易》（《云南民族大学学报（哲学社会科学版）》2022 年第 4 期）一文认为汉晋是南方丝绸之路正式开通及运作活跃的时期。随着南方丝绸之路的开通，西南边疆与内地、中南半岛的商贸、文化的交流得到较快的发展，出现了繁荣的局面。"南方丝绸之路包括两条路线，一条自成都经五尺道、灵关道进入云南，经蜀身毒道至今缅甸、印度及其以西地区。另一条由成都经五尺道进入云南，沿交趾道达今越南北部，前行由北部湾出海"。汉晋时期南方丝绸之路的开通与运作，推动了道路沿线城镇的建设，促进了内地与西南边疆等地区间的商业贸易活动。

勾栏山是元明时期中国通往爪哇航线上最重要的地点之一，学者通常认为其即今加里曼丹岛西南的格兰岛。自 2009 年起，印度尼西亚南加里曼丹考古中心的研究团队对西加里曼丹省北加荣县（Kabupaten Kayong Utara）所属的马亚—卡里马塔群岛（Maya–Karimata Islands）及苏卡达纳（Sukadana）海岸的古代遗迹进行了初步调查与研究。其中，调查人员于 2010 年在卡里马塔群岛第二大岛塞鲁图岛（Serutu Island）南部沿海地区砂岩上发现的两处汉文石刻表明，塞鲁图岛才是勾栏山所在。梁文力的《元明爪哇航路上的勾栏山新探》（《历史地理研究》2022 年第 4 期）一文以先进星载热发射和反射辐射成像仪全球数字高程模型提供的高程数据为基础，利用 ArcMap 等软件生成反映格兰岛、塞鲁图岛及周边区域海陆地形的等值线图，并与传世文献中对勾栏山附近山形水势的记述进行对比，判断目标地点是否为勾栏山所在。文章认为，"在印度尼西亚新发现的汉文石刻表明，塞鲁图岛才是勾栏山所在。对比地理遥感数据和传世文献，文献中关于勾栏山附近山形水势的记载与塞鲁图岛及其周边的地理环境基本一致，与格兰岛则大相径庭"。此外，文章指出，自爪哇岛经卡里马塔群岛来华的航线在宋代很可能既已存在。文章还分析了元明时期勾栏山兴衰之由，"元朝用兵爪哇间接促成了勾栏山在元末明初的兴盛，而明朝海禁政策及岛上动物资源枯竭可能是导致该岛在明中叶以后地位下降的重要原因"。

奎隆港口（Kollam Port）位于印度半岛西南沿海，是喀拉拉邦（Kerala）

奎隆市（Kollam）管辖的一处海运港口，其地处中国到中东、非洲的远洋航线上，从古至今是环西印度贸易圈的主要港口之一，在中国两宋以来的文献中均有记载，对于研究中西古代交流史具有重要的价值。故宫博物院自 2013 年开始与印度喀拉拉邦历史研究委员会（Kerala Council for Historical Research）在历史、考古和文化遗产保护等方面开展全面合作，该项合作被列入 2013 年签署的《中华人民共和国政府和印度共和国政府文化合作协定 2013 年至 2015 年执行计划》。双方在 2014—2015 年组成联合考古队，对奎隆港口遗址（Kollam Port Site）进行了初步的区域考古调查，并对港口改造工程中出土的部分古代遗物进行了整理。冀洛源、王光尧、帕拉耶尔·约翰·切里安和普芮塔·娜亚尔的《印度奎隆港口遗址 2014 年考古调查简报》（《文物》2022 年第 8 期）一文指出，"与沉船遗址的相对独立性不同，港口遗址的情况更为复杂。已知的港口遗址多由陆上部分和水下部分共同构成，遗迹分布和遗物堆积状态与城址相近，历代叠压，文化面貌多样。港口的变迁，往往与其所处自然环境变化、临近城镇兴衰、区域政权更替等因素紧密相关。因此，通过区域调查和重点发掘判别相关遗迹的性质与关系，对不同来源地的出土遗物进行综合整理，是研究此类港口遗址的两项重要基础工作"。文章认为，2014 年奎隆港口遗址出土的中国文物标本，是对此类史料的重要补充，为认识奎隆港口的沿革及中西海路交流的历史提供了新资料。

15 世纪初，郑和任使团正使率船队自中国南京始发，船队行至婆罗洲以西洋面，故称下西洋。郑和船队七下西洋，历时 30 年，曾经多次到达过斯里兰卡。"郑和第二次到达斯里兰卡时，曾经树立布施碑，表达了对于斯里兰卡当地宗教、文化的尊重。"上海博物馆于 2017 年 7 月和 2018 年 3 月两赴斯里兰卡，对当地一些重要遗址进行前期调查与资料收集。王建文的《海上丝绸之路考古的新进展——上海博物馆赴斯里兰卡考古记》（《文物天地》2022 年第 12 期）一文记述了上海博物馆与斯里兰卡中央基金会组成的联合调查队对当地重要遗址进行调查和发掘时的所见所闻。联合调查队考察了东西方贸易的重要港口——曼泰，它位于斯里兰卡西北部，控制着马纳尔海峡；又考察了东西方贸易必经之地——贾夫纳半岛，以及斯里兰卡西北部的阿莱皮蒂遗址，其曾出土了南亚次大陆数量最大、年代较早的一批中国瓷器。正如文章所指，"如同一枚时间胶囊，定格在东西方贸易繁盛的一个瞬间"。

霍尔木兹作为古代海上丝绸之路的重要国际化港口，曾多次出现在中国和阿拉伯地理典籍中，见证了历史上中阿贸易以及文明互鉴。明朝郑和率领庞大船队七下西洋，霍尔木兹也是郑和最后四次下西洋的重要目的地之一，使团随行的三位通事，即翻译官马欢、费信和巩珍分别就其在航途中的亲历事件著《瀛涯胜览》《星槎胜览》《西洋番国志》三部作品。伊本·马吉德被阿拉伯人誉为"海上雄狮"，继承了以航海为生的祖业，乘风破浪于红海、印度洋和波斯湾，他的航海活动推动中世纪阿拉伯航海事业抵达巅峰。伊本·马吉德为世人留下了大量的航海著作，最知名的为《航海原则和规则实用信息》。郭筠和陈静的《霍尔木兹与元明时期中阿海上丝路交往——以郑和船队与伊本·马吉德的记载为中心》（《江西社会科学》2022年第8期）一文以有关霍尔木兹的第一手资料，通过翻译和梳理郑和、伊本·马吉德等中阿航海家和地理学家的典籍，研究元明时期霍尔木兹对于中阿海上丝路交往的重要作用。文章认为，"元明时期，霍尔木兹的发展正是源于其统治者坚持包容开放的态度，允许多元文化互通有无、相互平等的交流"，经过霍尔木兹，中国及其物产的名声得到更广泛的传播，使当时世界诸多地域都知晓了中国。霍尔木兹是古代中阿海上丝绸之路交往的"见证者"。文章指出："中阿民众在'丝绸之路'上和共存上千年所凝结的'丝路情'已积淀成'传统友谊'，并形成互信的政治关系、互惠的经济关系与包容的人文关系。"

《郑和航海图》代表了15世纪上半叶中国地理学家对海洋世界的认识，德国波恩大学汉学系廉亚明的《〈郑和航海图〉里的南阿拉伯海岸港口》

（《海洋史研究》2022 年第 1 期）一文主要利用《郑和航海图》，结合中国、波斯及阿拉伯其他史料，收集时人对南阿拉伯海岸港口与航路的记载，考订港口位置、名称与作用，展示中国与印度洋、阿拉伯半岛、波斯湾地区广阔的贸易联系。文章认为，"中国对欧亚大陆西部特别是印度洋西部的知识背景，在明代以前的历史地理文本中已有所反映。汉文典籍中可以发现很多南阿拉伯海岸的地名记录，表明古代中国人对这一地区拥有丰富的地理学知识"。

　　拉斯海马酋长国是阿拉伯联合酋长国的组成国之一，地处波斯湾入海口南岸，扼守印度洋与波斯湾的交通要冲。14 世纪以后，该地区成为新忽鲁谟斯王国的组成部分，为伊朗南部的霍尔木兹岛提供物资支持，与该岛有着密切的联系。随着拉斯海马农业、手工业和远洋贸易的兴盛，当地成为古代西印度洋重要的港口。作为古代中国与波斯湾地区重要的贸易节点，探究拉斯海马的经济、文化发展、与古代中国的贸易往来具有重要的意义。由故宫博物院和杜伦大学考古系发表的《拉斯海马在古代印度洋贸易线上的地位——对拉斯海马诸考古遗址的观察》（《故宫博物院院刊》2022 年第 10 期）一文以拉斯海马地区考古发掘成果为线索，对其在波斯湾与印度洋的海洋贸易的历史变迁加以总结，并通过对该地区出土的中国陶瓷进行梳理，探讨了这一地区在古代印度洋国际贸易线上的地位。文章认为，通过对考古学调查与发掘资料的综合对比，可以发现在 13—14 世纪，朱尔法成为霍尔木兹岛重要的物资供给地之一。同时，"中国外销瓷在拉斯海马地区的发现为我们研究波斯湾地区与古代中国贸易的输入与消费提供了宝贵的实物材料，龙泉青瓷与青花瓷大量输入所代表的通过远程贸易输入高档消费品的情况，及其与伊斯兰釉陶衰落所构成的消费品市场占比变革等，为了解印度洋海洋贸易与早期全球化进程提供了依据"。

　　（二）航路研究

　　2022 年有关海上丝绸之路南海航线的航路研究成果较为集中于对南海

航路及《更路簿》的研究。南海是古代海上丝绸之路的重要通道。"南海"一词作为指代特定地理区域的专属地名，早在先秦时期就已经出现在中国典籍当中。我们现今知晓的南海海域，在古代的名称是什么以及其是如何形成的呢？刘栋的《汉唐时期"涨海"的含义及其与南海的关系》（《南海学刊》2022 年第 2 期）一文讨论了涨海的含义、涨海成为海域名称的时间及其形成过程，进而论述魏晋南北朝隋唐时期中国对于海洋的认识。文章认为，南海海域最早的名称应当是"涨海"。"关于涨海作为南海海域名称的形成时间，依据不同文献记载，学界共识和社会认知均采信东汉形成说。"文章指出，中外文献记载涨海的含义有一个逐渐扩展的过程。"最开始涨海的含义是出产奇珍异宝的海域，指的是确切的海洋地理位置，这一概念大致在三国魏晋时期由大秦国传入，并迅速融入中国海洋知识体系当中。与涨海一同传入当时社会的还有珊瑚的获取方式，此后当时人从海洋获取奇珍异宝的记载逐渐增多，正说明当时人对海洋的探索、利用、开发在不断深入，对海洋的了解也在不断增强，对海洋的认知也在不断积累。魏晋南北朝时期，人观察到一种在水域中渐渐形成的特殊地形地貌，将其命名为涨海。涨海包含的这层含义一直延续到唐代，唐中后期'涨海'又可以指代南海海域。"而后文章总结，"汉唐时期涨海一词从传入中国到含义逐渐扩展，反映了中国人对外来文化的吸收和改造创新，以及对海洋持续不断进行探索、开发和命名的过程"。

我国海洋疆域的形成有着悠久历史，从基于地理环境、习惯传统、自然天成的海域范围，到基于海洋行政管理、海域经济社会发展、沿海地区稳定安宁等而勘定的海洋区域界线，无论是国家内部还是与周边国家间外部，都呈现出由模糊和不稳定到逐步清晰和渐趋确定的动态化特征。在 16—19 世纪初的西文古地图中，越南近岸一直存在一个长达数百公里或千余公里的"牛角"状海域，被认为是暗礁地带。许盘清、顾跃挺和曹树基的《中国人的航道：论南海"Pracel 牛角"的性质——以 16 世纪西文古地图为中心》

（《云南师范大学学报（哲学社会科学版）》2022 年第 6 期）一文主要采用要素分析与模型分析相结合的方法，将 1529—1600 年的 123 幅西文古地图中的"Pracel 牛角"分解为岛屿符号、牛角图案、对牛角的命名、对牛角功能的说明等四项，建立起"Pracel 牛角"不同要素表达的不同模型，证明："Pracel 牛角"的头部是岛礁；"牛角"主体是对航线危险性的提示；航线本身则是中国人前往西南洋的航道。文章指出，"这是因为，历史时期中国与越南、菲律宾两国政权之间的分分合合，藩属关系的若即若离，都不涉及海洋权益的变化。中国人对于南海的认知、利用与管理，是关于南海主权最有力的依据。而从 16 世纪甚至更早时代开始的欧洲人对于日本、菲律宾等国的贸易，走的就是南海航线"。这说明，"自古以来，南海就是一条国际航线。正如西南洋既是东南亚诸多周边国家的领海，同时也是国际航线一样，领海与国际航线，这两个概念可以同时共存，并行不悖"。

按照航线的选择，中国古代的远洋航海可划分为沿岸航行时代和越洋航行时代。以航海罗盘的应用为分野，时间大致在北宋末南宋初。"两个时代分别代表了不同的导航技术，沿岸航行时代以地文导航为主，辅以水文、天文导航；越洋航行时代以罗盘导航为主，辅以地文、水文、天文导航。"越洋航行时代，由于航线可以用罗盘方位和道里更数定量描述，因此又可称为计量航海时代。计量航海时代的标志性工具，一是航海罗盘，二是针路簿。两宋之际，指南针的应用标志着帆船航海进入计量航海时代。越洋航线可以按罗盘针位设计为连续转向的航路，即针路。逢文昱的《宋元针路探微——兼论南海更路簿的形成时间》（《南海学刊》2022 年第 6 期）一文根据指南针在南海航线的普及情况，认为南海更路簿的形成时间不晚于南宋初年。"据徐兢《宣和奉使高丽图经》和朱彧《萍洲可谈》的相关记载，至迟在北宋宣和年间，指南针已在东海和南海几乎同时应用于海船导航；吴自牧和赵汝适关于南海主海道的记录均强调了指南针的重要性；赵汝适的《诸蕃志》已有罗盘针位的记载；周去非的《岭外代答》则介绍了连续转向航路的导航要点和全过程。"这些说明宋代的南海海道已经按针路行船。元代，针路航海进入成熟阶段。周达观的《真腊风土记》记载了从温州到真腊的完整针路，而反映元代海漕情况的《海道经》中的"海道"已可称为要素完备的针路簿。

海南渔民的《更路簿》于明代形成之后，在清末民初时期便进入兴盛阶段，突出表现在《更路簿》的本子增多、记载的内容极其丰富、航海海域覆盖面广、南海诸岛航线和地名命名的增加等方面。"《更路簿》记载的内容极其丰富，作为手抄本，它详细记录了中国海南渔民从文昌市清澜港、琼海市潭门港等地出发，前往西沙、中沙、南沙群岛和南海周边国家的始发地、终点、航行针位和更数，同时还记载了海南渔民对南海诸岛各岛、礁、滩、沙洲的命名，充分反映了海南渔民自古以来探索、发现南海诸岛的历史过程。"阎根齐和吴昊的《清末至民国时期南海〈更路簿〉兴盛原因探微》（《太平洋学报》2022 年第 4 期）一文探析了南海《更路簿》兴盛的原因及其为开拓南海海上丝绸之路和丰富南海海洋文化做出的重要贡献。文章认为，南海《更路簿》兴盛的主要原因在于："对当时的渔民来说出海捕鱼成为唯一的生存出路，新加坡马蹄螺的巨额利润激发了渔民们使用《更路簿》出海的需求，在当时他们还拥有先进的造船和航海技术及敢于冒险、不怕死的精神，加上他们有较大的船型和高超的驾驶技术，才能够世世代代在这片被称为全世界'最危险的海域'——西沙、中沙和南沙群岛长期地生产作业和开发经营。"文章还指出，《更路簿》客观上为维护我国海洋权益、开发建设南海做出了重要贡献，其对南海季风、气候、潮汐和天文气象等自然科学认识的记录，是海南渔民千百年来在南海航行的经验总结和智慧结晶。

明中叶以后，新的航海时期形成，导航所用的航海指南逐渐为世人所识，因为航海罗盘主要依据指南针指向导航，所以这些航海指南有了"针簿""针经"等不同的称谓，而"海道针经"为其总称，民间一般称作"针路簿"。20 世纪 70 年代初，海南岛渔民独创的航海指南被"发现"。陈晴和刘义杰的《韩振华：〈更路簿〉研究的奠基人、先行者》(《海交史研究》2022 年第 3 期) 一文回顾了 20 世纪 70 年代初，海南岛渔民独创的航海指南被 "发现"，以及随后韩振华先生和他的团队到海南岛地区进行田野调查的过程。1977 年年底，韩振华团队在海南岛地区田野调查中寻获的四种抄本经过他及其团队整理和校勘被命名为《更路簿》，被刊载在厦门大学南洋研究所编辑的内部资料《我国南海诸岛史料汇编》(续编) 第三册中，这是最早被刊印出来的南海更路簿，为学界研究南海更路簿提供了第一套原始资料。文章认为，"将海南渔民使用的海道针经统一定名为'更路簿'，不是名称上一种随意或简单的变更，'针路簿' 到 '更路簿' 的一字之别，非有大智慧者不能为之，他就是南海'更路簿'研究的奠基人和先行者——韩振华先生"。文章认为，韩振华先生率领他的团队到海南岛地区进行田野调查开启了《更路簿》研究的先河。"韩振华先生不仅是《更路簿》研究的奠基人，还是该研究的先行者，由他及其团队开拓的《更路簿》研究至今硕果累累，为南海维权提供了牢靠的证据。"

20 世纪 90 年代中后期，对广东及海南两地民间留存的渔民 "更路簿" 的调查和研究日渐兴起。不少考古学、地方史专家撰文对《更路簿》各抄本所载地名、航线和航程等进行阐释与考证，形成了一系列具有开创性和奠基性意义的重要理论研究成果。海南渔民更路簿于 2008 年 6 月入选第一批国家级非物质文化遗产保护名录，其记载的主要内容包括海区环境、岛礁地貌、航行路线、海洋气象和水文知识等。赵家彪的《海南陵水疍民 "更路簿" 初探》(《南海学刊》2022 年第 5 期) 一文通过研究现藏于中国 (海南) 南海博物馆的冯安泰《广东省辖内流水簿》和海南省民族博物馆的梁华欢《更路簿》，发现其同属陵水疍民更路簿。文章认为，疍民更路簿是海南渔民更路簿的重要组成部分，为研究南海及海南岛周边海域的气象、礁石、地貌等提供了珍贵的资料支持，对建设海洋强国、维护南海权益、保护和传承海南疍民优秀历史文化遗产等具有重要的史料价值。

随着学界对《更路簿》一系列研究的展开，特别是 2010 年后南海问题的持续升温，《更路簿》的价值越发凸显。琼海渔民梁其锐祖传的《更路簿》抄本于 2017 年被发现，同年 12 月入藏中国（海南）南海博物馆。"梁其锐《更路簿》纵 16.3cm，横 20.7cm，厚 0.4cm。其通篇以繁体字竖行书写，内容丰富。"按抄写顺序可分为七个篇目：第一篇无标题，主要记载从潭门港前往西沙群岛及西沙各岛礁之间的更路；第二篇为"大州去安南山世"；第三篇为"东海往北海更路"；第四篇为"上东头线更路"；第五篇为"自新州去芭里更"；第六篇为"琼州山世更路"；第七篇为"机船航道"。赵珏琪的《梁其锐本〈更路簿〉西沙更路研究》（《农业考古》2022 年第 6 期）一文以梁其锐本《更路簿》第一篇"东海更路"为研究对象，通过转录更路条文、考释缺错更路、统计渔民地名、分析航线走向等途径进行了梳理与研究。文章认为，"'东海更路'一篇共记载更路 56 条，记载地名 25 个，其中海南岛地名 4 个，宣德群岛地名 9 个，永乐群岛地名 12 个"。

文化遗产已成为中国现代化建设和社会治理的重要资源或手段。开发和利用各种文化遗产，已被视为开展中国扶贫项目和乡村振兴战略的重要途径。"探究一个地方的民间遗存变为'文化遗产'的过程，即'遗产化'。"吴晨辉和张争胜的《南海〈更路簿〉"遗产化"的路径和机制》（《地理科学》2022 年第 6 期）一文以在海南省琼海、文昌两市的田野调查为基础，采用"自上而下"和"自下而上"相融合的研究路径，分析手抄南海航行路线指南《更路簿》"遗产化"路径和影响机制，以及交织其中的复杂社会关系和地方影响因素。文章认为，"他者"和海南渔民在《更路簿》"遗产化"过程中会产生相互作用，其作用力量强于"我者"；《更路簿》由渔民家庭内部相传的用于出海作业的"秘本"转为公共领域的具有主权物证价值的"文化遗产"，渔民被赋予了南海"发现者""经营者"的身份标签；文物收集和文化活动推进了"遗产化"并使不同群体产生互动，"我者"可在"他者"开展的遗产工作中干预"他者"的遗产认知和行为方式；《更路簿》可转化为旅游资源，但尚未形成强有力的"卖点"带动旅游业，居民在利用其带来的经济机会方面处于弱势；"遗产化"有助于《更路簿》记忆的复现和保存，但渔民的"个体记忆"被削弱，也使地方文化结构被重构。同时文章还将琼海和文昌两市进行比较，认为《更路簿》在琼海的植根性和"遗产化"效果强于文昌。文章强调，《更路簿》"蕴藏着海南渔民的历史文化信息和文化沉淀，不仅传承着独特的海南地域性文化，也是海南优质的旅游资源，更是海南渔民自发开发南海、维护国家海洋权益的重要实物证据，必须在保护、利用过程中，注重特色的彰显"。

中国古代海外交通的历史久远，尤其是明初郑和七下西洋远达阿拉伯半岛和东非海岸，更是成为世界航海史上的空前壮举，彰显出中国古代航海科技曾一度处于世界领先地位，因此相关的研究一直为学者所关注。聂德宁和张元的《明末清初民间海外贸易航路的发展变迁》（《海交史研究》2022 年第 3 期）一文从民间海外贸易活动的视角考察了明末清初海外贸易航路的发展变迁，并探讨二者之间的互动关系。文章认为，"从明朝后期福建海澄月港的一口出洋兴贩，到明末清初东南沿海地区的多口出洋通商贸易格局的形成，以及从明朝后期东洋、西洋贸易航路的限定，到明末清初东洋、东南洋和南洋三大贸易航路的全面展开，乃至中国—东南亚—日本多边贸易航线的开辟，中国民间海外贸易航路的发展变化是中国海商与时俱进，应对当时国内外局势变化的生存发展之道，奠定了其在东亚海上贸易活动中的发展基础，同时也凸显出中国海商在沟通中国与东亚、东南亚以及东西方经贸往来中的重要角色和所发挥的积极作用"。

葛兆光的《作为一个历史世界——蒙古时代之后的东部亚洲海域》（《文史哲》2022 年第 4 期）一文认为，大航海时代后的全球交通上，海路逐渐超越陆路，因此，"东部亚洲海域"尽管也有海禁与倭寇、壬辰之役、明清易代、大航海后西人东来等扰动，但在 19 世纪中叶西方的根本冲击之前，它仍然勉强维持了大体稳定的政治、经济与文化秩序，而从这一秩序的形成、动荡与瓦解过程中，可以看到东部亚洲海域从传统到近代的历史过程。同时，文章还指出，"之所以要把环东海南海作为一个历史世界进行研究，不仅是为了回应和补充传统历史学界的'东亚'研究范式，以及新近流行的'中央欧亚'或'东部欧亚'研究思路，也是试图打破东北亚和东南亚研究之间的鸿沟，以更大的联系的视野，改变这一区域历史研究的局限"。

（三）船舶及航海研究

"南海Ⅰ号"既是中国水下考古的重要起点，也是中国水下文化遗产保护发展的重要里程碑。2007年12月21日，"南海Ⅰ号"古沉船起吊，从水下23米处被整体打捞出水，沉箱进入广东海上丝绸之路博物馆的水池中。经过七年的保护，在整体发掘条件成熟后进入发掘阶段，2014年5月15日，开始船体正式发掘，该考古发掘由国家文物局统一指导，通过多学科协同，对船货、船体都进行了有序管理与科学保护。随着发掘和保护工作全面展开，人们可以在"南海Ⅰ号"所在的广东海上丝绸之路博物馆观看和跟进发掘及保护的全过程。"三维激光扫描、数字近景摄影测量和全站仪等用于测绘，以翔实记录该船的考古发掘进程和船体及文物状态。""南海Ⅰ号"的出水发掘与保护是一次多学科协同的实践，整个发掘保护工作于2022年年初完成。"南海Ⅰ号"是目前发现的最大的宋代船只。蔡薇、王科力、席龙飞、曾青松、李铖和赵汝畅的《对"南海Ⅰ号"古船舱壁信息的解析》（《海交史研究》2022年第4期）一文通过对各舱壁板构件的测绘、典型横剖面构件的信息分析，特别是与泉州宋船、新安船的挂锔连接方式进行比照，分析了"南海Ⅰ号"舱壁上的典型结构特点，"目前完整呈现的14道舱壁体现了独特的木挂锔连接、肋骨加强、局部双层舱壁板等船体构造与工艺信息"。此外，文章还从外板与舱壁连接的视角阐释了古代海上丝绸之路上中国船舶结构的牢固性。

多年来，围绕"南海Ⅰ号"航线的各种推测论断莫衷一是。2022年

8 月 7 日，《南方日报》刊登了题为《"南海Ⅰ号"航线揭开神秘面纱，上下川岛海域考古地图"浮出水面"——川岛海域考古惊喜不断》的文章。该文报道："广东省文物考古研究院公布新发现，明确'南海Ⅰ号'沉船部分陶瓷器产自佛山南海奇石窑和文头岭窑，并确认'南海Ⅰ号'曾经到过广州。"进而揭开了围绕"南海Ⅰ号"航线的重要历史信息："它并未偏离广州，而是最后从广州离岸出海，向西经过川岛海域时不幸沉没于此。"文章指出，"从'南海Ⅰ号'被打捞到沿岸大量明代外销瓷遗存被发掘，川岛海域水下考古屡有重磅发现，一个个未解之谜陆续浮出水面。众多的物证线索，勾勒出这里曾作为海上丝绸之路必经之路的繁盛图景"。

关于"南海Ⅰ号"沉船的具体年代虽存在多种意见，但差别多在精度，12 世纪末 13 世纪初是基本共识。研究者通过比对船上货物，推测"南海Ⅰ号"沉船是南宋中晚期的远洋贸易商船。其约有 20 万件文物，涵盖了瓷器、漆器、竹木器、金属器、玉石器等几大类，尤其以瓷器为大宗。金叶子，文献中曾著录为"叶子金""箔金""金纸"，说的是同一物件。在缺少航海日记、沉船档案等明确记载的情况下，因保存欠佳、航线多变等原因，对沉船的目的地的研究一直是棘手的重要课题。"南海Ⅰ号"沉船保存完好，内涵丰富，整体打捞又使全面获取遗存信息成为可能。丁见祥的《南海Ⅰ号沉船目的地研究——以出土金叶子为线索》（《南方文物》2022 年第 5 期）一文以"南海Ⅰ号"出土的金叶子为线索，结合国内外考古发现、文献资料及相关研究成果，对"南海Ⅰ号"沉船目的地开展了更为具体的研究。文章认为，"泰国南部马来半岛东岸的博乍地区和印度尼西亚苏门答腊岛北部哥打辛纳一带应是'南海Ⅰ号'沉船的原定目的地"。作为东南亚的枢纽港口，这些地区不但具有东、西方转口贸易的功能，还与马来半岛西岸以及岛内外其他贸易网络保持着密切联系，扮演着区域贸易集散地的角色。文章还认为，"'南海Ⅰ号'及其代表的商业活动在此流通网络中具有特别重要的地位，是推动各方顺利达成贸易诉求的东方'引擎'"。

随着"南海Ⅰ号"南宋沉船考古发掘工作的深入，个别船舱出土了大量类似酱釉大罐。广州南越国宫署遗址宋代遗迹和地层中出土了大量酱釉大罐，发掘者通过考古类型学比对，认为"这些大罐应产自广东本地窑口，并初步确认其来自佛山市南海区奇石窑和文头岭窑"。吴寒筠、李灶新、肖达顺和崔剑锋的《广州南越国宫署遗址和"南海Ⅰ号"沉船出土酱釉器产地分析》（《文博学刊》2022年第2期）一文认为"南海Ⅰ号"南宋沉船考古发掘，"其中一批大罐无论是器型、釉质釉色、胎质胎色，还是印刻字符的制作技法等，与南越国宫署遗址出土的宋代标本非常相近"。南越王博物院和广东省文物考古研究院联合北京大学考古文博学院对相关标本利用便携式X射线荧光光谱分析仪（XRF）进行产地分析，结果表明："'南海Ⅰ号'沉船上的酱釉器虽然来源复杂，但有相当一部分可明确产自奇石窑或文头岭窑，并与南越国宫署遗址出土的同类产品关系密切，证实该沉船部分货物与广东窑口和广州宋代贸易古港密切相关。"

"南海Ⅰ号"出土的文物精品，部分也在广东海上丝绸之路博物馆中展出。"货物品种多样，有器型较为特殊的外销瓷器，也有浓郁异域风格的金器等。其中，出水瓷器中龙泉窑瓷器占比较大，数量较多，而较有特色的是菊瓣式青瓷，有碗、盘、碟等器型。""南海Ⅰ号"出水的龙泉窑菊瓣式青瓷在模仿西亚金银器风格时，融入传统文化元素，形成自身特色。马显冰的《从"南海Ⅰ号"出水龙泉窑菊瓣式青瓷看中外文化交流互鉴》（《客家文博》2022年第4期）一文认为在12世纪后，这类菊瓣样式的龙泉窑青瓷通过海上贸易大量输出，并逐渐被国外窑口仿制。这一现象背后透露出"瓷器的创制并非凭空而出，而有可能源于内外文化的兼容，并逐渐走向本土化"；同时，作为文化与技术交流传播的载体，"龙泉窑菊瓣式青瓷从借鉴他国到被他国借鉴，见证了古代世界陶瓷的双向互鉴，也为研究古代世界陶瓷的多元化发展提供新的思路"。

1987年3月，经国务院批准，由国家文物局牵头，中国历史博物馆

（今中国国家博物馆）受委托，成立了由多家单位参加的"国家水下考古调查小组"。同年11月，中国历史博物馆考古部成立"水下考古学研究室"，致力于中国水下考古事业的发展。经过二十余年孜孜不倦的努力，中国国家博物馆通过水下考古工作，入藏了一批重要的沉船出水文物，具体包括"南海Ⅰ号"沉船、西沙华光礁一号沉船、定海白礁一号沉船等重要水下遗址出水文物。其中，瓷器因占比较大，形成了中国国家博物馆独具特色的出水古代瓷器藏品体系。2019年，中国国家博物馆征集入藏了一批清代道光二年（1822年）沉没于印尼雅加达地区的"泰兴号"沉船出水实物。彭晓云的《中国国家博物馆藏清代"泰兴号"沉船出水瓷器简报》（《中国国家博物馆馆刊》2022年第12期）一文对"泰兴号"沉船出水瓷器进行了分类整理，"有194件瓷器及1套石器。其中瓷器主要为盘、碗、杯、碟等日用生活器物，包括青花瓷、釉上彩绘瓷、颜色釉瓷等不同品类"。经与窑址采集的瓷片标本进行对比，文章认为，"该批瓷器主要产于福建德化窑、安溪窑、东溪封门坑窑等地，采用了丰富多样的生产工艺，形成了自由粗犷的艺术形式"，反映了清代中晚期闽南地区外销瓷的生产及对外贸易情况，是研究19世纪上半叶中国海上陶瓷之路发展的重要实物资料。

2022年，长江口崇明横沙水域，一艘清同治年间的贸易商船被整体打捞出水，再次震惊了全世界考古界。这艘中国水下考古发现的体量最大、保存最为完整、船载文物数量巨大的木质帆船，延续了"南海Ⅰ号"沉船的整体打捞理念，并对当年世界首创的打捞方式进行了诸多创新。2022年11月30日，《南方日报》刊载了一篇题为《从"南海Ⅰ号"到"长江口二号"——续写水下考古传奇》的文章，作为中国水下考古两个具有里程碑意义的重大项目，"长江口二号"项目对比"南海Ⅰ号"有怎样的延续和创新？南方日报记者黄堃媛进行了专访报道。"南海Ⅰ号"考古队领队、广东省文物考古研究院副院长崔勇说："'南海Ⅰ号'整体打捞的成功实践，为'长江口二号'等后续古船打捞提供了样本参照。"上海市文物保护研究中心副主任翟杨多次往返上海和广东阳江，观摩"南海Ⅰ号"考古发掘现场，其表示，"目前出水的越南产水烟罐、东南亚的船体木材、景德镇窑瓷器等文物都还只是冰山一角，整个过程会涉及温湿度、空气、水环境、生物、微生物控制、船体支撑加固等一系列问题，历时长，复杂程度高，需要运用新的理念和技术深入研究"。"长江口二号"古船考古与文物保护项目将是世界上规模最大的实验室考古工程。让古船"开口说话"，开掘古船本身隐藏的重要历史信息，同样是"长江口二号"整体打捞项目的"重中之重"。与"南海Ⅰ号"沉船一样，"长江口二号"古船被整体打捞出水后，将在上海船厂旧址筹建的古船博物馆"安家"。对比"南海Ⅰ号"承载的宋代海洋贸易史的荣光，专家认为，"长江口二号"处在中国历史的大变局时代，反映清末航运的最后挣扎，是"研究五口通商以后上海开埠史弥足珍贵的物证"。同时，由于"船货丰富，大量船上生活物品展现了清代晚期商船航行与船上生活的生动画面，可以为研究中国近代经济贸易史、长江黄金水道航运史和近代海上丝绸之路提供重要实物资料"。

2022 年 12 月 27 日，《人民日报》海外版刊载了一篇题为《中国（海南）南海博物馆——南海之舟、丝路逐浪》的文章。首先，文章介绍了中国（海南）南海博物馆，"它是一座年轻的国家一级博物馆，2018 年海南建省办经济特区 30 周年时正式开馆。现有各类藏品 9 万多件，包括历代外销文物、南海生物标本、海南历史文物、历代船模等"。其次，文章着重介绍了南海博物馆的展品：华光礁Ⅰ号出水近万件瓷器及被称为"南海天书"的《更路簿》，它是海南渔民根据长期航海和生产实践所记录下来的南海航行手册，用海南话写成，并绘有地图，以手抄本形式流传。最后，文章指出，"建设中国（海南）南海博物馆是海南积极响应国家'一带一路'倡议的重要举措，旨在展示南海人文历史和自然生态，保护南海文化遗产，促进海上丝绸之路沿线国家和地区文化交流。未来，南海博物馆在对外交流上将做更多探索与创新，努力打造'21 世纪海上丝绸之路'文化交流的重要平台"。

牵星术通过测量恒星的地平高度角确定南北地理位置，以决定航行方向。过洋牵星术支撑了郑和船队在海上丝绸之路印度洋段的离岸远航，对研究中国古代的航海技术以及海上丝绸之路的发展均具有重要意义，因此得到许多历史学者的关注和研究。牵星术的科学原理主要是北天极的地平高度角等于观测地的地理纬度。牵星术的研究涉及天文学、地理学、航海学、数学、计算机技术、历史学等多个学科，对研究者的综合能力要求较高。任杰和滕飞的《过洋牵星术研究回顾》（《海交史研究》2022 年第 1 期）一文对 20 世纪中叶以来过洋牵星术的研究进行了回顾，针对关键性问题集中进行了分析。其研究的主要问题为：一是关于牵星术的史料、文本。二是关于牵星术的基本认识，主要是关于牵星术的概念和用途，前人对此认识并不完全一致，不过随着研究的发展，逐渐形成了一些正确认识。三是关于牵星术具体技术细节的复原。四是关于牵星术所牵星的认定。文章指出：对于牵星术单位"指"的物理含义，"不少学者将它与角度直接对应，但更合理的观点是支持其为板的长度"；对牵星术的观测时刻，前人意见不一，与此有关的是，在"一指"对应度数的问题上形成了"一度半多"和"两度左右"两派意见，根据地理纬度差所做的反推得到"一度半多"的结论，方法比较简洁，但并未造成明显的偏差，而后续多家的推证则存在错误；对于所牵星的认证，文章认为"前人意见渐趋于统一，体现出研究水平的进步"。

1998 年，印度尼西亚勿里洞岛（Belitung Island）附近海域发掘出一艘相当于我国晚唐时期的"黑石号"阿拉伯沉船，这是南海发现的时代最早的沉船，也是最早往返于西亚和中国之间的海舶。"黑石号"沉船以及出水的船上物品，对于研究海上丝绸之路特别是中国和西亚（阿拉伯世界）的贸易和文化交流以及航海技术，意义十分重大。杨斌的《"无钉之船"：考古和文献中最早往返于西亚与中国之间的海舶》（《海交史研究》2022 年第 1 期）一文根据古希腊、波斯、阿拉伯以及欧洲等文献，先介绍海洋考古发现的阿拉伯沉船，而后根据外文文献考证了阿拉伯"无钉之船"，指出"阿拉伯式船只建造的特点，即不用铁钉而是以椰索捆绑船板，也即所谓'缝合船'"。目前的考古发现表明，阿拉伯的"无钉之船"最早完成了从西亚到达中国的远洋航行，驰骋于从东非到南海的广阔海域之中。文章分析了阿拉伯"无钉之船"在海洋亚洲衍生流传的海底磁山的传说，"海底磁山的传说几乎从一开始就落地于马尔代夫。这是因为马尔代夫既是东西方航海的枢纽之地，是海洋亚洲的一个基地，又因为季风、海流和礁石的危险而远近闻名"。而海底磁山的传说早就传到了中国。到了元明时期，中国人又将中国文化中的"弱水"这一概念加之于马尔代夫。特别是以郑和下西洋为蓝本的明末小说《西洋记》中关于"吸铁岭"的创作，可以视为"海底磁山详尽之中国版本"。文章指出，"海洋考古和中西文献中的'无钉之船'这个历史事实以及相关传说，彰显了中国和印度洋（阿拉伯）世界的海上贸易和由此产生的密切文化交流"。

"黑石号"沉船上的货物包含大量来自中国的陶瓷器。其中，有几件提梁壶和釜之类的陶器，与广东、广西南部的信宜、高州、新会、钦州所出相同。吴小平的《印度尼西亚"黑石号"沉船上的俚人遗物分析》（《考古与文物》2022 年第 1 期）一文认为，"从当前'黑石号'公布的材料来看，提梁壶和釜所出位置为船员生活区，壶和釜下部均有烟熏痕迹，属船员的生活用具，而使用提梁壶和釜的人群为俚人，可推断'黑石号'上的船员中有我国岭南的俚人"。文章指出，"其原因与俚人善舟有关"，结合在"黑石号"沉船上所发现的岭南其他产品来看，广州港可能为"黑石号"上俚人的始发地。

二、航海贸易、海洋行政研究

（一）航海贸易研究

魏晋南北朝时期，中国陷入政治分裂、战争频仍、各民族不断融合的纷乱状态。尤其是西晋八王之乱后，中国北部出现了众多的割据国家，相互攻伐、征战不休，南迁的东晋及其后继的南朝失去了对西域的控制。因自汉以来的陆上丝绸之路受阻，故南方诸朝和北方沿海各国开始拓展海外贸易。袁超的《魏晋至唐时期海上丝绸之路对外贸易进出口商品种类的转变》（《文物天地》2022 年第 3 期）一文梳理了魏晋南北朝至唐宋时期中原各王朝对外贸易中进出口商品的具体情况。文章认为，魏晋南北朝时，中国进口物品多为当地特产的珍奇异物，主要满足"万国来朝"的外交需求和社会上层炫耀、享乐需要，并未形成广大的需求市场。至唐宋时期，大量进口种类繁多的香料、药材、玻璃、木材、笔纸、当地布帛等特产，以满足日益增长的市民阶层的需要，硫黄、镔铁等矿产的进口则顺应了火药和冶铁业的发展。因经济、科技、文化长期领先于周边地区，中国出口的大宗物品以丝织品、漆器、瓷器、金属器等技术密集型产品和丝绸、钱币等形式的资本为主，辅以书籍、乐器、建筑等文化产品输出。

瓷器生产在中国有非常悠久的历史。越窑青瓷是中国的"母亲瓷"，两晋、隋唐、五代十国、北宋是越窑青瓷海上国际贸易的重要时期。越窑青瓷艺术的海外传播始于两晋，最早是沿中国海的外部岛屿，由此形成早期的越窑青瓷"海上陶瓷之路"。"六七世纪时，越窑青瓷艺术通过海上陶瓷之路经阿拉伯商人传播到了印度、波斯、埃及以及非洲的东部与北部，甚至通过地中海远到欧洲"。万剑、周艺红和梅娜芳的《论隋唐时期越窑青瓷艺术海外传播路径与民族文化影响力》（《江苏陶瓷》2022 年第 3 期）一文将隋唐时期越窑青瓷艺术与高丽青瓷、高棉青瓷、福斯塔特瓷器艺术进行对比，探讨了中国古代瓷器艺术的世界传播交流影响。文章认为，隋唐时期越窑青瓷以明州港为始发港、外销港，以东北、东南、西南航线为艺术传播路径，其所到之处的造物艺术、瓷器艺术均受其熏陶和影响。"古代越窑青瓷所蕴含的中华文化意蕴，似乎在不经意间来到了各个文明之间，跨入了异域的精神和思想文化之中，影响着世界瓷器艺术的发展进程"。

　　南海是连接中国和地中海海上贸易航线的第一段。从现今发现的沉船和出水的货物来看，从 9 世纪晚期开始，南海这一贸易圈包含了中国、东南亚还有中东的商船。李佩凝的《宋代南海地区的海上贸易模式探究》（《海交史研究》2022 年第 2 期）一文通过对印坦沉船（Intan shipwreck）、井里汶沉船（Bonfire shipwreck）、"南海Ⅰ号"以及泉州湾宋代海船这四艘重要商船货物分布模式的分析，探讨了宋代南海存在的两种不同的贸易模式。文章认为，"在 10 世纪，以印坦和井里汶沉船为代表，大宗商品的贸易是由拥有大量资产的单个或少数几个大商人或商人组织（很可能是国家政府）推动的，并且它们销往单一的目的地。到了后期，如'南海Ⅰ号'和泉州湾沉船的个案分析所示，海上贸易变成了以营利为导向、以私商为主要参与者，海商不仅仅是有雄厚资产或者官方背景的商人，还包括来自社会较低阶层的海员、小商人等"。对于装载着不同类型、不同质量货物的商船，文章指出，"它更可能进行沿途的小贩买卖，而不是单单驶往一个贸易中心港口。并且在瓷器的小贩买卖中，还出现了商品市场的专营和分工"。海上贸易模式和海商身份的改变必定会影响外销瓷业的发展。在这样的大环境下，宋代外销瓷业的中心经历了从浙江到广东再到福建的转变，而这又是另一个话题了。

　　龙泉青瓷是迄今为止全球陶瓷类唯一被列入人类非物质文化遗产保护名录的项目，也是中国陶瓷史上窑业历史最长、窑系范围最广、产品质量最优、世界影响最大的瓷器。石旭丽和叶春霞的《宋元时期龙泉青瓷在海上丝绸之路的地位及作用初探——兼论丽水是古代海上丝绸之路的重要内陆起始地》（《丽水学院学报》2022 年第 1 期）一文认为丽水是古代海上丝绸之路的重要内陆起始地。龙泉及瓯江两岸是龙泉青瓷的原产地，而以大港头古商埠为主的瓯江两岸港口码头则是运送龙泉青瓷的起点码头，源于丽水的龙泉青瓷外贸更是开辟并拓展了古代海上丝绸之路。

　　明清时期，景德镇的瓷器生产方式灵活，形式多样，装饰新奇，产量巨大，在造型和装饰风格上既保留了传统的中国文化精髓，又充分吸收了国外元素。这一时期的外销瓷器中，景德镇所生产的外销瓷器最具代表性。由于外销的瓷器远远不能满足海外日益增长的需要，"世界各国开始争相模仿制造中国瓷器，朝鲜、日本、土耳其、伊朗、越南都曾仿制出青花瓷器"。李雨晨的《明清景德镇瓷器外销及其文化影响力探究》（《瓷器研究》2022 年第 4 期）一文探究了由明至清，景德镇的外销瓷经历了一个从初始到发展，再到鼎盛，直至最后衰落的过程。文章认为，"明清时期，景德镇瓷器生产进入一枝独秀的时代，景德镇的瓷业工艺水平达到了中国瓷业史上空前的历史高峰"。同时，文章还分析了明清时期景德镇瓷器外销的文化影响力。文章认为，从 14 世纪中期至 19 世纪末，"以景德镇为代表的中国瓷器对外输出，引导了欧洲甚至世界陶瓷工艺的发展"；"景德镇瓷器在对外传播过程中，与当地的文化、社会习俗、宗教信仰融合，促进了所到国家和地区经济文化的发展，丰富了这段时期中外经济文化交流的内涵，对传统中国文化的对外传播做出了重要的历史贡献"。

漳州窑指福建漳州一带的民间窑场，其生产的瓷器主供外销，活跃于明末清初时期。"窑址主要分布在福建省南部九龙江流域的平和、华安、漳浦、南靖、诏安等县及邻近地区，窑址数多达百处。"随着考古调查资料的丰富，越来越多的漳州窑瓷器出现在世人眼中，为研究包括漳州窑瓷器在内的中国古陶瓷的外销史增加了可能。欧泓妙的《明末清初漳州窑瓷器的外销研究》（《文物鉴定与鉴赏》2022 年第 14 期）一文通过收集和梳理漳州窑瓷器在海外遗存的情况，结合漳州窑外销瓷的风格特点，探析了漳州窑瓷器作为外销瓷在明末清初时期能够远销海外的原因以及其对国内外制瓷业的影响。文章认为，"漳州窑外销瓷的异军突起满足了天时、地利、人和的条件，繁盛的百年间，不仅丰富了我国的民窑体系，为我国外销瓷业史增添新的内容，也在推动各地区窑业技术交流的同时影响了世界陶瓷业的发展"。明代中后期，漳州月港逐渐发展成为我国东南沿海重要的对外贸易港口，从兴起至繁盛持续了百年时间。文章指出，"月港的兴起直接促进了漳州窑外销瓷的发展，便利了漳州窑瓷器的贸易运输"。

德化窑是中国古代陶瓷发展史上著名的民间窑场，具有得天独厚的制瓷业基础。王利超的《丝路文化中德化白瓷的海外贸易发展》（《东方收藏》2022 年第 4 期）一文认为早在宋元时期，德化白瓷瓷雕技艺就已享誉天下，德化瓷成为海上丝绸之路的重要出口商品。元代意大利旅行家马可·波罗来华时，在他的游记中就已经有关于德化窑的记载。"刺桐城（泉州）附近有一别城，名称迪云州（德化），制造碗及瓷器，既多且美。"元代时德化瓷就已经外销近百个国家和地区。"从泉州港出发经过三条不同的航线抵达世界各地，往北到达朝鲜、日本等国，往东到达我国台湾、澎湖列岛等地区，南到印度尼西亚、菲律宾等东南亚国家，再转运到非洲、欧洲等地。"这一时期德化窑已经成为我国重要的内外销日用瓷及艺术瓷生产基地之一，其在中国陶瓷史、古陶瓷外销史、中外文化交流史上占据着举足轻重的地位。

自唐宋时期，随着海上丝绸之路的大发展，中国瓷器已开始出口到西亚地区。不仅古代海洋沉船的船货中瓷器遗留数量较多，在世界很多地方的沿海港口甚至内陆遗址中考古调查、发掘出土的中国瓷器片也非常丰富，是学者们讨论海洋贸易与消费网络及海上丝绸之路发生、发展的重要关注对象。魏峻的《16—17 世纪的瓷器贸易全球化：以沉船资料为中心》（《故宫博物院院刊》2022 年第 2 期）一文以 16—17 世纪世界范围内的沉船及出水贸易瓷器为研究对象，透过沉船编年和阶段性特征分析，观察经济全球化早中期阶段，瓷器这一具有世界意义的商品在品类构成、贸易模式及时空格局方面的特征演变。该文章结合了时代背景、海洋贸易模式变迁、贸易瓷器特征和组合的阶段性变化，将世界范围内已知的 16 世纪和 17 世纪沉船分为四期：第一期为 15 世纪末期至 16 世纪 60 年代（约 1480—1567 年），有圣克鲁兹沉船（Santa Cruz Wreck）、"文莱号"（Brunei Wreck）和老牛礁沉船；第二期为 16 世纪 70 和 80 年代（约 1570—1590 年）有南澳 I 号沉船、圣伊西德罗沉船；第三期为 16 世纪 90 年代至 17 世纪 40 年代（约 1590—1650 年），有圣迭戈号沉船（San Diego Wreck）、万历号沉船和九梁礁沉船；第四期为17世纪90年代至18世纪20年代（约1690—1730年），有"碗礁Ⅰ号"清代沉船、头顿沉船（Vung Tau Wreck）和金瓯沉船（Ca Mau Wreck）。这些沉船的分布以亚洲大陆东南部海域最为集中，但是在南亚、非洲沿海、西北欧和加勒比海也有一定的数量。文章认为，15世纪末至16世纪初，欧洲航海者发现新大陆，开辟了大西洋—印度洋—太平洋新航线，给世界政治和经济版图带来翻天覆地且深远的影响。"以中国为中心的瓷器贸易体系也在此时迎来了从区域走向全球的重要转折。贸易规模的扩大、海洋上商船的增加，国家和地区间交流的频繁，导致世界各大海域中遗留的沉船数量也有较大增长。"

"华光礁Ⅰ号"沉船原是一艘南宋时期从事海外贸易的商船，通过水下考古发掘，在沉船内发现大量陶瓷器，其中茶器的数量相当可观。"两宋时期，自上而下盛行的饮茶之风带动了宋代茶器的发展。"张聪的《论华光礁Ⅰ号沉船出水茶器与宋代茶叶海外贸易之关系》（《农业考古》2022年第2期）一文从"华光礁Ⅰ号"沉船出发，结合不同时期出水茶器的沉船资料，阐述在当时海洋贸易的背景下宋代茶叶海外贸易的真实情况。文章认为，"发现茶器在外销瓷器中占有重要份额，这些茶器作为外销品在一定程度上能够反映出贸易国对茶叶的需求"。随着中国古代海上丝绸之路的开辟与经营，茶叶贸易传播至世界各地，同时宋代茶叶贸易的发展为明清茶叶贸易达到顶峰奠定了基础。

古代海上丝绸之路给世界带去了中国的陶瓷器，并推动了相关技术的传播，部分沿线国家的陶瓷业也因此发展起来。"南洋"一词源于明清至民国时期对现东南亚地区的旧称。自古以来，中国与南洋地区的关系十分紧密，是中国海上丝绸之路上的一个交通、贸易要道。海上丝绸之路是中国商品外销的主要途径，而陶瓷也因是古代海上丝绸之路贸易清单上的重要商品而逐渐得到重视。"自西汉以来，经东汉末年战乱、三国时期的动荡，直至隋唐五代时期，中国瓷器无论数量还是质量的外销都有很大的突破。正因为有大量优质瓷器外销，南洋地区先民在经济、社会发展过程中接触到了中国陶瓷技术。"随着中国陶瓷的外销，世界各地也掀起仿制中国陶瓷风潮，"尤其是 10 世纪之后，越南独立，以清化窑口为代表的越南窑口开始向东南亚其他地区和阿拉伯地区输出他们自己的瓷器；泰国的素可泰窑、宋加洛窑等也有输出"。张菡夏的《试论中国古代外销瓷工艺与南洋瓷业发展关系（7 世纪—19 世纪）》（《中国陶瓷工业》2022 年第 2 期）一文主要以唐五代、宋元和明清中国外销陶瓷的三个高峰时期为论据，将东南亚当地出土或传世的中国外销陶瓷与当地窑口出土或传世的陶瓷进行工艺对比，探析了中国陶瓷工艺对东南亚当地瓷器制作的影响。文章认为，"从目前的资料来看，南洋地区窑口生产陶瓷，从技术、装饰技法、釉色、造型等角度来看，基本都有中国制瓷技术的痕迹"。南洋地区作为中国瓷器主要外销市场之一，深受中国陶瓷文化的影响，"中国陶瓷文化在南洋的传播过程中，与当地文化融合，从而促进了南洋地区瓷业的发展，并在该地区的文化发展进程中起到了重要推进作用"。

2017—2019 年，防城港市博物馆在持续开展的考古调查中新发现了一大批越南瓷器。何守强的《防城港新出土越南瓷器及其相关问题研究》（《广西地方志》2022 年第 1 期）一文对近年来防城港市新出土的越南瓷器进行了简述。"从目前防城港出土的越南瓷器来看，它们常伴随中国陶瓷器出土且占少数；以青瓷为主，有少量青花瓷、白釉瓷、酱釉瓷等；涉及碗、碟、盘、盆、罐、炉、洗等器形；瓷器多具有胎质疏松、胎色灰白，部分瓷器外底呈褐色等特征；时代上以 13—15 世纪为主，部分可能在 16—17 世纪甚至更晚。"在此基础上，文章对其出现的原因、传播路线以及反映的海上丝绸之路的相关问题进行探讨。"它在防城港市的出现，除了越南制瓷业已经具备外销产品的能力，可能也与当时中国诸如元末明初的战乱、摇摆的海禁政策等导致部分地区外销瓷业暂时衰落有关。"防城港的洲尾贸易场正是在此时兴起并成为宋代安南独立之后中越边境海上贸易的最前沿贸易场。文章还指出，"越南制瓷业的长足进步，更体现了中国在古代海上丝绸之路中，通过贸易交往给沿线各国提供各类中国商品、满足海外市场对中国产品需求、提高消费人群生活质量的同时，还传播了包括陶瓷生产技艺在内的先进文化技术，有利于输入国和地区的技术进步"。

2014 年 4—5 月，故宫博物院考古研究所与印度喀拉拉邦历史研究委员会（Kerala Council for Historical Research）合作，在印度喀拉拉邦（Kerala）境内进行联合考古调查与发掘工作。其间，在帕特南（Pattanam）遗址和奎隆港口（Kollam Port）遗址均有孔雀蓝釉陶器标本出土。冀洛源和 P. J. Cherian 的《印度喀拉拉邦出土的孔雀蓝釉陶器标本》（《故宫博物院院刊》2022 年第 6 期）一文对帕特南和奎隆港这两处遗址中孔雀蓝釉陶器标本的出土情况做简要报告，结合国内同类标本出土情况及相关文献资料，判断"这些标本是 9 至 10 世纪自古阿拉伯帝国远航中国途中的遗物，同类器物在进入中国之后，其性质发生了转变"。文章认为，"孔雀蓝釉陶器则并未被纳入沿陆路输入中国的主要货物之列，自海路进入广州等地的器物也未被输送至两京或北方重镇，而是主要留存在长江以南地区的地方城中"。这表明，时人对两者寓意的差别、品质的高下有较明确的判断，孔雀蓝釉陶器虽曾随葬贵族墓葬，但大部分应仅被视为一般舶来品，保留了普通消费品的性质。

瓷器也是环印度洋贸易的重要商品之一，在贸易沿线各地均有不同时代不同产地的陶瓷器出土。19 世纪末以来，东非海岸沿线的遗址陆续出土了大量中国生产的手工艺品，在这些确凿的发现中，瓷器碎片尤其是灰绿色的中国青瓷与钱币掺杂在一起，其中明代以来的青花瓷碎片占主导地位。"在曾经完整的船只遗骸中，瓷器碎片通常与年代更早的中国钱币混杂在一起。发掘者有时以某种常规方式从东非沿岸挖掘出土了最早可追溯到唐朝（618—907）的一些中国钱币。"要解释这些唐代和宋代的中国钱币如何从其生产地远距离运到东非沿海地区，也是相关学者关注的问题。唐·瓦耶特著、郭姝伶译的《中古时期中国与东非的商品贸易》（《海洋史研究》2022年第 1 期）一文对已确知的有关中国贸易动态的内容进行重构，尤其是关于9—14 世纪的东非国家与中国的贸易。这一时间段涵盖北宋及南宋并延伸至元代。文章通过分析认为，"在 13 世纪末至 14 世纪初的某个时候，要么是中国的帆船，要么是阿拉伯或伊朗的船只，载着中国船员在非洲东北海岸的某个地方首次登陆。从那时起，中非贸易变得直接，而此前中非贸易只能通过阿拉伯人进行"。而关于贸易的主要商品，文章指出，"各种香料也是早期中国与东非贸易的主要商品。鉴于香料在烹饪等方面的普遍应用，可以假设，无论是在中国还是其他地方，东非的香料比象牙具有更广阔的需求市场。与象牙一样，香料最初只能通过转运和外国商人的船运到中国，阿曼再次成为中转站"。秦大树和李凯的《非洲发现的早期中国贸易瓷器及其发展变化》（《海洋史研究》2022 年第 1 期）一文认为中国是一个具有漫长海岸线的国家，在很长的历史时期里，尽管中国也有一些航海活动，但这些活动大多是出使联络域外国家和学习宗教知识（称为取经），基本不是以贸易为目的。"海上贸易在唐代中期以前王朝的经济运行中发挥的作用微乎其微。从考古材料看，在东南亚发现过一些 8 世纪以前的中国瓷器，但数量很少，以南方沿海地区的越窑瓷器为主。这些瓷器主要是出使的使团和前往海外旅行、取经的人随身携带的礼品和日用品，而非用于贸易的商品。"

斯瓦希里文化分布于东非沿海，是环印度洋贸易文化交流的重要组成部分。肯尼亚沿海是斯瓦希里文化的核心区域。斯瓦希里文化所在的东非沿海出土陶瓷器主要包括中国瓷器和伊斯兰釉陶两类。21 世纪前期，中国学者进入东非开展考古工作，取得了丰硕的成果。王太一的《肯尼亚斯瓦希里文化初探——以进口陶瓷贸易与建筑为视角》（《故宫博物院院刊》2022 年第2 期）一文通过对东非出土进口陶瓷器和斯瓦希里文化遗址建筑的分析，在全球史的背景下讨论了东非斯瓦希里文化的特点及相关问题。文章将肯尼亚斯瓦希里文化地区的进口陶瓷贸易大致分为四个时期，指出以进口陶瓷贸易为代表的海外贸易是斯瓦希里文化的重要经济基础。文章认为，"城市的繁荣与否直接体现出经济的发达程度"。东非沿海斯瓦希里文化城市快速发展阶段在 14—17 世纪。这个阶段也是进口陶瓷贸易的繁荣阶段。而当 16 世纪中期种植园经济引入非洲，奴隶贸易开始发展，直到 19 世纪奴隶贸易成为主要经济内容时，东非海岸斯瓦希里文化城市都已相继衰落。

20 世纪，在非洲东部、北部，甚至南部和内陆都不断发现了中国瓷器的碎片，说明瓷器在古代中非交往中占据着不可忽视的地位。郭白晋和赵琳的《瓷器在古代中非交往中的影响》（《文化学刊》2022 年第 11 期）一文借助瓷器来分析古代中非交往的过程，探讨瓷器贸易对中非带来的影响。文章认为，"中国瓷器的生产距今已有两千年的历史，而考古发现中国瓷器是在唐朝时期进入非洲的。先进的制瓷技术、开放的社会风气、发达的贸易交通网络和先进的造船技术，都成为推动瓷器外销的重要原因。就这样，再经过印度、阿拉伯商人之手，中国瓷器辗转来到非洲。精美的中国瓷器受到非洲人民的喜爱，引起了当地居民对中国瓷器的仿制，同时中国瓷器也吸收着非洲穆斯林文化，瓷器造型和纹饰不断翻新"。

2020 年，中国国家博物馆筹划并主办了"浮槎万里——中国古代陶瓷海上贸易展"，从制度、产品、运输、行销和影响五个角度，全方位展示了一个完整的陶瓷海上贸易链。该展览将庞杂的知识点化繁为简，力求将展览策划过程中完整的思考过程展示给观众，使其构建属于自己的知识体系，同时也形成了关于"海上丝绸之路"的新阐释、新思考。顾志洋的《关于"海上丝绸之路"的新阐释、新思考——"浮槎万里——中国古代陶瓷海上贸易展"策展思路解读》（《中国博物馆》2022 年第 5 期）一文结合国内外重要遗址、沉船等考古资料和相关研究成果，力求复原我国古代陶瓷海上贸易的繁荣面貌，展示了从唐五代至明清时期的中国古代陶瓷外销的整体面貌和中国古代瓷器文化的对外影响。文章认为，从叙事研究的角度来看，该"引入并应用了一些当下博物馆界流行的策展理念和方法，关注和突出的重点实现了由'物'到'人'的转变，按照'以人为本'的要求，让展览从文物精品的展示转化为对于精彩故事的讲解"。

《铁网珊瑚》是一部辑录金石书画作品文字内容的艺术史著作，初编于明弘治年间，正德年间有增补，万历年间还有重编本。陈思恭、陈宝生父子以及孙天富等是元顺帝时期的重要海商。杨晓春的《元末海商陈宝生家世与海外贸易史事补考——读〈铁网珊瑚〉所载〈陈妇节义集〉〈春草堂记〉〈泉州两义士传〉合册》（《海交史研究》2022 年第 3 期）一文认为，尽管明代艺术文献《铁网珊瑚》的主题并非海外交通，但是仍因陈氏父子等人为海商，其所载的《陈妇节义集》《春草堂记》《泉州两义士传》合册提供了元末海商陈宝生家族的诸多信息。文章根据《陈妇节义集》《春草堂记》《泉州两义士传》等珍贵史料考察了有关元代海外贸易的细节，如经商的地域范围、经商者的身份、舶商和市舶司的关系等问题。文章认为，陈思恭、陈宝生父子的事迹之所以能够流传至今，主要是因为陈思恭妻庄氏的贞节和其子陈宝生对于其母贞节的宣扬，以及陈宝生与孙天富在经商过程中的好义，从而形成一批文学艺术作品。同时，文章指出，"元明之际陈氏家族的转型，还更多地表现在社会主流价值观的影响，即陈宝生对于母亲庄氏贞节和自己孝亲以及在经商中的义气的宣扬"。

茶历来是我国重要的贸易物资。自 17 世纪起，中国茶就成为世界茶叶市场中不可替代的主角。受内外形势的交相影响，中国茶的国际贸易曾经历兴衰起伏的变化。"过去我们将这一现象与过程主要归因于包括鸦片战争在内各国间政治层面调整的结果，但贸易链内外的利润分配结构同样需要予以关注，特别是其中的政商关系、价格机制、利润传导、商业路径等都是难以回避的基本问题。"付坚强的《从世界市场视角看 18 世纪以来的中国茶业——〈近世以来世界茶叶市场与中国茶业〉评述》（《中国农史》2022 年第 1 期）一文认为石涛的新著《近世以来世界茶叶市场与中国茶业》[1] 在

---

[1] 石涛. 近世以来世界茶叶市场与中国茶业 [M]. 北京：社会科学文献出版社，2020.

新史料与新方法的基础上，尝试跳脱传统经济学工具结合历史学假设的模式，从世界茶叶市场的供需关系出发，进行前沿性探索。"近代中国茶业受国际竞争、国家政治与经济规律的多重挤压，晋商作为茶业主体一直未能实现利润的有效传导及分配"；"从世界市场与中国茶业的相对静态分析来看，经济史研究成果的最佳构想既离不开历史视角下的归纳，也离不开经济视角下的逻辑抽象，两者应在整体上保持逻辑与历史的一致性"。文章总结了《近世以来世界茶叶市场与中国茶业》一书"透过茶叶的国际贸易，为中外茶叶贸易兴衰、世界茶叶贸易格局变迁以及中国近代化迟滞等问题提供了较为合理的解释，而这正是以经济学解释历史现象的优势，同时也是对经济史进行科学研究的一个良好探索"。

香料是指天然有机的芳香物质，在宋代也可称为香或香药，主要产于东南亚、印度、阿拉伯等海上丝绸之路沿线地区，成为海上丝绸之路诸国与宋代中国进行贸易的重要货物。宋代贸易的基本途径主要有两条，即朝贡贸易和民间贸易，其中朝贡贸易是具有官方性质的国际贸易。宋代海上丝绸之路香料朝贡贸易在北宋前期走向繁盛，但在北宋中期以后逐渐转向衰落，至南宋时甚至转入萧条。夏时华和袁林的《宋代海上丝绸之路诸国香料朝贡贸易规模与所持态度考察》（《上饶师范学院学报》2022年第1期）一文就宋代海上丝绸之路诸国香料朝贡贸易的两个问题进行考察：一是宋代海上丝绸之路香料朝贡贸易规模问题；二是当时海上丝绸之路诸国对于香料朝贡贸易所持态度有着怎样的不同形态，同时宋朝所持的态度又如何，双方所持态度之间存在着什么样的反差。对于第一个问题，文章认为，"从海上丝路诸国香料朝贡贸易规模来看，占城、三佛齐、大食等国对宋朝的香料朝贡贸易规模较大，且较为频繁，而交趾对宋朝的香料朝贡贸易虽然频繁，但规模却不大；其他诸国贸易规模或大或小，贸易次数也不多"。对于第二个问题，文章认为，"从海上丝路诸国在香料朝贡贸易中所持态度来看，交趾、占城因地缘关系既有贸易利益诉求，又有政治诉求，而北宋中期以后则着重于贸易利益；三佛齐、大食、真里富、渤泥诸国与宋朝相距遥远，主要目的是获取经济贸易利益，别无其他诉求，同时在贡表中往往表达对宋朝的敬仰和大国地位的认可，但几乎没有华夷君臣意识"。然而，"宋朝对诸国贡表则按华夷君臣话语重新修改润色，从中强调华夷君臣关系和秩序以迎合自身的政治需要"。

胡椒作为海外贸易商品输入中国历史悠久。明朝以前，我国香料多依赖域外输入，并且仅限于宫廷和贵族之间流通使用。到了明朝，香料才真正使其改变了"奢侈品"身份，成为"百姓生活日用之物"。杨宣的《明朝香料世俗化原因探析》（《兰州职业技术学院学报》2022 年第 2 期）一文探析了明朝香料实现全民化和日常化的原因，主要有四个方面：一是明太祖朱元璋颁布海禁政策，增加了香料通过朝贡贸易的输入量；二是民间海外贸易被阻止后，明朝政府鼓励百姓种植香料，使得本土香料的产量大幅增加；三是合香技术进一步发展，香料成本降低，使全民用香逐渐成为一种风尚；四是明朝商品经济空前发展，商帮兴起，交通运输便捷，使得香料贸易大为繁荣，进一步促进了香料的世俗化。

郑和下西洋带回的货品被分为两类：一类是"贵细物品"（应当是重量轻的奇玩珍宝），直接由陆路押解赴京；另一类是"苏木胡椒粗重物件"，显然因为其数量庞大，所以要改从海道运往京城。刘婷玉的《从财政角度看明代胡椒及其海内外贸易》（《中国经济史研究》2022 年第 2 期）一文以胡椒作为窥探明代市场发展的一个楔子，主要讨论了胡椒在有明一代海内外贸易中由朝贡向私人海外贸易转变的历程。文章指出，当洪武时期以"朝贡"和"海禁"双管齐下的对外政策将胡椒之利由国家垄断后，明政府面对要如何消耗这批储量可观的胡椒时，选择大量赏赐给京城各个阶层，客观上"扩大了胡椒消费的群体"。至郑和下西洋结束的宣德时期明政府已有数百万斤的在库胡椒，正式开始了将"胡椒折俸支付给两京官吏和北边卫所军官的制度"。文章认为，以胡椒折俸是明初实物财政体制的一个特殊产物。

"这一制度是明代两京官吏薄俸的一大根源，也是北边卫所军官俸饷被侵渔的重要原因。"所以，"在明初胡椒价格迅速跌落造成俸禄损失时，在朝官吏就会成为下西洋的极力反对者；而在胡椒市场逐渐扩大、胡椒交易有利可图时，官员又会成为胡椒贸易的推动者"。当胡椒折俸制度推广到两广沿海地区时，在相对成熟的胡椒运销市场的刺激下，两广官员在切身利益的驱动下，推动了胡椒海外私人贸易的发展。

辣椒原产于中美洲和南美洲，其栽培始于 6000 年前。1493 年哥伦布第二次航行后，辣椒开始传入欧洲，继而传播至全球。葡萄牙人于 1498 年抵达印度的古里，并将辣椒传播到印度、东南亚、东亚，传入中国，大大改变了中国人的饮食习惯。1500 年后，随着葡萄牙人对巴西的发现，南美洲的辣椒物种通过葡萄牙船只在全世界范围内迅速传播。金国平和叶农的《"葡萄牙人大传播"：辣椒入印及入华史考略——欧洲史料视角下的新论》（《学术研究》2022 年第 10 期）一文发掘和译介一些罕见的西方文献资料，并重新解读已知且经常引用的汉语典籍，对辣椒在非洲、亚洲早期传播状况及传入中国的途径进行了梳理和再探讨。文章认为，"辣椒在全世界的传播，大致经历了调味品→花→蔬→药→馔的交叠和演进过程"。"辣椒作为原产于中、南美洲的作物，它传播到世界各地之后，不断进入餐桌，同时也进入了各地的语言之中。辣椒在世界各地传播时，各地学者多采用图说的方式，对其做出介绍。"自辣椒从"新世界"传入世界各地后，人们对辣椒特性的认识逐渐增多，对其用途的认识也在增加。迄今为止，在早期欧洲文献中所记录的辣椒用途有三种：食用、药用、观赏。文章在仔细梳理外文罕见史料和吸收前人研究的基础上，对诸多问题有了一些新的思考和判断，认为辣椒入华的途径可能有八种：一是葡萄牙人从浙江舟山双屿直接传入；二是由日本反传至双屿；三是壬辰之役参战日军带到朝鲜，然后再传入中国东北辽宁；四是从印度尼西亚传至我国台湾地区；五是经滇缅古道，从缅甸传入云南，再传播至内地其他省份；六是从印度经茶马古道传入西藏；七是万历年间由吕宋传入；八是从澳门传入广东，再扩散至以湖南为主的内地其他省份。

中国—拉丁美洲海上丝绸之路形成于 16 世纪下半叶，17 世纪初进入鼎盛期。随着它的发展，大量中国生丝与丝织品经由菲律宾运往拉丁美洲，拉丁美洲的白银则通过墨西哥流入菲律宾，最后进入中国，形成了早期跨区域性的贸易网络，在一定程度上推动了世界性的商品与货币流通。目前，国内学者的研究主要依靠以英文为主的第三方文献。李兴华和西班牙学者罗德里戈·穆尼奥斯·卡布瑞拉的《16—17 世纪初期中拉海上丝绸之路与跨区域性贸易网络的形成》（《史学集刊》2022 年第 3 期）一文结合中外史料，尤其是西班牙语文献，对中拉海上丝绸之路的勃兴以及 16—17 世纪初以中国生丝与丝织品为中心的跨区域性贸易网络的形成原因进行分析。文章认为，中国生丝与丝织品源源不断地通过菲律宾转运至墨西哥，再以墨西哥为中心形成拉丁美洲内部贸易网，连接亚洲与拉丁美洲的跨区域性贸易网络得以形成。此外，文章还从经济、文化等层面分析中拉海上丝绸之路与跨区域性贸易网络形成的历史影响。文章指出："中拉海上丝绸之路不仅推动了漳州、马尼拉、阿卡普尔科、利马等地的发展，也加速了东西方的人口流动，增强了菲律宾和拉丁美洲地区人口结构的多元性特征。同时，在这一大背景下，中华文化也得到了有效传播，推动了早期海外汉学的发展。"

吴杰伟的《太平洋丝绸之路历史价值的新思考——基于档案整理和知识传播的启示》（《社会科学战线》2022 年第 11 期）一文以太平洋丝绸之路的概念界定作为研究起点，通过梳理关于太平洋贸易的档案文献讨论太平洋丝绸之路研究的多向观察维度，聚焦于 16—19 世纪太平洋丝绸之路在货物交换和知识交流领域的作用，探讨了太平洋丝绸之路对文化交流和知识传播的影响。文章认为，"太平洋丝绸之路自发地吸收贸易主体共同参与贸易活动和文化交流，推动了世界性的商品与货币的流通，促进了中国与太平洋各个地区的经济发展。与西方殖民者严格控制和垄断贸易的做法有明显的区别"。从微观的层面看，"在中国与东南亚地区长期海上贸易关系的基础上，中国—菲律宾—墨西哥之间的跨洋大帆船贸易构成了太平洋丝绸之路的主线，通过跨洋贸易串联起太平洋各地区的贸易活动，构成联通太平洋东西两岸物质交流和知识传播的重要途径"。例如，"中国商人在马尼拉建立起聚居区，将中国的制造手艺、生产技术和生活习俗传播到菲律宾，中国人的远海捕鱼、面粉制作、动物饲养等技术对菲律宾的食品供应产生了积极影响"。

蓖麻在经丝绸之路由印度传入古代中国后，为我国的中医、油墨印刷等行业的发展做出了不小的贡献。刘月廉、刘朝裕、殷学贵和陆建农的《蓖麻名称的起源与蓖麻在中国的发展》（《中国蚕业》2022 年第 3 期）一文对蓖麻名称的来源、历史和传播等方面进行了文献整理与分析。"蓖麻学名为 Ricinus communis L.，由林奈命名；中文名'蓖麻'始载于《唐本草》，于 1996 年在《中国植物志》上被正式记录；蓖麻原产于非洲东部，先后传入亚洲、美洲、欧洲等地区，约在 1700 年前由印度传入中国；蓖麻引入中国先在南方地区种植，后逐渐向北方扩展。"

柚木具有抗海水腐蚀的特性，原产于印度等热带地区。阿拉伯帝国曾大量引进印度柚木建造战船和商船，因此印度柚木在印度洋航海贸易中具有重要作用，既是广泛交易的商品，也是船舶原材料。同时，印度柚木也大量应用于阿拉伯帝国的城市建设、社会生活等方面。"社会各方面对柚木的利用也向世人展示了一幅多元文明互动的生动画卷。"柚木在阿拉伯社会的广泛使用引起史学家的关注，阿拉伯古籍中出现多处有关柚木的产地以及功用的记载。李光宗的《从马拉巴尔到法尔斯海——阿拉伯帝国航海贸易中的印度柚木》（《古代文明》2022 年第 3 期）一文以印度柚木作为研究重点，梳理了印度柚木在阿拉伯社会的应用和贸易，探讨其在印度洋航海贸易中的作用。文章认为，以印度柚木产销为纽带，印度西海岸马拉巴尔诸港口与波斯湾的海港形成了"环印度洋贸易网络"，构建了互相关联的共同体和共生圈。"自古典时期至阿拉伯帝国时期，西亚以及地中海地区就引进印度柚木。阿拉伯帝国时期，帝国以其辽阔的疆土，将阿曼、波斯、也门等航海族群纳入其统治范围之内，航海贸易发达，造船业也成为重要行业，柚木贸易便更加繁荣。"同时，印度柚木也作为南方热带亚热带作物传播到阿拉伯，成为世界历史进程中"南方化"的一部分。

（二）海洋行政研究

满剌加官厂是郑和下西洋在海外设立的航行保障基地，近年来成为郑和研究中一个热点问题。满剌加位于马来半岛南部，马六甲海峡东岸。永乐三年（1405 年）至宣德八年（1433 年），郑和率领 2.7 万多人的庞大船队，遍访东南亚及印度洋沿岸 30 多个国家及地区，进行广泛的政治交往和贸易活动。在满剌加沿岸设立官厂，被随郑和出使的巩珍视为"外府"，明中叶著名文人黄省曾盛赞"智哉，其区略也"。两者的评价在郑和下西洋历史文献中是仅有的。时平的《"外府"与"区略"：中国史籍中的满剌加官厂》（《传统中国研究集刊》2022 年第 1 期）一文从郑和船队航行与明初治理天下秩序的角度出发，在考辨满剌加官厂文献基础上，讨论了以往研究中忽略的明人评论，对官厂的航海与地缘环境、形制、性质及经略作用进行分析。文章指出官厂与官场性质有别，选择满剌加设立官厂，是郑和下西洋治理马六甲海峡的重要举措之一。满剌加官厂为郑和船队往返西洋航行提供可靠的保障，成为明初治理天下秩序的重要环节。

明代兵部《武职选簿》是记录明朝京内各卫所武职官员袭授替补的簿册，又称"军职黄簿"，记录了官员姓名、籍贯、征战、褒奖名目、袭替原因、调守卫所等经历，是兵部晋升军官的依据。"近 30 年来，研究者从明代《武职选簿》中发现愈来愈多参加郑和下西洋人员档案，其中包括 6 名金山卫籍军人，档案内容涉及下西洋期间几场重要战事的时间、地点、战况及部分参战人员奖励等史实，为研究金山卫与郑和下西洋的关系、郑和船队在马六甲海峡围剿海盗历史提供了新的证据。"对缺乏文献记录的郑和下西洋研究来说，史料价值弥足珍贵，因此受到学界高度关注。时平的《郑和研究中的〈武职选簿〉问题——以〈武职选簿〉记载的金山卫下西洋官兵研究为中心》（《史林》2022 年第 4 期）一文围绕郑和研究中的《武职选簿》问题、金山卫下西洋人员和郑和下西洋性质等展开探讨。文章认为，从明代《武职选簿》发现的新史料不仅有助于厘清郑和船队官兵来源真相，而且有助于对郑和研究中长期秉持的若干结论提出商榷。"从金山卫参加下西洋人员史实，反映金山卫地区是第四次下西洋基层军官来源之一；从《武职选簿》记载的永乐四年消灭旧港、棉花屿洋和阿鲁洋海盗的连续军事行动，可以肯定郑和从一开始就把治理马六甲海峡作为下西洋首要目标。从《武职选簿》发现的郑和下西洋史实，揭示郑和把治理马六甲海峡地区作为治理天下秩序的中枢，开始的时间最早，采取的军事行动和部署的机构最多，从而确保了东西方海上交往的安全和畅通，充分体现了郑和下西洋治理天下秩序的性质。"

"在古代，一些渔民受官方所托协助抓捕走私的盐商和捉拿逃犯，逐渐聚集抱团形成有官方背景的水上民间组织，并从官方获得一定财政补贴。到宋代，这些活跃在巢湖上的民间组织已形成了多股力量"，渐渐成为中国海军发祥的摇篮。吴鹏的《明朝三百年海军强盛探略》（《炎黄春秋》2022 年第 9 期）一文认为，明朝开国皇帝朱元璋就是依靠水上力量最终战胜强敌，建立起自己的政权。虽然明朝时对海军的称谓还是"水军"或"舟师"，但其实际上已具备了"海军"的本质要素。"在明朝的前半叶，无论造船技术、船队规模、控管程度、航行范围都已走在世界前列。"明朝永乐年间，郑和船队的七次远航，凸显出明朝海军的强大力量。

广州怀远驿存于明代至清初，位于广州西关蚬子步，为广东市舶司下属接待贡舶及外国使节之所，兼具开展贡舶贸易的职能。明末清初，贡舶贸易衰落，商舶贸易发达。随着清政府完成对台湾的收复，东南沿海的政局日益稳定。于是，清政府根据东南沿海地区的实际情况，开放了广州（隶属广东省）、漳州（隶属福建省，后来改到泉州，又改到厦门）、宁波（隶属浙江省）、云台山（隶属江苏省，后来改到松江）四地为对外贸易港口。1685 年粤海关设立后，清政府令广州十三行（以下简称"洋行"）承接对外贸易。因地利之便，这些洋行基本都位于广州城外西南的珠江畔。外商租借行商房屋建立夷馆"（商馆）。广州十三行夷馆在一定程度上延续了明代至清初怀远驿居留蕃人（蕃商）、开展外贸等作用，但又有所不同。王元林和肖东陶的《驿馆实异：从广州怀远驿之废到十三行夷馆之兴》（《历史地理研究》2022 年第 4 期）一文考察了从广州怀远驿到十三行夷馆的转变过程，揭示二者的位置、作用和性质等方面的关系，分析贡舶贸易向十三行贸易转型背景下产生的馆驿变化。文章认为，广州怀远驿和十三行夷馆分别是朝贡贸易与十三行贸易的产物，其中官办怀远驿留居外国人、承接对外贸易的职能转由商办的十三行夷馆取代，而清中期以后在广州的朝贡（外交）接待多由官府临时安排于其他馆驿进行。驿馆变异的实质是清代朝贡贸易衰落，而十三行贸易兴起。"清康熙时设粤海关后，官府逐渐改令广州十三行承接对外贸易。外商经过多次努力才获准在怀远驿以南的十三行街一带租借行商房屋设立夷馆，并由行商加以管理，十三行夷馆由此形成，而怀远驿也在康熙中后期裁撤。"

由于广州经济较为发达，在外贸中的地位变得日益重要，成为当时南方地区最为重要的对外贸易窗口。目前学术界对于清代广州对外贸易的研究主要集中在乾隆十五年（1750 年）以后，对此之前的研究较少。《清宫珍藏对外贸易档案汇编》① 提供了大量清朝早期到乾隆时期有关广州贸易的资料，这些资料对于研究清早期广州地区对渔民活动、外商活动的管理以及行商制度等都有巨大的价值。贾瑞的《康雍时期广州对外贸易政策探析——以〈清宫珍藏对外贸易档案汇编〉为中心》（《晋阳学刊》2022 年第 3 期）一文主要根据《清宫珍藏对外贸易档案汇编》以及其他相关史料，具体分析康熙二十三年（1684 年）至雍正年间清政府在广州地区的对外贸易政策及其对广州贸易的影响。文章认为，从康熙二十三年开始，清政府就在广州地

---

① 中国第一历史档案馆. 明清宫藏中西商贸档案汇编［M］. 北京：中国档案出版社，2010.

区持续开展较为频繁的对外贸易活动。为了推动外贸活动的发展,清政府实行了一系列积极的贸易政策,对渔民、外商、内地商人和行商的行为都制定了较为详细的管理政策。具体包括:"在对广州渔民的管理上,政府对于渔民出海捕鱼活动进行严格限制;在对洋商的管理上,政府要求西洋商人居住在澳门及广州城内的天主教堂内,严格限制来华贸易船只的数量,要求贸易活动必须由行商与其开展;在对行商的管理上,广州很早便建立了行商制度,要求行商作为中介开展与外商、广州本地商人的交易。"这一时期广州的外贸政策促进了其外贸活动的发展,为其被选为"一口通商"之地打下了坚实的基础。

自乾隆二十二年(1757 年),清政府停止除广州十三行以外其他国内海关与外国的贸易及交涉往来开始,广州便成为当时中外贸易往来的唯一窗口。广州十三行与"海上丝绸之路"关系密切,是探讨"海上丝绸之路"发展演变过程的必要组成部分。王元林主编的《广州十三行与海上丝绸之路研究》(社会科学文献出版社,2019 年)是由 19 篇相关论文组成的论文集。该书从不同视角介绍了广州十三行与"海上丝绸之路"相关研究的最新成果,主要探讨了"十三行"名词的由来、家族史研究、外贸关系研究和科学文化交流研究等四个方面的内容。贾洪岩的《海上丝路之窗口中外交流之纽带——评〈广州十三行与海上丝绸之路研究〉》(《山西财经大学学报》2022 年第 2 期)一文认为,"该书从多角度阐述清朝在广州设立的十三行机构与海上丝绸之路错综复杂的关系以及对世界商贸活动、经济发展和文化传播的深远影响,展现特定时期东西方交流的历史图景","聚焦特定时期的广州十三行与海上丝绸之路并从多角度深入探讨,为新时期'一带一路'重要部署提供历史参考和新的启示"。

赖胜骐和郭渊的《晚清两广总督张人骏治海方略刍议——以东西沙群岛治理为中心》(《海南热带海洋学院学报》2022 年第 1 期)一文主要研究了张人骏的生平思想,尤其是对其治海思想方面进行了系统总结,并探析了张人骏在中国海疆治理史中的角色定位。文章认为，张人骏治海思想的形成，离不开特殊的时代背景与具体的人生见闻的双重影响。"两广总督张人骏在国家海疆面临危机的时候挺身而出，不惧强暴，积极主动承担维护利权的责任，以主动务实的心态应对日本对东沙岛主权的挑战，广泛收集历史证据证明东沙岛主权归属；同时借机大兴开发西沙群岛之议，通过鸣炮、升旗、命名、巡逻等手段宣布了西沙群岛的主权，并初步规划了开发蓝图，为中国在南海诸岛的维权打下了坚实的基础。"同时，文章还指出，由于国势危亡的客观情况与观念受限的主观情况，张人骏的诸多举措并没有对南海危局起到力挽狂澜的作用，"这是时代的遗憾，也是历史的必然，作为后人的我们不仅要看到其功绩，更需要以史为鉴，吸取历史教训，以助现实维权大业"。

三、文化交流、政治交往与人员往来等研究

（一）文化交流研究

自古以来，福建独特的地理区位决定了其在海洋交通中的重要作用。唐代后期以降，随着中国经济文化重心向东南沿海的不断转移，福建区域的海洋文化底色得以彰显。雪峰义存开福州雪峰山崇圣寺之后，福建在中国汉传佛教界逐渐占据重要地位，且成为汉传佛教向外传播的一个枢纽，这种重要的文化地位一直延续到宋元。苏文菁的《亚洲海域的文明交流：以福建的佛教传播为例》（《福州大学学报》2022 年第 2 期）一文以福建地区的佛教在海洋上的传播为脉络，回顾了历史上亚洲海域的文明交往。文章认为，隋唐以前，地处东南沿海的福建就是西亚传教者和东北亚习法者自海道出入中国途中的一站；唐末五代，福建佛教发展进入鼎盛时期，成为汉传佛教向外传播的一个枢纽，这种重要的文化地位一直延续到宋元。明清时期，由于政府的海禁政策和欧洲人的陆续东来，闽人在环中国海地区沿岸形成贸易离散群体，使明清易代、清末民国时期均出现了福建地区的佛教向海外"溢出"

与"互动"的显著现象。而大规模的闽商长期"羁留"于环中国海各港口区域不仅保障了亚洲海域海洋交往的便利，更是闽籍僧众"溢出"与"互动"的重要基础。同时文章也指出："正是闽人持续性、规模化的海洋贸易活动促成了包括佛教在内的中华文化在亚洲海域的传播，贸易所携带的人流、物流是文化传播得以实现的重要基础。在特定的时期，商业活动与文化交流是一体双面、很难截然分开的。"

南海，是一个半开放的海域，北临中国的华南地区，西接中南半岛和马来半岛，东濒菲律宾群岛，南接加里曼丹、苏拉威西、爪哇和苏门答腊岛。"南海处于两大文明——中国和古印度的中间，自古就是制度化宗教的输入地，儒教、道教、佛教、印度教最先输入，之后伊斯兰教、基督教也随着海上丝绸之路和地理大发现输入这一区域。最终，世界各大宗教都在环南海扎下根来，并形成儒教文化圈、上座部佛教文化圈、伊斯兰教文化圈和天主教文化圈。"范若兰的《外源型宗教传播模式探析：以环南海为中心》（《海交史研究》2022 年第 1 期）一文将环南海区域作为研究对象，审视其在宗教传播中的地位。文章认为，环南海区域因其碎片化的地理、相对落后的文明、重要的贸易地位，而成为外来制度化宗教的输入地，形成典型的外源型宗教传播模式，与内源型宗教传播模式相比，环南海区域宗教传播具有自上而下、由点到面、温和、多样、融合包容的特征，这有助于理解环南海区域社会和文化的发展特点。

海南岛及南海上的妈祖信仰是古代海上丝绸之路文化传播的典型例证。妈祖是沿海地区民间信奉的司海女神。妈祖信仰在南海上的传播历史进程是从莆田、泉州的渔民落籍海南岛、台湾岛，或通过海上丝绸之路传入东南亚和非洲东岸等地区。"人类学文化圈学派的传播理论可以说明，妈祖信仰在海南岛及南海地区的传播，形成了妈祖信仰的文化圈，海南岛是妈祖文化圈中重要的部分。"妈祖信仰在南海上的传播始于南宋，发展于元代，兴盛于明代，繁荣于清代，持续传播至今。傅国华和阎根齐的《妈祖信仰在海南岛及南海传播的考察》（《世界宗教文化》2022 年第 5 期）一文认为通过古代海南岛妈祖庙兴建的考察，可揭示海南岛妈祖信仰的地域特点，考古所见南海西沙、南沙群岛的妈祖庙遗迹，是海南岛先民发现、命名和开发西沙、南沙群岛的例证。

马援征交趾引种薏仁的典故出自正史《后汉书》。东汉初年，马援将军对薏苡仁的引种，是记载的越南药物传入中国的开始，也是历史上一次重要的发生在疫病背景下的医药跨文化交流。任艳如、祁苑红、吴凯和戴翥的《疫病下医学跨文化交流的阐释——以马援征交趾时薏仁的引入为例》（《文化创新比较研究》2022 年第 6 期）一文从文献学、人类学、传播学等不同学科视角对这一历史典故展开研究。文章通过对这一典故所涉及的相关史料、文献进行深度挖掘，认为马援作为杰出的军事家，不仅获得了边疆的稳定，而且以其敏锐的洞察力发现治愈军中瘴疫的药材——南方薏苡，并积极引入当地品种。这一疫病背景下医学跨文化交流的代表再次印证了不同文化之间的医药交流互鉴是促进医药发展的重要因素。同时，文章还从人类学角度阐释这一典故发现："医药知识的交流与传播不应该是单向的，而应基于深入、广泛的文化互动；疫病背景下的医药交流，揭示的是人们对于'危机'的共同应对，对于健康的共通追求；'马留人'政策及跨越千年的中越伏波崇拜既反映了马援将军作为传播行动者的'适应力'与'影响力'，也是对跨文化交流延续性的当代再现。"

自古以来，广东就是中国海上贸易和移民出洋最早、最多的省份，近代以后逐渐发展成为重点侨乡。东南亚是广东移民较早到达的地区，也是粤籍华侨华人人数最多的地方。黄凯文、刘菊红和曾召的《粤籍华人在中医药传播中的贡献与作用——以东南亚为例》（《中医药管理杂志》2022 年第 22 期）一文考察了粤籍华人在中医药海外传播中对新加坡、马来西亚、泰国、越南等东南亚国家中医药发展历程中的作用与贡献。东南亚地区纬度低，位于热带地区，常年高温多雨、气候炎热，华人劳工在开发种植园或矿山时遭遇动物袭击，劳工常常因受热、受累、受袭或水土不服而去世，当地疟疾、霍乱流行，医疗缺口大。文章认为，由粤籍华人创立东南亚中医药慈善机构，在早期华人保健工作中扮演着中流砥柱的重要角色，同时也增进了当地民众健康福祉，促进了中医药的传播。"中医药是中国古代科学的瑰宝，凝聚着深邃的哲学智慧，是中华民族几千年健康养生理念及其实践经验的结晶，中医药的海外传播有助于提升中国软实力和国际地位，推动中华优秀传统文化走向世界。"

　　位于太平洋和印度洋之间的印尼群岛是中西海上交通的要冲和中转站，也是佛法沿海路东传的重要驿站和集散地。以爪哇岛（Java）和苏门答腊岛（Sumatra）为主体，在唐宋时期（7—14 世纪）曾兴起了具有连续性的两个著名王国，即唐代的室利佛逝（Srivijaya，686—907 年）和宋代的三佛齐（Samboja，Sambaj，907—1397 年）。"隋唐时期中印佛教文化交流的高潮随着唐帝国的崩溃逐渐走向衰落，北宋前期（10 世纪下半期至 11 世纪初）中印之间虽然仍然有僧人之间的交流往返，随着 12 世纪印度佛教逐渐走向衰亡，至 13 世纪佛教在印度本土逐渐消失，中印间的佛教文化交流遂淡出历史主流。"但作为中印间海上贸易和文化交流中转站与集散地的三佛齐在印度佛教逐渐走向衰亡之后，仍然是一个佛教大国，并与岭南特别是广州保持了密切的商贸和佛教文化交流。何方耀的《宋代三佛齐与广州的佛教文化交流考述》（《学术研究》2022 年第 2 期）一文认为广州作为在南海海丝绸之路的始发港和商贸中心，与三佛齐在佛教文化交流、僧商人员往来、佛化外交活动方面有着密切的交流互动。随着佛教在两地的兴盛，双方交往中出现了佛商互动，即"以商养佛、以佛促商"的互动局面，广州蕃坊中出现弘传佛法的三佛齐人，三佛齐商主帮助广州修复道观、购置寺院田产，显示了三佛齐与广州之间佛教文化的交流互动及其对双方社会深刻而广泛的影响。"虽然'三佛齐'这一国名对当下的国人来说相当陌生，而且在今天中国人的口语中'爪哇国'常常被喻为遥不可及的地方，但唐宋时期的室利佛逝和三佛齐与岭南地区声气相闻、信息相通、商舶交错、梵影往返，商佛之间互为依托、互为辅助，在岭南广州与三佛齐之间演绎出动人的历史篇章，留下了众多的历史疑案等待后人发覆，也留下了众多的宝贵历史文化遗产等待我们去发掘继承。"

两宋时期交往的南海诸国中，阇婆是与中国联系较为密切的国家，不仅屡次遣使入华朝贡，宋廷也频繁对其进行册封。"唐代及以前所记录各'阇婆国'的地望至今仍未形成统一的认识，甚至所指是否为同一地区也存有争议，但总体而言学界考证的范围大体在马来半岛、苏门答腊及爪哇岛范围内。入宋以后'阇婆'的地望逐渐清晰，尤其是元代以后的各种记录更是直接言明宋代'阇婆'是'爪哇'的古称，'阇婆'与爪哇岛的对应关系也逐渐为后世所认可。"两宋在与阇婆的交往过程中留下了不少记录，诸如《岭外代答》《诸蕃志》《文献通考》以及《宋史》等都对阇婆国有所记载，包括对其地理、风俗、职官以及使臣姓名等大事的记载。关于阇婆国的语言，以往研究者往往止步于词汇的对勘，除此之外的其他历史信息并没有被过多言及。孙博的《宋代阇婆国语言及相关问题研究》（《海交史研究》2022 年第 2 期）一文在前人研究的基础上对阇婆语词汇进行考释，根据考订结果可以确定阇婆语为古爪哇语。文章认为，"阇婆语为古爪哇语，并进一步判断宋代之阇婆就是位于东爪哇的马打兰王国伊莎纳王朝。同时，前人所考阇婆他称'莆家龙'为'北加浪岸'有误，该地实则为伊莎纳王朝的首都'巴图·加鲁'"。同时，文章还认为，阇婆国首次通贡中国的缘由：一方面是为了在与三佛齐的战争中寻求军事协助，但是北宋对于介入两国纷争并无过多兴趣，其对南海诸国的关注重点在于华夷秩序的构建。另一方面，从两次三佛齐—阇婆战争的结果可以看出，北宋是左右当时东南亚局势的重要域外力量，凸显出当时中国与东南亚之间的紧密联系。

元代周达观所著的《真腊风土记》是现存记录真腊古国风俗及当时该国与中国交通关系的重要文献，受到中外学者的重视。该书有十余种刊本和抄本，经多次校正，已拥有二十多个不同语种的外文译本，极具史料价值和研究价值。索朗·育克和贝玲·育克（Solang & Beling）译注的《真腊风土记》英译本由数据亚洲（DatASIA）出版公司出版，该译本为直接译自古汉语的英文全译本。郑广思和刘迎春的《学术型深度翻译视角下〈真腊风土记〉育克英译本的"文内阐释"策略分析》（《东北亚外语论坛论文集》2022 年第 10 期）一文认为《真腊风土记》育克英文全译本深度翻译现象显著。文章运用个案分析的方法，从深度翻译的文内阐释视角，对《真腊风土记》育译本的学术型深度翻译进行分析。分析结果显示："育克译本从文内阐释角度进行了有效的深度翻译。在翻译过程中，育克夫妇在准备解读原文内涵的基础上，还对原文以及其他译本存在的一些问题进行了勘误，展现出其鲜明的学术型深度翻译的特征。"文章认为，深度翻译之"文内阐释"策略的运用有效提高了《真腊风土记》英译本的准确性、充分性和可接受性。

中国和柬埔寨都是有着悠久历史和辉煌文明的国家。两国之间的关系史可以上溯到两千多年前。杨保筠的《中国—柬埔寨文化交流的历史与未来》（《广西社会主义学院学报》2022 年第 2 期）一文认为，在长达两千余年的交往史上，文化交流一直是双边关系的主旋律，为各个不同时期的双边关系和平稳定发展做出重要贡献。"当前，中柬关系进入了一个新时期，双方致力于建立中柬命运共同体，为两国和地区的发展而努力。在此进程中，进一步发展和加强中柬两国之间的社会文化交流，必将为中柬命运共同体建设奠定更加坚实的基础。"

中国与新加坡、马来西亚的交流密切，历史悠久。新加坡、马来西亚东濒太平洋，西临印度洋，横亘其中的马六甲海峡自古以来就是连接东西方的黄金航道，新、马因此也成为东南亚商贾往来的重要集散地和"海上丝绸之路"的交通要冲。新加坡、马来西亚先后经历了葡萄牙、荷兰、英国的殖民统治和日本的侵略，特别是在英殖民后，大批闽粤桂琼沿海一带的华人被当作"猪仔"贩卖到新、马地区开荒垦殖。"客家人何时到达新加坡、马来西亚，因缺乏早期史料而难以断定。已知 1777 年客家人罗芳伯在西加里曼丹岛建立兰芳公司"，客家山歌随客家人"下南洋"而传播到了新加坡、马来西亚。刘富琳的《客家山歌在新加坡、马来西亚的传播》（《中国音乐》2022 年第 5 期）一文追溯客家山歌随客家人"下南洋"而传播到了新加坡、马来西亚的历史。20 世纪 50 年代以前，客家山歌在新、马客家族群中广为流传，但在 1951 年发生了禁唱、停播事件。该论文通过广泛收集资料，发现 60 年代后新、马在政治、经济、教育等方面发生的一系列重大变革是导致客家山歌日渐式微的重要原因。论文还对目前在新、马影响较大的三个客家山歌活动及其演唱曲目、传承方式等进行了考察，认为"这是客家人在异国他乡寄托相思、抒发情感、休闲娱乐的方式之一"。

2022 年 5 月 31 日，"来自大海的奏鸣与回响——中新等国学者海上丝绸之路暨人文交流论坛"在新加坡中国文化中心召开。此次论坛由新加坡中国文化中心主办，由武汉大学国家文化发展研究院提供学术支持，由新加坡华鼎有限公司、湖北智库文化战略研究院联合承办。来自中国、新加坡、马来西亚、菲律宾等国的 40 位专家学者围绕"海上丝绸之路"与构建人类命运共同体、"海上丝绸之路"与东南亚国家政治经济、人文历史、文化遗产、旅游商贸、华人华侨、社会转型等议题，进行了广泛而深入的交流讨论。论坛就"海上丝绸之路"的历史启示与当代价值提出诸多具有前瞻性与可行性的建议，研究成果丰富，涉及领域广泛，对推动海上丝绸之路共建国家和地区的学术研究与对话，加强中外文化交流与合作具有重要意义。

中国和马来西亚的交往已有两千多年。在交往过程中，两国开展了许多文化交流活动，促进了两国友好关系的发展。岑雨洋的《中国—马来西亚文化交流的历史与未来》（《广西社会主义学院学报》2022 年第 3 期）一文回顾了古代、近代中国和马来西亚文化交流发展的历史，并探析了中马文化交流的现状和特点。文章认为在两千多年的历史中，中国和马来西亚的文化交流鲜有中断、总体向好。自实施共建"一带一路"倡议后，两国的文化交流更加频繁。中马两国政治互信不断增强，为文化交流指引了方向，旅游和教育交流也为文化交流提供了动力。"中马两国充分利用多层次的文化交流机制开展文化交流活动，在教育、旅游、媒体、翻译和学术研究等领域取得了丰硕的文化交流成果。着眼未来，中国和马来西亚开展文化交流，有利于持续推动双方政治互信和经贸往来，也有利于'一带一路'建设和共同构建人类命运共同体。"

"明朝公主"汉丽宝南下满剌加和亲的故事最早见于《马来纪年》。关于《马来纪年》的作者及成书时间，目前学界暂无定论。《马来纪年》富有文学性，其记载不仅包含历史事件，而且不乏大量神话、传说。"明朝公主"汉丽宝南下满剌加和亲的故事在马来西亚流传甚广，版本众多。后马来西亚、新加坡流传的汉丽宝故事基本都是以《马来纪年》所载故事为蓝本，或完全移植，或稍做改编，也不乏在此基础上进行大胆的文学创作。以流传范围和影响力论之，首推 20 世纪 60 年代刘戈（笔名白垚）编剧、陈洛汉谱曲的华文歌剧《汉丽宝》。由于现存中国史籍并没有关于"明朝公主"赴满剌加和亲的记载，因此关于历史上是否确有汉丽宝其人、汉丽宝是否为明朝公主的讨论一直以来都是学界探讨的问题之一。中国学界普遍认为，"明朝公主"汉丽宝下嫁满剌加苏丹并非真实历史事件，纯属文学虚构。侯燕妮和刘志强的《"明朝公主"汉丽宝故事及形象研究——以华人作家和马来人作家笔下汉丽宝为例》（《广州外语外贸大学学报》2022 年第 3 期）一文以马来西亚华裔作家刘戈所作华语歌剧《汉丽宝》与马来西亚作家拉玛·布江所作歌舞剧《丽宝公主》为例，对不同族群作家笔下的汉丽宝形象进行归纳总结，并对不同汉丽宝形象背后的原因进行分析。文章认为，"华人笔下的汉丽宝即华人群体自身的写照，而马来人笔下的汉丽宝既是华人群体的隐喻，同时更是衬托满剌加苏丹芒速沙美好形象的'绿叶'"。不同族群对自身以及其他族群的认知是千差万别的，两族作家都将汉丽宝故事视作中马友谊的颂歌，这一点毋庸置疑。但除此之外，不同族群作家创作的出发点是不尽相同的，这也是不同作家笔下汉丽宝形象差距甚大的原因。

"可巴雅"是海上丝绸之路上典型的服装样式之一，又称"哥巴雅"或"可峇雅"，是马来语"Kebaya"的音译。这种服装是印度尼西亚群岛和马来半岛女性所穿着的传统上衣外套。"在16世纪的爪哇岛，'可巴雅'是象征神圣的服装，只能由爪哇王室成员穿着。"关于"可巴雅"的起源至今没有定论。目前"可巴雅"服装样式存在"本地说""舶来品说"两种起源说。袁燕的《视觉图像背后的历史——海上丝绸之路典型服装"可巴雅"的中国起源及传播途径》（《中国艺术》2022年第3期）一文将视觉图像作为论证材料，结合文献史料，对"可巴雅"起源于中国的说法进行了论证。文章认为，"可巴雅"作为"舶来品"，在视觉外观上呈现出鲜明的中国特征，与中国明朝的"褙子"服装有同样修身的视觉造型，同样的直领对襟样式以及肩袖相连的平面十字形结构，也有同样的以黑（深青色）为贵等视觉特征。这些视觉特征都是证明"可巴雅"源自中国"褙子"的有力证据。此外，文章还结合历史文献，重点分析明朝"赐服"外交对"可巴雅"服装样式产生的直接影响，对"可巴雅"源于中国"褙子"服装进行进一步论证。"大量的历史文献资料清晰地记载了明朝的朝贡政策，尤其是关于赐服外交的内容，更直接证明了中国'褙子'等服装样式对东南亚服饰文化有着极大的影响。"

中国和印度两国文化交流的历史源远流长，由汉而宋，交流不断深入。随着汉明帝遣使西行求法归来，印度佛教开始传入中国。在国家政策的扶持下，佛教文化逐步占据上层意识形态，并融入本土文化。宋代航海技术的发展促使海上贸易兴起，也间接促使中印文化间进一步交流，并由此对宋代中医学发展产生了深远的影响。朱思行、杨丽娜、魏春宇和尚力的《宋代中印文化交流的特点及其对中医药发展的影响》（《中医文献杂志》2022年第2期）一文在回顾中国与印度文化交流历史的基础上，分析宋代以后中印文化交流的特点，即宋代以后佛教文化逐步融入本土文化和海上贸易发展是其现实动力，论述了中印文化交流对宋代中医学发展的影响。文章认为，"海上贸易，尤其是大规模的香料贸易，大大丰富了中药资源库，促进了方剂的发展，并呈现出临床多用香燥的特点，打破了宋代用药格局；中印海上贸易作为现实动力，在建立官方药局和颁布成药药典的同时，促使了成药的规范化监制，为后世药物的标准化制备树立了良好的典范"。此外，佛教文化对中医学的渗透改变了中医学的临床辨证思路和用药规律，促进了中国佛教医学本土化发展。

中国古代四大发明之一的造纸术西传阿拉伯，一直笼罩着"造纸术通过一场偶然的军事冲突西传至阿拉伯"的说法。10 世纪时，一位名为萨阿利比（Abu Mansur al – Tha'alibi）的阿拉伯诗人、作家，在他撰写的《奇妙而有趣的故事大全》中讲述了一个这样的"怛罗斯之战"。750 年，声称与先知穆罕默德的叔叔有直系血缘关系的阿布·阿巴斯·萨法赫（Abu al – Abbasal – Saffah）推翻了倭马亚王朝，创建了阿巴斯王朝。751 年，阿拉伯远征军离开撒马尔罕东行，前往中国的管辖地怛罗斯后，与唐朝军队爆发了一场堪称"传奇"的"怛罗斯之战"。据说萨法赫全面击溃了驻守当地的中国军队，5 万名大唐士兵战死沙场，还有 2 万名士兵被俘虏。这些俘虏中有一小部分人是应征入伍的中国造纸工匠，他们遵循传统方法开始在撒马尔罕造纸，并推动了这门技术在阿拉伯的传播。此后，这种说法广泛流传在西方学术界。何明星和张萌的《中华造纸术西传的历史真相再辨析》（《印刷文化》2022 年第 4 期）一文通过历史考证，吸收学术界最新研究成果，认为这个说法是源于阿拉伯作家诗人的一种文学想象，是不准确的。文章指出，"中华造纸术早在公元 751 年怛罗斯之战前就已经通过商人、使者等人际交流多种渠道传播至阿拉伯世界。中华文明在世界的传播渠道、方式历来是和平的，是润物细无声的，这源于中华民族固有的文化本质。对于中华造纸术西传真相的再辨析有助于突破文明冲突论等西方学术话语，有助于站在中华文化立场上对于中阿两大文明交流史重新进行'中国书写'"。

自汉晋时期开始，中国瓷器一直在海洋贸易体系中占据重要地位，历经唐宋至元代，瓷器生产趋于完美，出现了青花瓷。随着青花瓷外销的兴盛，中国瓷器进入了一个新时期。元青花瓷是中国瓷器中的精品，具有很高的艺术价值。景德镇高岭村土质上佳，具有非常好的可塑性和耐火性，用之烧出的瓷器品质上乘，洁白细腻，这使得景德镇瓷器的品质堪称全国之冠。阳融寒的《14世纪波斯细密画插图本中的元青花图案》（《国际汉学》2022年增刊）一文回顾了青花瓷的出现及其在西亚的贸易。文章认为，元青花瓷代表了中国瓷器的最高成就。元朝政府在景德镇设立了专门烧造贡瓷的"浮梁瓷局"，促进了景德镇制瓷业迅速发展。此外，文章还着重论述了青花图案在14世纪波斯插图本中的出现及中伊文化交流，认为青花瓷在中国元朝的出现，一方面是中国瓷器文化自身发展的结果，另一方面则是元朝时中国与伊朗之间文化交流的结晶。"元青花瓷是特定历史背景下中国伊朗文化相融合的产物，元青花的纹饰与其生产用料都透露着伊朗文化的痕迹。元青花成熟的时期也正是波斯细密画书籍插图艺术重新勃兴的时期，因此元青花装饰图案与波斯细密画中的装饰图案很可能相互影响。"元政府还设立了专门负责瓷器图样绘制的画局，在元朝东西大交流的时代，这些由画局绘制的图样是较为容易流传的，因此很可能元朝画局的图样与伊儿汗王朝细密画画家们的蓝本之间有一种交互影响。

Ani Margaryan 的《波斯细密画：一把解读中国瓷器在东西方贸易和文化对话中作用的钥匙》（《美术与设计》2022年第1期）一文从艺术史视角分析了一幅17世纪伊朗细密画——里扎·阿巴西的《葡萄牙青年》（现藏于底特律美术馆）。文章认为，该画产生于近代早期中国陶瓷在全球流通之际，揭示了萨非王朝的多元文化，含蓄有趣地展示了时人对中国外销瓷的看法。通过深入比较该画与同时期印度莫卧儿、中国和日本作品的概念，认为它体现了西方尤其是葡萄牙在陶瓷流通中的作用，以及中国、萨非王朝、葡萄牙间的贸易文化"三角"。

明清时期是中国外销瓷的黄金时期，各种瓷器精品迭出，耀眼夺目。商晓东的《明清时期的宗教外销瓷文化融合的陶瓷艺术》（《中国宗教》2022年第7期）一文认为，明清时期中国很多外销瓷器精品都是以宗教为题材的，"包括销往西亚与中东地区的兼具伊斯兰文化和中国传统文化元素的青花瓷，以及充分体现了中国化色彩的'耶稣瓷'"，这些瓷器的制作与对外贸易，极大地推动了中外文化艺术的交流。

中国同东南亚地区有着长期频繁、密切的往来，其中以明朝初年的郑和下西洋一事最为典型。1405—1433年，郑和率领船队七次远航，到达东南亚、南亚、阿拉伯半岛甚至是东非等地的30多个国家和地区。郑和下西洋是我国古代对外交往的重大事件。杨振中和陈一能的《中国与东南亚的文化交流——以郑和下西洋为例》（《国际公关》2022年第14期）一文认为，"通过郑和下西洋，中国加深了同东南亚地区各国的文化交流，双方以友好访问、贸易往来和移民落户等方式，在物质文化与精神文化两方面促进了彼此间的交流互鉴"。国家形象是在"自塑"与"他塑"博弈的过程中产生并发展的。"明代永乐、宣德年间，三宝太监郑和为宣扬国威、互通贸易、开展宗教文化交流，七下西洋，最终塑造了明王朝气势威严、薄来厚往、开放包容的国家形象。""此次传播活动的开展，推动了明王朝与亚非国家政府间的友好往来，促进了民间的情感交流，并留下了大量珍贵的文化遗产。"

在中外海洋文学人物中，郑和和库克船长是两位声名远播的航海家。中国明朝时期的郑和用28年的时间七次下西洋的举措安抚了东南亚诸邦，并同印度诸国建立了广泛的联系。库克船长是在欧洲各国新航路开辟发展过程中的英国皇家船长，他和他的船队三次到过太平洋并精确地测绘过太平洋海岸线和许多岛屿，这些测绘被用于欧洲的地图中。陈翠萍和翟慧丽的《中外海洋文学人物郑和与库克船长的比较分析——以电影〈郑和下西洋〉和

〈库克船长〉为例》（《文化创新比较研究》2022 年第 20 期）一文以电影《郑和下西洋》和《库克船长》为例，结合更多的史料记载，从文化的角度采用比较文学批评法分析比较了在世界航海史上留下辉煌足迹的郑和与库克船长。该文章主要对航海的起源、途经路径、两人与航线沿边国家的文化交融与碰撞，以及各自在航海事业方面的影响进行了比较分析。文章认为，郑和下西洋很好地践行了中国明朝政府制定的国策，是世界公认的和平之旅。"郑和下西洋和库克的太平洋之旅，航程远，时间跨度又大，他们服务于统治者，但服务的方式却不同，郑和的服务体现对整个中华民族的责任与担当；郑和和他的船队下西洋的精神是中华民族不畏艰险、勇往直前的精神；展示了中华民族的大国担当和宽广胸怀；郑和下西洋给我们后代留下了珍贵的财富。"而库克的三次航海经历，为西方世界进一步了解太平洋提供了精确图绘，为英国殖民地的发展奠定了基础；他的旅行虽然较之欧洲航海家们赤裸裸地占领殖民地有所不同，但是他的航海和考察实际上仍然倾向于对殖民地的掠夺和占有，"是一场表面上与当地人和平共处的旅行，实际上他并不信任太平洋诸岛的土著人，所谓的和平共处只是表面上的礼貌和尊重"。"库克的太平洋之旅也是一场西方文化与当地文化之间冲突与碰撞的过程，库克船长的身亡正与此冲突有很大关系。"

明初郑和七次出使西洋，标志着古代海上丝路发展到极盛时期，马欢所著《瀛涯胜览》是关于共建国家的"百科全书"式著作，在国内外产生了很大影响，是研究西洋各国政治经济及文化、中西交通和海洋科技史等方面的重要史料。J. V. G·米尔斯（J. V. G. Mills）对之进行了英文全译，该英译本成为海上丝路典籍在西方的经典之作，至今广为征引。迟帅和许明武的《海上丝路典籍丰厚翻译及海外经典建构与传播——以米尔斯〈瀛涯胜览〉英译本为例》（《外语教学》2022 年第 2 期）一文通过全面爬梳中外文献的史学研究路径增补图文副文本的丰厚翻译策略，全面阐释了文本价值。文章认为，在"一带一路"大背景下，该书不断与时代语境衔接，实现了经典的动态建构。"米尔斯的译作符合读者期待视野，引发读者广泛关注与传播。不同领域学者基于其译作开展持续性研究，形成动态学术链。"此外，文章还指出，"《瀛涯胜览》不仅是记录郑和使团下西洋最重要的文献资料，在农耕文明占主导的中国封建社会，郑和大规模海上航行，推动海上丝路各国的友好往来、包容互鉴、合作共赢，这种海上丝路共通价值观念及其对当下海上丝路的指导意义更值得探讨"。米尔斯借助增添图文副文本的丰厚翻译策略，将目的语读者置于不同文化交互的网状信息中，多维度阐释文本，实现了有效的跨文化交流，为海上丝绸之路典籍的对外译介及在他国的经典建构和传播提供了有益启示。

（二）政治交往与人员往来研究

人类的交往活动是伴随着社会组织、技术进步与自身的成长不断发展扩大起来的，自觉的交往意识也在逐渐发展成熟，不断探索外面的未知世界，不会永远停留在一个水平上。只要有人类存在，就会有民族、国家与地区间的交往，进行接触交流，形成国家间的相互影响与彼此渗透。东方各国无论是从海上还是陆上进行外交活动，在国际关系中都建立了一种规范化的社会秩序。陈奉林的《古代欧亚交流区域的扩大与东方外交圈的发展》（《海交史研究》2022 年第 4 期）一文认为，古代欧亚国家间的交往活动是在不断地突破各种限制之后逐渐发展扩大起来的，是社会进步的重要动力条件，也是人类最基本的实践活动。通过国家间的文明交往，达到发展与共生，架起彼此理解与互通之桥，是国家发展的自觉意识。国家间正常的交往活动是文明昌盛的标志，推动着社会发展进步。各个文明之间需要互鉴，彼此包容，取长补短。东方国家对外交流的历史经验丰富，实践形式复杂多样，值得认真总结研究。"东方外交具有浓厚的本土文化气息，诸如注重等级、朝贡贸易、中心与外围层次明显、诚实交易等。周边国家都是这个秩序中的成员，通过外交的、经济的和文化的多种途径进行联系；通过丝绸之路也把南亚、中亚地区联系起来。"

清代，与中国保持着官方关系的东南亚国家有苏禄、南掌、安南、暹罗、缅甸。清承明制，给来朝国家规定"贡期"，指定"贡道"，制定了一套周密的接待措施，使"朝贡"活动在清朝乾隆年间达到了高潮。"老挝在明清之际由原来统一的澜沧王国已经分裂为三个小国。由于受到来自暹罗、缅甸的威胁，为巩固自己的地位，和强大的中国保持友好关系显得格外重要，其中的琅勃拉邦王国于雍正时期向中国进贡。"肖会坤的《朝贡体系下清朝与琅勃拉邦的关系》（《国际公关》2022 年第 15 期）一文认为，琅勃拉邦王国向外寻求援助，不仅仅是经济、文化的交流，还包含着政治目的，这才是琅勃拉邦的英塔松在 1729 年派遣使者来华朝贡的主要原因。

朱莉丽的《仰视清光——明代外国使臣的北京朝贡之旅》（《紫禁城》2022 年第 10 期）一文认为，紫禁城是明清两代皇帝处理国家政务和起居的地方，同时也是明清两代国家礼仪最重要的实施空间。"将'封贡'作为处理对外关系基本模式的明王朝，曾在紫禁城接待过众多的外国使臣，并希冀通过与外国使臣之间的礼仪互动将明朝的礼教威严传达域外，起到强化权威，招远抚夷的作用。"

厦门大学陈博翼所著《限隔山海：16—17 世纪南海东北隅海陆秩序》，作为杨国桢先生主编《海洋与中国研究丛书》之一于 2019 年由江西高校出版社出版。该著作着眼于 16—17 世纪的南海东北隅，"南海东北隅"的地理区域大致包括粤东和福建沿海、台湾海峡、台澎诸岛以及吕宋岛至我国台湾南部海域。在这一全球联动变化的时空背景下，该著作"从全球、国家和地方多元层面考察这一边缘区域内的'自在秩序'，关注此地的流动人群如何在几股强权势力的碰撞与纠缠之下进行重新定位与归属选择，从而重塑了地方边界与区域秩序"。蔡婉霞的《探寻海陆边缘的"自在秩序"——评陈博翼著〈限隔山海：16—17 世纪南海东北隅海陆秩序〉》（《青海师范大学学报（社会科学版）》2022 年第 4 期）一文认为，《限隔山海：16—17 世纪南海东北隅海陆秩序》一书"寄托了作者关于这种边缘地带'自在秩序'的理解：它与王朝和殖民强权势力的权力逻辑相限隔，同时按照世界的时间与节奏、超越地理界限而深嵌于整个南海东北隅的历史结构之中"。文章还总结了该书在学术方面的成功：首先，"史料收集与应用上极为丰富扎实，兼而具有对多语言文献材料的细致征引"；其次，"在分析方法上结合了前沿的全球史、海洋史的研究视角，这在材料的使用上已经有所体现"；最后，"具备了方法论上的高度自觉并贯穿始终"。

整欠是古代东南亚历史上相对自治的曼陀罗政权。严赛的《整欠：16—19 世纪中缅暹间的曼陀罗政权》（《中国历史地理论丛》2022 年第 4 期）一文围绕"整欠"探究了三个问题：首先，中文史籍中整欠的地域范围在哪里？其次，整欠的发展历史如何？最后，如何判定整欠在东南亚历史发展中的性质？文章认为，16—19 世纪整欠根据自身实力变化臣属缅、中、暹三个不同的核心政权。"其地域范围东面为猛拿，西面接猛笼，北面接橄榄坝，南面为景拉，即中、缅、暹 3 国交界之处。"整欠的历史发展过程体现了东南亚曼陀罗体系中外层朝贡政权的普遍特点，即拥有自治权和军事权、领主多重性、政权多重性，它们将曼陀罗体系与朝贡体系有效结合，成为曼陀罗核心政权之间外层的平衡地带。这一地带的平衡性最终因西方殖民势力的入侵而被打破。西方国家殖民体系在东南亚的建立，意味着曼陀罗政权及其体系的瓦解。

赵佗，史称尉佗，秦末据南海、桂林、象郡而自立，建立了秦汉之际割据岭南的南越国政权。由于赵氏南越国疆域不仅包括今中国两广地区，亦涵盖今越南的北中部，使赵佗及南越国成为中越两国共有的一段历史记忆。"由于赵氏南越国疆域亦延伸至今越南北中部，使得越南自 10 世纪从中国独立后亦将赵佗纳入其本国历史叙事中，由此开启了越南古代史家对赵佗长达数个世纪的持续书写和构建。"成思佳的《开国之君、继统帝王和北国"他者"——越南古代史家对赵佗形象的历史书写与记忆转向》（《史学史研究》

2022 年第 2 期）一文对越南古代史家笔下赵佗形象的历史书写和记忆转向进行了探讨。文章认为，在这一历史过程中，史家先后书写和塑造了三种赵佗历史形象："李陈时期作为越南'开国之君'的赵佗、后黎时期作为越南'继统帝王'的赵佗和中兴黎朝以来作为北国'他者'的赵佗，由此引发了越南古人对赵佗历史记忆的三次转向。"文章认为，整体而言，越南古代史家对赵佗形象的持续书写和记忆转向既是中国传统史学不断浸润和影响的必然结果，亦是越南本土史学中前近代王朝国家和民族意识不断发展的重要表现，反映了古代越南人借助赵佗这一历史人物认识和定位自我的历史过程。

《宋史·交趾传》不仅是研究宋朝与越南交往的主要史料，还是考察中越关系史的重要文献。王皓和杨盈的《〈宋史·交趾〉传史源及史实考辨》（《温州大学学报（社会科学版）》2022 年第 6 期）一文通过分析现存宋元典籍中关于宋朝与交趾往来史料的记载，对《交趾传》的史源与史实予以探究。文章认为，作为认识宋代中越关系的重要历史文献，"《宋史·交趾传》的史源在时间上存在一定差异：北宋部分，主要源自九朝《国史》列传及各朝《实录》；南宋前四朝部分，多源于四朝之《实录》及《日历》；理宗朝及以后部分，主要源于《日历》和《时政记》等；有的还同时参考了当时的臣僚奏议、敕封诏令和使臣行录等资料"。文章还认为，厘清《宋史·交趾传》史料的来源，有益于订正其内容上的一些讹误。

《热河日记》是 18 世纪后期朝鲜王朝学者朴趾源的著名"燕行录"作品。学者就《热河日记》如此评价："该作品中详细记载了 18 世纪中国社会政治、经济、文化等各方面的发展状况，尤其是对文学的记载和评价。通过《热河日记》，我们可以更加清楚地把握 18 世纪中国文学的发展动态，也能够更加深入地了解当时知识文人的内心世界。"李荣的《中唐岭南谪臣与越南独立——基于〈热河日记〉文献的中国岭南历史认识》（《南海学刊》2022 年第 4 期）一文认为，《热河日记》中的中国岭南乃"故谪居地"，

"中唐韩愈、柳宗元、刘禹锡被贬至岭南一事折射出朝政的腐败,更说明岭南未能被朝廷正确定位之事实,这为越南的动乱乃至其后的独立暨岭南地域版图的缩小埋下了伏笔";同时,"越南本土文化的独特性,以五代动乱为契机而得以彰显,最终越南获得脱离中国之机"。自宋至清,越南以藩属国身份保持与中国的关系,而《热河日记》转述成书于康熙时期的《海外纪事》的越南书写,则表明作者对越南"别是一国"的认同。

秦爱玲的《越岛汉喃史籍中的"黄沙""长沙"和"东海"名称再考》(《太平洋学报》2022年第6期)一文在前人研究的基础上,从语言、地图和文本等要素出发,考据了越南历史图籍资料中"黄沙""长沙""东海"等地名的史料来源、具体指代及其拉丁化转译过程,进一步佐证上述地名与南海诸岛及其附近海域无关。文章认为,"汉喃文献中的'黄沙''长沙'等地名并非西沙和南沙群岛,而是越南近海的一些岛屿和沙洲;'东海'等地名亦非南海海域,其在汉喃文献中指代不一,与今天的南海基本没有关联。越南学界为迎合官方的主权声索,故意曲解和混淆上述汉喃地名的做法,显然与端正严谨的学术态度背道而驰"。

明永乐三年(1405年)至宣德八年(1433年),明成祖派遣郑和率领庞大船队七次出使西洋各国。船队从福建太平港候风启航,穿越台湾海峡进入南海,经海南岛东部海域,首站抵达越南中部占城国口岸,在此进行访问和补给,然后分航行,前往爪哇和暹罗(今泰国)等国,或驶往旧港或经过龙牙门到满剌加、苏门答腊,再与印度洋周边国家展开外交、贸易、宗教等交往活动。明中叶以后的历史文献,从明正德年间至明末,编撰郑和事迹的书籍逐步增多。《西洋记》全称《三宝太监西洋记通俗演义》,原刊《新刻全像三宝太监西洋记通俗演义》百回本,是目前发现的最早刊本。时平的《〈西洋记〉中的南海记忆与国家意识》(《海南热带海洋学院学报》2022年第6期)一文认为,《西洋记》中描述的南海是由中国龙神掌管的明朝疆域,包含了现代意义上南海的地理范围,反映了历史上中国人对西沙群岛和南沙群岛地理特征的认识，真实体现了明代民间社会中已经形成对南海的国家管辖意识，表明南海自古便属于中国是一个长期历史积淀的结论。文章认为，尽管《西洋记》是一部反映晚明社会思潮的文学作品，但是其文学叙事是有历史依据的，对南海地理特征的描写是一个典型代表。其作者罗懋登"是一个知识广博的文人，至少看过郑和船队随员写的《瀛涯胜览》《星槎胜览》等许多相关的书，其中关于南海地理特征的描写，都融入了明初郑和下西洋船队往返南海的航程内容。书中除了采用章回创作的南海周边的金莲宝象国、宾童龙国、西洋女儿国、罗斛国等，还提到交趾、彭坑等藩国，地名、航线和水路航程也多采用郑和下西洋时真实的称呼。还用文学的手法把郑和航海活动与南海地理特征结合起来"。

李蕙希的《探析国家形象"自塑"与"他塑"的一致性与差异性——以"郑和下西洋"和"一带一路"为例》（《声屏世界》2022 年第 18 期）一文认为，郑和下西洋是一次成功的对外交流，使明朝的国家形象达成了"自塑"与"他塑"的一致性。同时，文章通过对比分析"郑和下西洋"与"一带一路"这两大传播活动背景之下"自塑"与"他塑"的国家形象，发现"郑和下西洋"时代国家形象的"自塑"与"他塑"具有一致性，而"一带一路"倡议背景下国家形象的"自塑"与"他塑"具有差异性，但二者存在着推陈出新、一脉相承的关系。文章还通过探究二者塑造路径的差异，就如何开展对外传播、讲好中国故事提出了一些建议。

中国和印度尼西亚都是文化灿烂的东方大国，双方文化交流的历史久远、涉及面广。鲍立刚的《中国人迁移印尼的历史变迁与贡献》（《边疆经济与文化》2022 年第 12 期）一文回顾了印度尼西亚各民族与中国深厚的历史渊源。历史上，中国和印度尼西亚通过王国间的朝贡往来及民间贸易联系，以和平的方式在宗教、器物、饮食、习俗、科技、语言和艺术等文化领域开展广泛交流。"两国自汉代即有交往，华侨华人自汉代开始迁移印度尼西亚某些地区。唐末以后中国移民开始成批迁移到印尼马打兰、三佛齐、满者伯夷等国，宋元时期移民人数及其经营规模为印尼华侨华人社会的形成奠定了基础，明代留居印尼的海外华侨社会初步形成，华侨有自己规模可观的集中居住处，逐渐同化于当地社会，开始与当地人相互融合。"文章还指出，华侨华人为印尼社会经济文化发展和反抗西方殖民统治、争取民族国家独立做出了重大贡献和牺牲。

马君红的《试析印尼社会中媒体报道建构的"郑和"形象》（《文化创新比较研究》2022 年第 14 期）一文认为，印度尼西亚是共建"一带一路"国家，郑和文化作为中国和东南亚共同的文化记忆是历史送给我们的礼物，是促进两地区民心相通的重要资源。"经过 600 多年的沉淀，在中国和东南亚地区形成了两个'郑和'，一个是历史范畴的'郑和'，一个是存在于东南亚各族群历史记忆中的文化范畴的'郑和'。"文章通过对在印度尼西亚发行的媒体报道的分析发现，"在印尼社会中，郑和是一位中国将军，是重要的旅游资源，是中国与印尼友好往来的桥梁，也是印尼华人圈中的'郑和神'"。

高伟浓的《近代以前中国人环球航路大视野：以东南亚为中转站》（《海洋文化研究》2022 年第 1 期）一文认为，中国有悠久的以移民与贸易为目的的远洋航海史。中国人通过粤闽两省沿海的始发港和大西南通向中南半岛的陆上通道分水陆两路移居东南亚，逐渐在东南亚一些重要港口形成了进行环球航海活动的中转站，并通过这些中转站将航海活动延伸到"近洋区域"（印度洋和阿拉伯海等地带）和"远洋区域"（美洲）。"到明清时期，形成了通达全球的适应大航海时代形势的三大洋航路网络，海上丝绸之路远洋航路也达到了历史的高峰。同时，中国人通过这些航路移居世界各地，在居住地开拓拼搏，广泛开展经济文化交流，为发展中外友好关系做出了巨大贡献。"

沈丹森（Tansen Sen）博士所著的《印度、中国与世界：一部联系的历史》（*India，China and the World：A Connected History*）一书 2017 年由 Rowman & Little field Publishers 出版，2018 年由牛津大学出版社（Oxford University Press）再版。何爱民的《印度洋视角下的印中海上交流史——〈印度、中国与世界：一部联系的历史〉评介》（《海洋史研究》2022 年第 1 期）一文着重研究了欧洲国家闯入印度洋之前印度与中国关于地理、制造技术、天文学和医学等知识的广泛交流。此外，文章还对 20 世纪以来中印关系的新形式与最终的脱节进行了详细探讨。

华人进入非洲的脚步，一般认为始于 17 世纪的契约劳工。19 世纪早期，自由移民开始增多；19 世纪晚期，印度洋西岸诸岛以及开普敦等港口城市普遍建立了华人社区。20 世纪 80 年代以来，学者们对契约劳工输入非洲的原因、相关政策、华工来源以及对非洲经济的影响等进行了探讨，并对非洲各地的华人历史和近况做了相当多的介绍。徐靖捷的《近代印度洋西岸的华商活动及其支持网络》（《海洋史研究》2022 年第 1 期）一文透过"远枝堂"的个案展现了移民如何通过乡土宗族支持的海洋网络在国外旅居地顺利进入当地社会并立足，并使他们能以较低的成本展开经营活动。文章认为，以"侨乡的支持网络作为社会资本，使得乡民移民国外的成功率大大提高，新移民的不断融入和拓展，又壮大了海外移民的支持网络，形成一种良性的循环"。此外，地域团体的封闭性也会影响个体的发展。"印度洋西岸的华人团体有福建人、广东客家人和广东南顺人三大族群，进入 20 世纪后，不同地缘团体曾经发生激烈竞争，导致华人内部的分裂，毛里求斯的移民政策也因此调整，南顺人受到排挤向马达加斯加等国转移。"

李新烽的《郑和远航非洲与中非文明互鉴》（《中国社会科学》2022 年第 5 期）一文认为郑和下西洋到访非洲史实确凿无疑。非洲大陆虽与中国相距遥远，但自汉唐以来即存在往来，明代郑和下西洋之壮举，无论广度还是深度，无疑均达到古代中非交流最具标志意义之巅峰。"非洲学界和政界普遍肯定郑和下西洋之史实，称赞其是中非友好交流的象征和文明互鉴的楷模。非洲之外的一些人质疑郑和下西洋，并无史实支撑。"文章分析并建议：

在新形势下，中非学界携手破除"西方中心论"，弘扬"仁和为先、宽容开阔、以义统利、太平共享"的郑和精神，不但可为当代非洲"向东看"和中非高质量共建"一带一路"夯实历史根基，而且将为中外文化交流和文明互鉴树立典范。

（本章作者：谷雪梅，宁波大学人文与传媒学院副教授）

第四章　海上丝绸之路与中西交流

中国自秦汉以来就开辟了通往西亚、中亚和欧洲的海上商路，海上丝绸之路初步形成，其与陆上丝绸之路一起，成为中外物质文化交流的主要通道。随着中西方海洋交通的发展，其相互之间的政治、经济和文化交流也在不断推进，东西方文明在交融与碰撞中互学互鉴，这种互鉴不仅反映在科学技术、审美意趣、艺术风格等方方面面，更生动体现于社会风俗与人们的衣食住行中。改革开放以来，随着中西交流的蓬勃发展，国内学术界对海上丝绸之路的研究获得长足发展。2022 年度对海上丝绸之路的研究继续呈现蓬勃发展态势，主要是对中西政治交往、海洋海疆政策、海外贸易政策、港口航线、中西贸易、中西物种流传及中西文化交流等领域进行深入考察。

一、中西海洋政策、海疆史与政治交往研究

随着中西海上交通研究的不断深入，本年度学术界在深入挖掘原始资料的基础上，不断创新研究方法，对中西海洋政策、海疆史及政治交往等进行了较为深入的探析，取得了丰硕成果。

（一）中西海洋政策、海疆史研究

本年度关于中西海洋政策、海疆史研究的成果不少，既有对相关问题的

总体研究，也有对具体问题的深入探析。宋代海外贸易发达，其海洋政策受到学术界广泛关注。

黄纯艳的《宋代海洋政策新变及其国内效应》(《中国史研究动态》2022 年第 2 期) 一文认为，宋代是中国古代海洋事业空前发展的时期，其关键原因之一是海洋政策出现了若干新的变化，无论是军事防御，还是经济贸易，国家都更加重视海洋，海洋对国家和民众的重要性空前增加。特别是允许并鼓励本国民众出海贸易，使中国海商作为贸易主导力量之一参与亚洲海洋贸易，中国真正成为亚洲海洋贸易重要的发动机，推动亚洲海洋贸易进入全新的阶段。李超的《宋代海盗相关问题研究》(郑州大学硕士学位论文，2022 年) 一文分析了宋代海盗出现的原因、活动特点及其影响。文章认为，南宋海盗活动远远多于北宋时期，南方沿海地区的海盗活动也远远多于北方沿海地区。宋代海盗活动大多没有政治目的，只是为了获取经济利益。为解决海盗问题，宋朝形成了巡尉、知州、安抚使、朝廷四级处理机制，并设置专门的机构——沿海制置司，其主要职能就是防御海盗、维护治安，同时还采取了利用民间武装打击海盗、以盗治盗、安抚民众等多种措施。随着形势的变化，统治者和部分开明官员也逐渐改变了"民愚为盗"的偏见，认识到安抚民众才是解决海盗问题的最好方法。

本年度关于清代海洋、海疆政策的研究最为突出。中国历史研究院课题组的《明清时期"闭关锁国"问题新探》(《历史研究》2022 年第 3 期) 一文通过对"闭关锁国"概念的渊源流变进行梳理，认为"闭关锁国"不是中国古代的既有概念，不是对明清时期对外政策的客观描述，也不是西方对中国的固有认知，而是晚清中日语言嫁接产生的历史名词。面对咄咄逼人的西方殖民势力，明清时期的中国当政者从军事、经济、文化等不同层面，采取了以"自主限关"为主要特征的限制性政策。这一政策不仅没有阻断明清时期中国对外贸易的发展和中西文化交流互鉴，而且造成了消极防御和漠视西方先进科技的负面影响，在一定程度上为近代中国陷入被动挨打局面埋

下了伏笔。秦浩翔的《明清易代之际东南海疆的军事、民生与法律——顺治
十二年违禁出海案分析》（《法律史评论》2022 年第 1 期）一文认为，顺治
年间受军事形势以及朝廷政令的影响，无论是中央官员还是地方官员均尤为
重视违禁案件，对于违禁者是否"通逆"更是慎重调查，"通逆者"最终往
往被从重议处，"违禁者"亦会被按律治罪。在明清鼎革的特殊时期，清廷
于东南沿海地区围绕海禁政策，在法律制定与案件审理上呈现出军事需要优
先于民生疾苦的特点。吴旭东的《清初海洋政策再思——以清初的海禁与开
海为讨论中心》（《哈尔滨师范大学社会科学学报》2022 年第 3 期）一文认
为，清政府在清初的内外情势变化之下制定了一系列严厉的海禁政策来完成
其政治上巩固统治、经济上争夺贸易控制权、军事上对抗东南沿海反清力量
的总体战略。在法令颁布与政策执行之中，在禁海与开海之间，其权衡与反
复的历史情况是极为复杂的。清初所实施的海禁政策对其统一进程的影响也
是充满两面性的，但其治策在当时的历史情境下有其内在的逻辑合理性。郑
宁的《迁海令与清初海禁政策的变迁》（《史林》2022 年第 6 期）一文认
为，作为海禁政策的高峰，迁海令的出台是清朝调整对海战略的必然结果，
"汉奸献策"之说并不可信。海禁强度受到军事战略的影响，厉行海禁并非
清朝的唯一选择，也不是顺治君臣的最初选项。在招抚郑成功的策略下，海
禁有所宽弛；在攻剿策略下，海禁趋于严厉。由于招抚的失败和攻剿的失
利，原本起辅助作用的海禁成为清朝打击郑成功集团的主要手段。在现实需
求与历史经验的引导下，顺治末年海禁政策空前强化，最终出台了迁海令。
迁海令的酝酿过程反映了清初海禁政策的变迁，其间蕴含着中央与地方的利
益取向，最终在中央至上的原则下决定了清朝保守退缩的海洋战略。王日根
的《重审海权观与清代前期海疆政策》（《中国史研究动态》2022 年第 2
期）等文章也对清代的海疆政策进行了探析。

　　沿海地区地处海疆，明清两朝的海洋政策和海防措施都在不断进行调
整，学术界一直非常关注。王泉伟的《清代沿海诸厅与海疆管理研究》

（《中国边疆史地研究》2022 年第 3 期）一文认为，沿海厅的创立是清朝为适应海洋环境而进行的一种较为成功的制度实践。沿海厅最早设立于雍正年间，持续到宣统年间，其中雍正时期、乾嘉之际、鸦片战争以后是沿海建厅的三个高潮期。沿海厅的设立原因各异，部分是为了适应海洋环境而专门设立的，部分是为了适应我国台湾地区民族混居情况而设立的，另外还有一些是因特殊情形而设。在沿海诸厅的职掌中，相比征税等民政工作，维持治安与移风易俗是更为重要的内容，其具有较为明显的边疆特性。胡泰山的《康雍乾时期的海岛治策——内附治岛的两种方案》（《中国边疆史地研究》2022 年第 2 期）一文指出，康雍乾时期，清朝在统治海南岛和台湾岛的过程中，探索出两种落实和深化内附治岛政策的路径："海南方案"与"台湾方案"。前者旨在通过设置兼辖海岛与大陆的分巡道和绿营镇以增强海岛与大陆的联系，强化对海岛的统治。后者重在设置专辖海岛的分巡道和绿营镇处理海岛内部事务，辅之以若干配套措施，以强化对海岛的监督和管辖。胡鹏飞和李晓彤的《从"首重舟师"到"裁船改员"——驻粤旗营水师与清代海防研究》（《中国边疆史地研究》2022 年第 2 期）一文认为，雍正以降东南沿海开始设置诸多旗营水师，驻粤旗营水师因广州为沿海要地"首重舟师"而设，海防实践以"操演"为主，在东南海防体系中发挥的作用有限，在近代海疆危机与海防变局的背景下，为近代新式海军所取代，以"裁船改员"的方式退出历史舞台。驻粤旗营水师从设立到裁改，体现了不同时期广州驻防八旗军事体制的演变过程，"旗营"的身份决定着其作为"水师"在海防中的实际价值。在落后的海防军事体制制约下，无论是传统水师还是新式海军，都未能真正肩负起守卫海疆的重任。

　　浙江地处中国沿海中线，在海防和海外贸易中占有重要地位，本年度学者们对浙江的海防状况进行了探析。鲍海勇的《清代浙江海防体系研究》（山东大学博士学位论文，2022 年）一文利用丰富的档案文献资料，对清代浙江海防体系进行深入研究。文章认为，从 1646 年清军占领浙江到 1683 年收复台湾，清廷以南明海上势力为海防对象，以夺取和巩固全国政权为中心，在海防上采取极其消极的措施如弃岛、禁海和迁界来对付南明海上势力。从1684年清政府宣布开海到1839年鸦片战争前夕，以海盗、滞留海外的汉人为海防对象，个别时间含有防御外敌入侵的内容，但大部分时间以海盗为海防对象，因此清前中期海防的主要任务是缉盗安民、护商护渔，形成了以水师和海关为两大支柱的体系。其中绿营水师担负着巡洋会哨、护商护渔、缉盗缉私、稽查岛屿等职责，浙海关担负着对出入海口船只、人员的日常管理。沿岸有绿营、八旗水师兵驻扎于炮台、城寨、塘汛，内陆则有八旗、绿营陆兵驻守城池、关隘，大致构筑起海上、海岸和内陆三条防线。历经康雍乾三世，浙江的海防体系趋于成熟。从1840年鸦片战争至1911年清朝覆亡，浙江以外国侵略势力、海盗为海防对象，其中外国势力是最为凶险的海防对象。此时期浙江海防体系已发生较大的嬗变，在同治以后勇营和练军取代绿营、八旗成为海防的主力，部署的原则由以前的星罗棋布变为重点扼守。传统水师已经没落，在道光末年、咸同年间政局糜烂、海疆失序之时，不得不借助外国舰船镇压海盗和缉私，清朝的海防主权也因此受到损害。炮台在清前中期浙江海防中基本没有发挥作用，而在清后期成为抵御列强入侵的主要依托，由此大致形成"炮台与水师轮船相为表里"的体系。清前中期海防对象为海盗，后期为外国势力，海防体系的重心从清前中期的"防之于水"向后期的"防之于陆"转变。鸦片战争破坏了浙江原有的海防体系，统治者对单纯海口陆地堵防的方针进行了深刻反思，认识到水陆配合作战的重要性，但由于无法建造拥有大型舰只的水师，也就无法实现"陆军战于前，水师战于后"的设想，只能寄希望于提高陆战能力，加强陆地上的协同。浙江的海防地位在鸦片战争之前一直是比较高的，至鸦片战争期间，其海防地位进一步凸显。但从第二次鸦片战争开始，北洋地位益重，浙江的海防地位已十分弱化。清代浙江海防体系在缉捕海盗、护商护渔、促进海疆、海岛开发等方面都发挥过积极作用，但也存在明显不足，这在晚清应对列强入侵时尤为被动。杜晓伟的《清代海图绘制转型分析——以舟山海域为例》(《形象史学》2022 年第 1 期) 一文以海防为切入点，将舟山海域作为研究对象，对海图绘制的内容、特征及其演变进行讨论，进而探究清代海图绘制的历史转型问题。

我国台湾处于海上丝绸之路的交通要道上，学者们比较关注与其相关的海防政策。周梦杰的《乾嘉时期闽台海防研究》(淮北师范大学硕士学位论文，2022 年) 一文参考了清代乾嘉两朝的奏折、地方志、名人传录等文献，深入探析乾嘉时期闽台两岸的海防建设。该文探讨了闽台海防建设的政治前提、经济基础与物质保障，以及所需武装力量保证和海防建设的形势需要，认为清初只是闽台海防的奠基时期，乾嘉时期才是闽台海防的重点完善和强化发展时期。文章重点分析乾嘉闽台的海防建设，从海防设施、水师建设等入手，论述兵器改进、战船配置、早期军事性港口建设、绿营水师与八旗水师建制、训练等问题，从政治和经济两个方面总结乾嘉时期有关闽台海防建设的作用及影响。戴龙辉的《从台湾例到海疆缺：清代海疆治理下的台湾职官选任制度发展》(《云南民族大学学报 (哲学社会科学版)》2022 年第 1 期) 一文认为，清廷收复台湾后，为解决"缺官"问题创制台湾例；清中期，海疆治理深化，台湾例逐渐与沿海缺融合形成海疆缺，并不断对海疆缺进行调整完善，更加注重治理成效。台湾例的不断发展，对沿海各省职官制度产生了影响，并最终融合成为适应海疆治理整体性的职官制度体系。清末，海疆危机凸显，我国台湾海疆缺虽积极因应，但终因台湾的丧失而被撤销。有清一代，台湾职官选任制度针对其处于远海的特殊自然环境与番民共处的复杂社会情形，确定了"人地相宜"的制度宗旨，通过"拣选题补""俸满优升"的制度原则，在台湾建立起一套完备的职官治理体系，大大提升了清政府在台湾的治理能力，推动了国家治理一体化的进程。

中国海岸线漫长，随着古代中国海上交通的发展，海洋观的形成和发展逐渐受到学者们的关注。孟晓宇的《中国海洋秩序观：渊源、发展与展望》

（山东大学硕士学位论文，2022年）一文通过梳理中国海洋秩序观的演变历程，进而提出对当代海洋秩序的展望。文章认为，中国古代海洋秩序虽受到生产力水平的限制，并未形成深度的海洋利益互动，但在构建天下秩序的过程中，形成了相对稳定的海洋行为模式。中国古代海洋秩序观表现为对这种海洋行为模式的逻辑、规律以及原则的认识，其虽处于萌芽阶段，且从属于天下观，但却为后世海洋秩序观的发展提供了精神内核。近代以来，天下秩序猝然崩塌，中国被暴力卷入威斯特伐利亚体系之中。中国海洋秩序观从天下观中脱离，继而与民族主义紧密结合实现重塑，并在中国海洋秩序观的演变历程中发挥了承前启后的作用。中国海洋秩序观在"起源——曲折发展——当代展望"的整个发展过程中，经历了性质、内涵、价值偏好的转变，亦坚守了"和平、包容、互惠"等精神内核以及整体性与关系性的思维视角。李川的《"教化"与"神意"：华夏、希腊海洋观的逻辑起点》（《中国非物质文化遗产》2022年第6期）一文追溯东西海洋观的逻辑起点，从其起源处探究华夏、希腊海洋观不同的文化取径。文章认为，华夏与希腊的海洋观之源始逻辑不同。华夏海洋观奠基于以"声教"为核心的人伦政治传统之上，而希腊海洋观奠基于以"神意"为核心的自然神学传统之上。袁博的《困境中前行：近代中国国民海洋观念的觉醒与深化》（《齐齐哈尔大学学报（哲学社会科学版）》2022年第1期）一文认为，鸦片战争后，由于部分有识之士的呐喊、晚清海防教育的初步发展以及近代出版业的兴起等，近代中国国民形成了以海防观为主的海洋观念，但这一观念带有一定的被动性和保守性。从其发展历程来看，近代国民的海洋观念是不断深化的，既有对传统海洋观的反思，也有对西方海洋观的探求，近代中国国民海洋意识在内忧外患的困境中缓慢前行。

（二）古代中西政治交往

古代中西政治交往一直是国内学术界关注的重点之一，本年度学者们对古代中西政治交往进行了较为深入的探析。陈奉林的《古代欧亚交流区域的扩大与东方外交圈的发展》（《海交史研究》2022 年第 4 期）一文认为，古代欧亚国家间的交往活动是在不断地突破各种限制之后逐渐发展扩大起来的，是社会进步的重要动力条件，也是人类最基本的实践活动。古代东方国家对外交流区域的形成、发展与扩大，不仅开阔了视野，带动整体发展，也使各国获得了不竭的发展动力。东方国家对外交流的历史经验内容丰富，实践形式复杂多样，值得认真总结研究。

本年度对清代前期中西交往的礼仪问题进行了较为深入的探析。陈玉芳的《重新解读清中前期欧洲来华使团与外交礼仪之争》（《史学集刊》2022 年第 6 期）一文认为，清中前期，葡萄牙、荷兰、沙俄和英国使团陆续来华。其间，葡、俄、英使臣均与清朝发生过礼仪争执和冲突，主要体现在国书格式和内容与清朝典制不符，使臣觐见皇帝时拒行跪拜礼，坚持亲自呈递国书和方物，以及拒绝被称为"贡使"等方面。清朝在面对欧洲来华使团对既有外交礼仪的挑战时，有不同程度的妥协和变通，有时面对不同国家使臣挑起的同一礼仪问题，反应也不同。例如，清朝拒绝葡、荷、英使臣的要求，却与俄国使臣开展各项谈判并对其诉求做出积极回应，从表面看，这是区别对待西欧各国与俄国使臣的要求，但根本上均是出于消除对统治威胁的考量。郭福祥的《十七、十八世纪中西交往中的使团礼品》（《紫禁城》2022 年第 10 期）一文认为，清代中国与西方国家之间直接或间接的交往一直存在，交往双方间相互馈赠礼品的交接及其仪式成为这些外交活动中十分重要的一环。无论是中国皇帝"赏赐"给西方君主或国王的宝物，还是西方君主赠送给中国皇帝的礼品，都被清政府纳入中国自己的话语体系之中进行诠释和解读，成为展示和显现皇权的必要手段。

清代，随着中西交涉的增多，关于相关人员的研究也得到学术界的重视。陈玉芳的《耶稣会士在清前期欧洲使团来华中的角色》（《古代文明》2022 年第 3 期）一文探析了耶稣会士在清前期欧洲使团来华中所扮演的角色。顺治年间，荷兰杯突高啮使团来华，耶稣会士通过破坏荷兰人形象，假借圣意影响朝臣主张等方式，阻挠荷兰与中国建立稳固的贸易关系。康熙年间，葡萄牙撒尔达聂使团来华，耶稣会士协助使节规避可能产生的矛盾和冲突，争取皇帝和官员的好感，并且审时度势，灵活处理同时面临的在京使团、天主教和澳门的问题，为十多年后白勒拉使团来京奏请开放粤澳贸易打下基础。罗马多罗使团来华时，耶稣会士在皇帝和使节中间斡旋，但因双方分歧已深，以及使团举措得不到清廷认可而无法阻止关系恶化。耶稣会士在清初中欧使团交往中除频繁充当翻译、顾问之外，还凭借其对中欧双方的深入了解，积极参与其间，实质性地影响了中葡、中荷国家关系的走向，并在清廷与罗马教廷的交往中扮演了不容忽视的角色。郭英夫的《嘉道时期两广总督阮元对外交涉述析》（《历史档案》2022 年第 4 期）一文通过中英双方材料的对比，重新审视嘉道时期两广总督阮元在处理对外交涉中所采取的措施和背后的思维意识。阮元具有著名学者和朝廷重臣的双重身份，处理过多起中外交涉事件，对清朝的中外交往产生了一定的影响，本文的研究丰富了学界对这位封疆大吏的人物研究。

　　本年度关于清代前期与英国的关系研究成果较多。詹继续的《近代早期以来英国域外管辖研究——以土耳其与中国为例（1580—1843）》（华东政法大学博士学位论文，2022 年）一文论述了自 1580—1843 年英国域外管辖得以扩张的理由、依据和方式以及在不同国家间管辖实践的流动与经验借鉴，文章有相当篇幅涉及中英之间的政治交往问题。文章认为，贸易公司是英国早期扩张性域外管辖的主体，东印度公司充分运用贸易扩张过程中的纠纷处理冲破了中国原有的对外国人的管辖体制。该文第四章从英国的域外管辖实践在亚洲的流动出发，指出英国在中国的域外管辖同样经历了从贸易公司主导的贸易外交模式，到公司解体后的管辖争议，最后到条约管辖的过程。张璐的《法律、秩序与话语权的建立——对 1821 年"土巴资号"案件的历史考察》（《法律史评论》2022 年第 1 期）一文认为，"土巴资号"案发生于 19 世纪初的广东，此时以欧洲为核心的国际秩序基本确立，西方国家全球扩张的触角已经延伸到了东方。广东沿海是中西方互动和冲突的最前沿，清政府与西方国家、西方国家之间都存在不同层面的矛盾与竞争。清政府为保护自身利益做了多方尝试和努力，但在势不可当的全球化趋势面前显得徒劳无功。本文将个案放入全球化背景中思考，从海上秩序重构和文明话语权建立的角度为鸦片战争前广东沿海权力格局的变化提供一个新的观察视角。冯定雄和姚宇扬的《鸦片战争前英国人对舟山群岛的环境调查》（《浙江师范大学学报（社会科学版）》2022 年第 5 期）一文认为，在鸦片战争爆发前的 200 多年中，英国对舟山群岛的调查就已经在不断地展开。17 世纪上半期，《海洋之奥秘》海图集中就有舟山群岛；17 世纪末，桑顿绘制的舟山地图已很全面、准确。18 世纪初，坎宁安在舟山进行植物采集和气象观测，发表过两篇关于舟山地区自然与人文状况的调查报告；18 世纪中期，《英国领航员》中收有以科学投影方法绘制的舟山岛地图，细节标注非常精确。马戛尔尼使团成员出版的日记等，留下了大量关于舟山群岛地理、航海、物产及人文的调查内容。19 世纪上半期，林德赛等人乘坐"阿美士德"号前往中国沿海对舟山群岛的地理环境进行调查。1833 年，詹姆斯爵士向英国外交部递交的报告中详细介绍了舟山群岛的各方面情况，并反复强调它在英国对华贸易中的重要地位。1836 年和 1838 年，德庇时和麦都思分别出版著作，不仅对舟山群岛，而且对整个中国沿海地区甚至整个中国都已经有非常清楚的了解。英国对舟山群岛的地理环境调查虽有利于中西文化交流，但也为后来英军对中国沿海，特别是对定海的进攻提供了指南和方便。

在中英外交史上影响深远的马戛尔尼使华事件与阿美士德使团已被很多学者关注及研究，本年度关于这方面的研究继续向前推进。施晔的《新见马戛尔尼使团档案及相关问题考析》（《清史研究》2022 年第 5 期）一文利用新见档案资料，对使团相关问题进行了深入辨析。文章指出，英国皇家亚洲学会斯当东所藏的英王国书与军机处版在语气、格式及文字表述上有显著差别，斯当东版国书体现出平等互利的原则，通篇使用简易文言，语气谦和，不矜不伐，除派遣使团"以定两国常远之交往"外，还着重提出遣使驻华"管理一总事务，以除两国不和之基"及祈望清廷"垂悯爱护"在华英人等诉求；而军机处版表文语气谦卑畏服，用词粗陋俚俗，是一份文辞拙劣的贡表。礼单的自写原单与中方缮写本两个版本上对礼品的描述也有很大的差别，进行对照后可以发现后者对原单字句做了很多改动，对 19 件礼物的描述性说明也做了较大改动，除疏通文理字句使语气更恭顺外，还对内容有较多增删，引起种种误会，导致使团花费在礼物上的极大心力、财力几乎付诸东流。文章还对被截留的马戛尔尼三通谢恩函进行了分析，认为其之所以未见清廷档案及乾隆帝上谕，是因为松筠或和珅等大臣采取了选择性转述及扣留不报的处置方式。王春晓的《宫廷戏曲与乾隆时期的中英关系》（《寻根》2022 年第 1 期）一文认为，英使访华期间，作为宾礼的重要组成部分，使团曾在热河行宫观看了傀儡戏，后又受邀与乾隆帝一起观看了专为其来华改编搬演的戏曲《四海升平》。使团返英之后，英国使者的形象还曾出现在乾隆安殿本《万国来朝》和戏本《虹桥现大海》中。可以说，宫廷戏曲参与、见证了乾隆时期中英关系的发展，集中反映了乾隆对英使访华乃至英国的认识与态度，从中也可窥见两国国势消长之端倪。王宏志的《马礼逊：阿美士德使团不情愿的译员》（《亚太跨学科翻译研究》2022 年第 1 期）一文通过梳理马礼逊在参加使团前后所写的信件及其他相关文献，分析了其不愿意参加使团的原因。文章认为，作为使团的主要译员，马礼逊在 1816 年英国阿美士德来华使团中扮演了极其重要的角色，肩负使团大部分的传译和文书翻译工作。不过，自始至终马礼逊并不情愿参加使团，且从不认为使团能取得什么成果。李婧和杨慧玲的《中英外交的失败阿美士德使团的来华》（《紫禁城》2022 年第 10 期）一文结合最新研究，从更为具体而宏观的视角去审视阿美士德赴华使团的动机和目的。

关于郑成功与西方国家之间的关系问题以及荷据时代台湾状况的研究一直是国内学术界非常重视的课题，本年度也有相关的研究成果。吕蒙原的

《略论郑成功收复台湾的多维历史背景》(《福建史志》2022 年第 6 期) 一文认为,郑成功收复台湾是明末清初多重因素综合叠加作用的结果,具有深刻的历史背景。明末清初,郑成功北征南京失败,复明抗清局势恶化。为了开拓新的抗清基地并巩固郑氏集团的统治,郑成功决定凭借郑氏集团的海上优势,驱逐荷兰殖民者,收复台湾。安娜·布斯克茨·阿莱马尼和吴丹华的《中国边缘之梦:李科罗与明郑政权》(《台湾研究集刊》2022 年第 5 期) 一文认为,17 世纪下半叶,郑成功在中国南部和东部沿海,尤其是在厦门建立了抗清基地。将荷兰人赶出台湾后,郑成功试图征服菲律宾。郑成功要求西班牙人承认其霸权,并向其进贡。郑成功派遣的使团是 1662 年马尼拉涧内华人起义的导火索之一,李科罗是特殊的目击者,也是敏锐的观察者,其撰写的《多明我会在中华帝国的活动》的手稿具有重要的历史价值。黄俊凌的《荷据时期台湾少数民族基督教信仰问题——以新港社为例》(《台湾历史研究》2022 年第 3 期) 一文认为,荷兰殖民统治台湾期间,积极对当地少数民族传播基督教,并在赤崁地区取得了相当的成果。在赤崁当地的少数民族部落中,新港社实力最弱,在激烈的部落竞争与冲突中处于下风。新港社迫于生存压力,只得利用信仰基督教来换取荷兰殖民当局的支持,从而抵抗其他部落的敌对行为。而荷兰殖民者为了巩固在新港社的传教成果,并将其作为基督教传播的典型,也愿意将新港社置其保护之下,甚至助新港社讨伐其他部落,以期进一步扩展基督教传播。因此,荷兰殖民统治台湾时期的基督教传播成果,表面上是西方基督教改变了我国台湾少数民族的传统信仰,实际上是台湾少数民族对荷兰殖民者妥协的结果,尤其是新港社的基督教信仰,在很大程度上是应对激烈部落冲突的权宜之计。

此外,本年度关于清代前期与葡、荷、美等西方国家的关系也进行了研究。徐锦江的《信票、储位之争与中葡关系——全球法律史视野下传教士"穆敬远事件"的个案研究》(《基督宗教研究》2022 年第 2 期) 一文结合罗马耶稣会档案与清廷档案,对首位被清政府明正典刑的西洋传教士、葡萄牙籍耶稣会神父穆敬远进行了探析。文章认为，穆敬远主要死于触犯《大清律集解附例》中的"奸党罪"，清政府对穆敬远司法审判的主要依据也是此条罪名，尽可能还原了历史真相。汤开建的《18—19世纪澳门的私人住宅与花园——以罗伯特·伯福德〈澳门全景图〉为中心展开》（《历史文献与传统文化》2022年第2期）一文对罗伯特·伯福德的《澳门全景图》进行了考察，其上的南湾地区外国人租居葡人之民居所建的住宅、花园一定程度上反映了中葡之间的交往状况。王健的《鸦片走私、海盗和广州体制——"沃巴什号事件"辨析》（《国家航海》2022年第1期）一文对1817年美国商船"沃巴什号"案件进行了较为详尽的探析，为中美双方第一次有正式记载的官方层面交涉事件，对研究早期中美关系史及清代华南社会的海运贸易具有较大历史意义。

二、中西贸易研究

15世纪末16世纪初，随着欧洲航海者发现新大陆，开辟了大西洋—印度洋—太平洋新航线，对世界政治、经济发展产生深远的影响，中西贸易也进入新的发展时期。中国的丝绸、茶叶、瓷器等产品通过海上丝绸之路进入西方国家，西方国家在工业革命后其工业产品也源源不断输入中国，促进了中西经济的发展与社会生活的变革。国内学术界一直非常重视中西贸易研究，本年度国内学术界在以往研究基础上，围绕中西贸易状况、贸易制度、政策与机构、贸易航线与港口、中西具体货物贸易以及贸易相关人物等问题进行了比较深入的研究，成果丰硕。

（一）中西贸易状况研究

本年度关于中西贸易发展状况继续深化的研究成果不少。李坤的《明清时期中国社会对欧洲产品的早期消费》（《国际汉学》2022年第2期）一文指出，明末至 19 世纪初是中国社会消费欧洲产品的早期阶段，当时，欧洲产品的奇巧特征正好迎合了上层社会尚奇巧之风，上层社会使用欧洲产品满足多种需要，主要有赠予需要、社会形象需要、时尚需要、娱乐需要、实用需要，上层社会存在消费欧洲产品的多样化动机，推动了欧洲产品的消费和传播。事实上，明清上层社会的消费文化具有开放性，在欧洲产品消费的早期阶段，上层社会就追捧欧洲产品，存在促进欧洲产品传播的动力。吴杰伟的《太平洋丝绸之路历史价值的新思考——基于档案整理和知识传播的启示》（《社会科学战线》2022 年第 11 期）一文以太平洋丝绸之路的概念界定作为研究起点，通过梳理关于太平洋贸易的档案文献，讨论太平洋丝绸之路研究的多向观察维度，聚焦 16—19 世纪太平洋丝绸之路在货物交换和知识交流领域的作用，思考其对文化交流和知识传播的影响。此外，袁超的《魏晋至唐宋时期海上丝绸之路对外贸易进出口商品种类的转变》（《文物天地》2022 年第 3 期）、齐悦的《"准贩东西洋"：晚明的海外贸易》（《书屋》2022 年第 6 期）等文章也对海外贸易状况进行了探析。

宋代是海上贸易非常繁荣的时期，本年度关于这方面的研究成果不少。武婷婷的《宋代中国与非洲贸易图景研究》（《非洲研究》2022 年第 1 期）一文认为，宋代中国已经形成了一个较为完整的海外贸易网络，逐步开拓了其与非洲的贸易往来，初步建立了具有实质内涵的贸易体系。宋代古籍中有关勿斯里、木兰皮、层檀等国的记载亦成为宋人乃至后世了解这段中非交往史的关键信息。彼时，宋代不仅将航道延伸至北非，而且开辟了横跨印度洋，直达东非的越洋航线。随着宋瓷、宋币在非洲的相继出土，以及有关中非香料、象牙贸易的记载，进一步印证了中非之间存在直接贸易联系的事实，由此奠定了古代"海上丝绸之路"的基本形态。从历史的角度看，中非关系不如"东亚秩序"那般有着紧密的等级政治依附与儒家文化烙印，有的仅是纯粹的经济互动，且是属于"两个文明圈"的交往。李佩凝的《宋代南海地区的海上贸易模式探究》（《海交史研究》2022 年第 2 期）一文通过对印坦、井里汶、"南海Ⅰ号"以及泉州湾沉船货物装载方式的分析，提出在宋代南海地区存在两种不同的海上贸易模式。其一以印坦和井里汶沉船为代表，占据商船上大部分空间的主要货物是拥有大量资产的商人或是几个大商人组成的组织的。这些大宗货物将在同一个终点卸载，剩下的空间则租借给不同的几个私商进行零售业务；其二以"南海Ⅰ号"和泉州湾沉船为代表，船上的大宗货物由多个商人经营，它们可能并不在同一个港口卸载，而是在多个停靠港进行买卖。周必超的《浅析宋朝海外贸易发展的原因》（《老字号品牌营销》2022年第15期）一文从宋朝的海外贸易状况、海外贸易制度、经济科技发展状况三个方面进行介绍，并通过规模经济、大国效应、要素禀赋、内生增长理论等经济学理论进行知识分析，探究宋朝海外贸易发展的原因。

继葡萄牙、西班牙开辟由西方通往东方的新航路之后，欧洲国家迅速活跃于印度洋及其周边地区，自17世纪初陆续成立的以东印度公司为代表的组织成为地理大发现后欧洲与中国贸易最重要的组织形式。关于这方面的研究一直受到国内学术界的关注，尽管在原始档案资料的挖掘与利用、研究领域的拓展已经取得了许多的进展，本年度关于这方面的研究还是在不断深入。何爱民的《瑞典东印度公司对华贸易研究（1731—1813）》（广东省社会科学院硕士学位论文，2022年）一文基于哥德堡大学图书馆所藏档案，同时利用与瑞典公司相关的各方文献，围绕瑞典公司对华贸易的制度规定、商船派遣、贸易流程和货物结构展开全面分析。文章认为，瑞典公司的成立并非一蹴而就，而是建立于此前一系列失败设想的基础上。文章分析了瑞典从维京时代到瑞典公司成立时的对外贸易和王国局势，对公司成立前的各次失败尝试进行回顾，揭示了瑞典公司对华贸易必要的时代背景，同时通过解读其第一次特许令的18条规定，探讨公司具备的性质特征和管理制度。公司在其经营期间共被授予五次特许令，对华贸易与商船派遣则可分成三个阶段：摸索进行（1731—1746年）、稳步开展（1746—1786年）和江河日下

（1786—1813 年）。该文聚焦于瑞典公司的商船派遣，关注公司商船在各阶段前往广州的航次，分析公司对华贸易的整体情况及其背后的深层次缘由。文章认为，在广州体制下，欧洲公司在华贸易具备共通性，但从瑞典公司的视角出发，共通性之外仍有其自身的独特性，呈现出共性和个性相结合的特征。文章还从贸易流程、与公司交易的行商、货物构成等方面切入，分析瑞典公司在华贸易涉及的若干问题，还原公司在华贸易的面貌。1813 年，瑞典公司破产解散，无疑是其在不利的国际贸易环境中独善其身的必然结果。作为瑞典历史上最成功的海外贸易公司之一，分析其历史地位和影响可加深对瑞典公司本身与公司对华贸易的认识，并可深化、细化对欧洲东印度公司的整体性研究。汤开建和李嘉昌的《清雍乾嘉时期瑞典东印度公司与广州贸易：1732—1806》（《暨南史学》2022 年第 2 期）一文认为，自 1732 年第一艘瑞典东印度公司商船抵达广州起，来自大西洋彼岸的遥远国度第一次与中国产生了直接的商业联系。此后 75 年的四个特许状时期中，共有 120 艘瑞典商船从哥德堡陆续抵达广州，源源不断地运来了各式各样的欧洲货物和白银，也从广州行商手中购买了大量的茶叶、瓷器、丝绸等多种货物。在广州的瑞典商人与潘启官、陈寿官、蔡瑞官、蔡仲官等数十名行商建立了密切的贸易关系，双方在货物交易、金钱借贷、洋利投资等多项商业活动中商讨与合作，成为广州对外贸易的一个重要组成部分。严锴和严昌洪的《法国东印度公司的组建及对华贸易特权的转让》（《历史教学问题》2022 年第 3 期）一文认为，法国 1664 年组建了东印度公司，意欲在马达加斯加、印度及中国等地通过贸易活动集敛财富，与列强展开竞争，扩大其在亚洲的影响力。该公司是法国发展远洋贸易、扩张殖民地和打造海上强权的工具，得到了王权的积极扶植。虽然在印度的贸易得以开展，但公司却在荷兰的打击和债务的重压下无力再向东远行一步，被迫将对华贸易特权转让给私商经营，由此拉开了中法贸易的序幕。傅晨溪和李金云的《英国东印度公司与闽商贸易往来的研究》（《现代商业》2022 年第 30 期）一文对英公司与闽商之间的贸易往来进行了系统性的梳理，旨在探寻两者贸易的特点以及产生的影响并思考其中的原因。

本年度关于近代中俄贸易研究也有新的进展。孔馨悦的《清代恰克图贸易对蒙古地区的经济影响及其历史启示研究》（内蒙古师范大学硕士学位论文，2022 年）一文指出，清代恰克图贸易是中俄两国进行的重要经贸往来，延续了两个世纪，极大地促进了两国之间的贸易关系，也推动了蒙古地区的经济发展。该文从历史学和经济学两个学科视角，对清代恰克图贸易发展历程进行了深入分析，并阐述了清代恰克图贸易对蒙古地区的经济影响。

（二）中西贸易制度、政策与机构研究

随着海上丝绸之路的发展，中西贸易也不断发展，其中中西贸易制度、政策及机构在其中发挥了重要作用。国内学术界非常重视这方面的研究，本年度的研究成果丰硕，促进了这一领域研究的发展。

唐宋时期海外贸易的发展，促进了中国贸易制度的不断完善，本年度有关这方面的研究取得了新的发展。李莹的《唐宋时期的涉外贸易规则与实践研究》（西南政法大学硕士学位论文，2022 年）一文通过研究大量古籍史书，以丝绸之路为线索，探究唐朝与宋朝在涉外贸易中的政策和法律制度的演变，重点考察陆上互市贸易规则与实践、海上市舶贸易规则与实践、涉外贸易税收规则、涉外贸易争端解决机制四部分相关法律制度。文章认为，唐朝虽以陆上涉外贸易为主但有所限制，统治者设立互市监作为涉外贸易的主要管理机构，并设置了一系列互市程序规则及刑罚来规制贸易的进行。由于政治原因及财政危机，宋代陆上涉外贸易的重视程度被削弱。市舶贸易规则是唐宋时期海上涉外贸易的典型规则，唐代最先探索设立管理海外贸易的专职官员——"市舶使"，宋代则在此基础上在贸易比较繁盛的几大港口设立了市舶司，正式确立了市舶制度。此外，宋代还制定了第一部海外贸易单行法规——《元丰市舶条例》。唐朝与宋朝对于涉外贸易活动中的争端解决秉持着尊重外商各本国法和习俗的原则，制定了处理涉外贸易争端的第一条"冲突规范"。唐宋时期还采用调解、协商、诉讼等手段解决争议。李国田的《宋代对外贸易专卖与管制思想及其现代启示》（《莆田学院学报》2022年第1期）一文指出，宋代对外贸易，采用严禁民间"非法贸易"、严格限制图书交易、禁约走私兴贩、严禁擅自出海贸易、规定对外贸易商品品种、严惩官吏走私等措施，不仅增加了宋朝政府的财政税收收入，而且促进了中外经济文化的交流。此外，吴宏岐和朱丽的《宋代广州市舶司的地方运作》（《南都学坛》2022年第2期）、郑渝川的《宋代海外贸易繁盛的法律根源》（《新民周刊》2022年第43期）等文章也对宋代的贸易管理制度进行了探析。

明代海外贸易繁荣，贸易管理体制不断完善，本年度也有相关的研究成果。黄友泉的《明后期月港海外贸易监管体制及其权力运行——兼论月港衰弱的体制原因》（《国家航海》2022年第2期）一文认为，隆庆月港开禁特定的内外政治意图，形塑了部分开禁的特殊样貌，催生出一套海禁重于贸易、监督重于管理的海外贸易监管体制。月港特殊开禁格局及其所带来的责权利错位与洋利分配不均等弊端，是监管体制建构难以回避的话题。经府、道、院三方持续博弈，最终形成漳州府领导、府佐为政、道院监督的分工架构，导致体制运作呈现出运行层级低、协调乏力、责权倒挂、监督失效、权力失控等特征，月港体制迅速被贪官、酷吏、奸商扭曲为贪渎蠹商体制，各项监管措施异化为既得利益群体套利的工具，进而形成一整套灰色运行规则，以及按权分配、费重于税的洋利分配格局，扼制了月港合法贸易的正常开展，成为明后期月港走向衰弱的体制原因。刘永连和冉晓旭的《试析明代朝贡贸易制度下的私人贸易成分》（《古代文明》2022年第2期）一文通过考察使团所带货物及其处理方式、贸易者身份及交易方式、违反海禁的贸易活动等几个侧面认为，在贡赐制度框架下广泛存在着商人群体及私人贸易，主要表现在：使团所带私货在规模、价值上远超官方交换货物；在往来使团内外活跃着各种身份的商人；海禁政策下官民开展私人贸易的现象广泛存在。吴宏岐和朱丽的《〈东莞县重修文庙儒学记〉之"舶可刘公"正讹——兼论明代广东东莞地区的市舶管理运作》（《海交史研究》2022 年第 2 期）一文认为，民国《东莞县志》所录明万历三十二年（1604 年）《东莞县重修文庙儒学记》中的"舶可刘公"实为"舶司刘公"之讹。万历年间，陕西高陵人刘复初任广东市舶提举大约有十年之久，在明代广东海外贸易史上应当占有一席之地。有明一代东莞地区的市舶管理运作大致经历了三个发展阶段：明前期广东市舶司主管东莞等地市舶时期；正德初到万历前期海道副使主导、东莞等地方官员参与市舶管理时期；万历后期至明末海道副使兼督、市舶提举专理、东莞县官员协助管理时期。严中立和李庆的《隆万时期福建海贸制度的演变——以〈东西洋考〉为主要材料》（《世界华文文学论坛》2022 年第 4 期）一文认为，隆庆开海之后，福建的民间海外贸易得以恢复并不断发展，隆万时期福建海贸制度已具雏形，但制度的具体执行存在权力妥协与因人而治的色彩。

戴佳辉的《也谈明代的"报水"问题》（《海交史研究》2022 年第 3 期）一文通过论述得出"报水"既源于历来互市贸易中广东官员对番舶索贿的"例钱"，又源于市舶太监、海防官员受贿纵容商船贸易的行为，其出现时间不迟于成化时期（1465—1487 年），而且"引税"也不是由"报水"演变而来。

本年度关于清代贸易制度的研究也有进展。贾瑞的《康雍时期广州对外贸易政策探析——以〈清宫珍藏对外贸易档案汇编〉为中心》（《晋阳学刊》2022 年第 3 期）一文根据《清宫珍藏对外贸易档案汇编》以及其他相关史料，具体分析康熙二十三年（1684 年）至雍正年间清政府在广州地区的对外贸易政策。具体来说，在对广州渔民的管理上，政府对于渔民出海捕鱼活动进行严格限制；在对洋商的管理上，政府要求西洋商人居住在澳门及广州城内的天主教堂内，严格限制来华贸易船只的数量，要求贸易活动必须由行商与其开展；在对行商的管理上，广州很早便建立了行商制度，要求行商作为中介开展与外商、广州本地商人的交易。可以说，这一时期广州的外贸政策促进了其外贸活动的发展，为其被选为"一口通商"之地打下了坚实的基础。冯佳的《1759 年洪任辉事件所见清中期治理的制度困局：以 6% 加征和 1950 两规礼为中心》（《海交史研究》2022 年第 3 期）一文以英属东印度公司的两项关税诉求为着眼点，指出清廷处理洪任辉事件的结果和随后一口通商政策的出台，实为在既有制度框架内解决问题之手段，反映的恰是 18 世纪以来清政权"高专制权力"和"低基层渗透"、世袭君主制和官僚制等根本制度层面的危机，一个清廷难以解决的制度困局。

　　广州十三行是清代中西海上丝绸之路交流活动的驿站与窗口，与清朝皇宫生活有着密切的关联，一度担负着清廷与西洋进行交往沟通的特殊职能，因此留下了一批清宫档案文献，为研究广州十三行提供了第一手的史料。学术界一直非常重视对十三行贸易制度的研究，本年度的研究有所拓展。方富泽的《清代广州十三行行商麦觐廷与同泰行研究》（广州大学硕士学位论文，2022 年）一文认为，同泰行创办人麦觐廷是嘉道年间广州十三行行商之一，通过捐资获得官衔，并以商名"麦磡官"涉足广州的对外贸易。在参与十三行贸易期间，麦觐廷凭借良好的个人声誉并积极参与公共事务，发挥了对社会的积极作用，终屹立于对外贸易的舞台。在麦觐廷的经营下，同泰行广泛地与英国、美国、法国等国进行商贸往来，实现商贸地域的规模性扩张，并在合伙人"有官"的助力下，积极建立海外人际关系网络。同泰行从一开始以茶叶、丝织品贸易为主要业务，逐渐发展为商品种类丰富并以商馆租赁、货栈、商品进出口、信贷等多种业务并行的经营模式。但麦觐廷作为封建商人依然有其局限性，棉花投资失败和信贷贸易无序扩张导致同泰行陷入"以债抵债"的困境，揭示出小行商群体投资非理性的特征。随着麦觐廷的溘然长逝，同泰行最终迎来衰败的定局，其破产伴随着"行商危机"爆发，甚至引起朝野轰动。该文将同泰行和世界市场交错纠缠的历史置于同一镜头下：一方面，麦觐廷以国际信件、金融票据的方式，逐渐搭建出同泰行连接世界市场的网络，打破了国际贸易原先狭隘的地理界限；另一方面，世界市场毕竟由资本主义主导，在同泰行与外国商人实力悬殊的竞争中，其逐渐沦为资本博弈下的牺牲品。何爱民的《清代广州十三行之同泰行考略》（《地方文化研究》2022 年第 5 期）一文通过解读西方收藏的档案文献，并广泛征引已出版的相关史料，对同泰行在其存续期间的运作情况以及其与欧洲商人的商业交往进行了较为深入的探析。

王元林和肖东陶的《驿馆实异：从广州怀远驿之废到十三行夷馆之兴》（《历史地理研究》2022 年第 4 期）一文认为，广州怀远驿存于明代至清初，位于广州西关蚬子步，为广东市舶司下属接待贡舶及外国使节之所，兼具开展贡舶贸易的职能。清康熙时设粤海关后，官府逐渐改令广州十三行承接对外贸易。外商经过多次努力才获准在怀远驿以南的十三行街一带租借行商房屋设立夷馆，并由行商加以管理，十三行夷馆由此形成，而怀远驿也在康熙中后期裁撤。汤开建和李琦琦的《清代早期广州行商陈汀官家族事迹考述——清代广州十三行行商研究之二》（《暨南学报（哲学社会科学版）》2022 年第 12 期）一文大量利用英国东印度公司档案中陈汀官家族的贸易材料并结合中文档案文献，对陈汀官家族成员的原名、商名、更迭进行考证，并对该家族与英国东印度公司的贸易活动进行详细研究。文章认为，陈汀官家族祖孙三代除了积极地参与广州对外贸易，还在陈汀官主持对外贸易期间，成为对欧洲商人最大的供货商，并且是领导广州贸易的五大总商之一，使该家族成为清代早期广州对外贸易中势力最大的家族。王健的《论广东怡和行伍家商人及其历史作用》（《佛山科学技术学院学报（社会科学版）》2022 年第 2 期）一文认为，具体来说，广东怡和行伍家商人可分为三代，一代是以伍国莹为代表的早期商人致力于广州贸易的探索，二代是以伍秉钧、伍秉鉴为代表的新行商正式创立怡和行并走向鼎盛时期，三代是以伍元华、伍崇曜为代表的行商后代继续怡和行的后期经营。怡和行伍氏家族的传承，清晰地展现出清代广东行商家族的真实发展状况，并映射出它们在历史长河中对社会经济、政治及文化的影响，是广东行商家族史研究领域最为重要的组成部分。冷东的《清代广州十三行之丽泉行印信与经营》(《地方文化研究》2022 年第 1 期) 一文通过发掘考证欧美各国收藏的档案文献，指出潘长耀创建的丽泉行是广州十三行的重要商行之一，他曾与美国商人进行了二十余年的越洋诉讼，且直接向美国总统麦迪逊提出申诉。该文通过梳理丽泉行使用印信及经营发展和衰落倒闭的历史，为广州十三行及中国地方文化研究提供了新的个案。邢思琳的《广州十三行同文 (孚) 行印章印迹研究》(《地方文化研究》2022 年第 2 期) 一文发掘整理同文 (孚) 行印章印迹，对档案利用与冷门绝学研究具有积极意义。此外，伍媛媛的《广州十三行与清廷皇差的历史考察》(《明清论丛》2022 年第 1 期)、王倩和王磊的《清代十三行商人的图书刊刻及责任担当探析——以〈海山仙馆丛书〉和〈粤雅堂丛书〉为例》(《文化创新比较研究》2022 年第 24 期)、韩红星和陈锦的《记录中国：十三行时期西方时人记述文本》(《兰台世界》2022 年第 4 期) 等文章也从不同层面对十三行进行了深入探析。

（三）中西贸易航线与港口研究

中西贸易航线与港口研究一直是海上丝绸之路的重点领域之一，本年度的研究成果不少。聂德宁和张元的《明末清初民间海外贸易航路的发展变迁》(《海交史研究》2022 年第 3 期) 一文认为，从明代后期至清代初期，中国民间海外贸易航路历经了若干重大的变化和发展，突出表现为从明朝后期福建海澄月港的一口出洋兴贩，到明末清初东南沿海地区的多口出洋通商贩贸格局的形成，以及从明朝后期东洋、西洋贸易航路的限定，到明末清初东洋、东南洋和南洋三大贸易航路的全面展开，乃至中国—东南亚—日本多边贸易航线的开辟。中国民间海外贸易航路的发展变化是中国海商与时俱进，应对当时国内外局势变化的生存发展之道，奠定了其在东亚海上贸易活动中的发展基础，同时也凸显出中国海商在沟通中国与东亚、东南亚以及东西方经贸往来中的重要角色和所发挥的积极作用。顾卫民的《大航海时代的航线、贸易港以及物种和作物的世界性交流》（《历史教学（上半月刊）》2022 年第 11 期）一文分析了新航路开辟时代东西方社会不同的发展态势，西班牙与葡萄牙的海洋扩张及其航线和贸易港口的建立，考察了从这些港口流出的主要物种和作物以及所引发的世界性的影响。

李兴华和罗德里戈·穆尼奥斯·卡布瑞拉的《16—17 世纪初期中拉海上丝绸之路与跨区域性贸易网络的形成》（《史学集刊》2022 年第 3 期）一文认为，中拉海上丝绸之路形成于 16 世纪下半叶，17 世纪初进入鼎盛期。随着它的发展，大量中国生丝与丝织品经由菲律宾运往拉丁美洲，拉丁美洲的白银则通过墨西哥流入菲律宾，最后进入中国，形成了早期跨区域性的贸易网络，在一定程度上推动了世界性的商品与货币流通。中拉海上丝绸之路不仅推动了漳州、马尼拉、阿卡普尔科、利马等地的发展，也加速了东西方的人口流动，增强了菲律宾和拉丁美洲地区人口结构的多元性特征。同时，在这一大背景下，中华文化也得到了有效传播，推动了早期海外汉学的发展。高伟浓的《近代以前中国人环球航路大视野：以东南亚为中转站》（《海洋文化研究》2022 年第 00 期）一文指出，中国人通过粤闽两省沿海的始发港和大西南通向中南半岛的陆上通道分水陆两路移居东南亚，逐渐在东南亚一些重要港口形成了进行环球航海活动的中转站，并通过这些中转站将航海活动延伸到"近洋区域"（印度洋和阿拉伯海等地带）和"远洋区域"（美洲）。到明清时期，形成了通达全球的适应大航海时代形势的三大远洋航路网络，海上丝绸之路远洋航路也达到了历史的高峰。同时，中国人通过这些航路移居世界各地，广泛开展经济文化交流，为发展中外友好关系做出了巨大贡献。此外，郑一钧的《郑和远航非洲对海上丝绸之路发展的贡献及其历史意义》（《传统中国研究集刊》2022 年第 Z1 期）等文章也对中西贸易航线进行了探析。

　　本年度关于中西贸易港口的研究也有新的进展。薛正昌的《唐代海上丝绸之路与广州港口》(《石河子大学学报（哲学社会科学版)》2022 年第 5 期）一文认为，唐代广州港已发展成为第一大港口，承载着海上丝绸之路瓷器、香料等大宗商品贸易。随着中国造船术、航海技术的发展，广州与朝鲜半岛、日本群岛、东南亚各国海上丝路商贸活动也十分兴盛。市舶司的设置，建立了与海外更为广泛的联系，广州港口中外商船云集，彰显了唐代广州港商贸的繁荣程度。薛桂荣的《试论海陵岛在宋代海上丝绸之路的特殊地位——从朱彧〈萍洲可谈〉说起》(《广东经济》2022 年第 8 期）一文通过研究宋代笔记——朱彧《萍洲可谈》，结合相关历史文献资料综合考察，认为在宋代海上丝绸之路上，海陵岛是官方巡检机构所在地，是海洋贸易中转口岸、商船后勤补给站和中央政府实施武装护航的军事基地，在宋代海外贸易发展中起着十分重要的作用。张雪的《宋元时期温州海运发展研究》(温州大学硕士学位论文，2022 年）一文认为，宋元时期统治者宽松的对外贸易政策为温州海运的繁荣提供了契机，温州凭借其自身良好的港口条件、稳定的社会环境、发达的商品经济以及其特有的海洋商业精神吸引了无数的外商前来，温州海运脱颖而出。宋元时期海运的兴旺带动了温州区域商业的发展，对温州社会的经济、文化产生了一定的结构性影响。伴随着元末明初的海禁政策、倭寇的侵扰、市舶司的停废，温州海运不复往日盛况，这也宣告了温州海运的全面衰落。

　　陶芮的《10—14 世纪亚丁港口贸易研究》(《商业观察》2022 年第 35 期)）一文认为，亚丁作为贸易港口城市，是印度洋贸易网络的重要节点，也是东西方贸易交往的主要通道，更是海上丝绸之路多维交往的缩影，在印度洋贸易中占有举足轻重的地位。亚丁可观的贸易范围、进出口量以及多样的商品种类，体现了海上丝绸之路的繁荣贸易和亚丁港口的独特性。龚缨晏的《明代双屿古港研究》(《中国港口》2022 年第 S1 期）一文根据日本尊经阁文库所藏的《两浙海防类考》认为，16 世纪随着全球化浪潮的兴起，欧洲人在宁波沿海建立了在东亚的第一个贸易基地双屿港。不过截至目前，依然无法确定双屿港的具体位置。此外，石旭丽和叶春霞的《宋元时期龙泉青瓷在海上丝绸之路的地位及作用初探——兼论丽水是古代海上丝绸之路的重要内陆起始地》（《丽水学院学报》2022 年第 1 期）、吴敬的《太仓樊村泾元代遗存与海上丝绸之路关系的几点思考》（《边疆考古研究》2022 年第 2 期）、周敏华和许清原的《合浦成为海上丝绸之路中转站的因缘际会》（《今古文创》2022 年第 34 期）、许清原的《大浪古城码头遗址所呈现海上丝绸之路的文化与经贸内涵》（《今古文创》2022 年第 36 期）等文章也涉及中西贸易港口的研究。

（四）中西丝绸、茶叶、瓷器及其他货物贸易状况研究

丝绸、茶叶和瓷器是中西海上丝绸之路上的大宗货物，是大航海时代"中国制造"走向全球的典范。关于中西货物贸易的研究一直是学术界关注的重点，本年度关于这方面的研究成果非常丰富，其中关于瓷器贸易的研究成果最为丰富，中西丝绸和茶叶贸易的研究成果相对较少。此外，学者们也加强了对中西之间其他货物贸易的研究。

本年度关于中西丝绸贸易的研究成果不多。白芳的《清代广州外销手绘丝绸》（《丝绸》2022 年第 4 期）一文从海外留存和回流的广州外销手绘丝绸实物入手，结合西方书信和当时的拍卖纪录等文献材料，对广州外销手绘丝绸的纹样特征、生产销售情况及其在西方的使用和产生的影响等方面进行了论述。文章认为，18 世纪广州外销手绘丝绸是应海外市场需求而生产制作的一类丝绸品种，其装饰纹样既有中国传统的装饰风格，也糅合了印度外销印花棉布和欧洲"洛可可"风格纺织面料上的装饰元素。18 世纪广州外销手绘丝绸的客户群体以欧洲市场为主体，至 19 世纪，消费群体继而转向以美国市场为主体。白若思和缅西科娃的《17 世纪末 18 世纪初中国丝绸在俄罗斯的传播：中俄文化交流的一面》（《丝路文化研究》2022 年第 00 期）一文主要以莫斯科克里姆林宫兵器库与圣彼得堡艾尔米塔什博物馆的藏品为

材料，讨论了这些稀见藏品如何被引入俄罗斯、如何被使用、有何意义等重要问题。文章认为，17 世纪末 18 世纪初俄罗斯宫廷装饰中的中国丝织品，不仅见证了两国之间和平贸易与文化交流的高速发展，也是俄罗斯文化遗产的重要组成部分。

　　茶叶一直是中西贸易中的大宗货物，本年度相关研究成果不少。董晓汾的《世界茶叶市场的形成与演变》（《晋商研究》2022 年第 00 期）一文主要围绕世界茶叶市场的形成、演变过程及变化原因进行考究。文章认为，新航路开辟后西方国家纷纷来华贸易，各国商船来华购买茶叶将其运入本国及他国进行转口贸易，茶叶逐渐成为中国出口的重要商品。早期世界茶叶市场主要是以英国为主的西欧各国，到 18 世纪末这种贸易格局发生转变，逐渐形成以英国为主的英、美、俄三国茶叶销售主体。张聪的《论华光礁Ⅰ号沉船出水茶器与宋代茶叶海外贸易之关系》（《农业考古》2022 年第 2 期）一文指出，"华光礁Ⅰ号"沉船发现于我国古代海上丝绸之路航线上，出水了大量的茶器产品，这些茶器从品种到数量都很丰富，能在一定程度上反映出贸易国对茶叶的需求。此外，周建琼和施晔的《新历史主义视域下 17—18 世纪的英国华茶想象》（《都市文化研究》2022 年第 1 期）、王多的《文化传播视角下中国茶文化在海外的传播影响及路径分析》（《福建茶叶》2022 年第 8 期）、魏靖宇的《浅析红茶对英国的影响》（《福建茶叶》2022 年第 12 期）等文章也从不同层面反映了中西贸易的发展与影响。

　　福建自古为产茶大省，也是古代海上丝绸之路上茶叶贸易的重要基地，与其相关的研究成果不少。林燕腾的《明清漳州茶出口及对海丝的影响》（《福建茶叶》2022 年第 4 期）一文对明清漳州茶叶出口问题进行的研究填补了以往研究的缺憾。文章认为，明清漳州茶出口对于海上丝绸之路的贡献和影响，首先表现为漳州茶叶的出口是中国海上丝绸之路的重要组成部分；其次是深刻影响东南亚的茶风；再次是多国语言中有了"茶"的发音；最后是形成在世界上影响深远的"工夫茶"风俗。肖坤冰的《价值链上的知识流通：早期国际贸易中跨文化流动的武夷茶》（《贵州民族研究》2022 年第 5 期）一文认为，从 17 世纪中叶到 19 世纪，武夷茶（Bohea）一直是全球市场上最成功的商品之一。从产地闽北山区至海外的主要消费市场英国，随着武夷茶的跨洋流动，其对应的商品知识也在产地、通商口岸和消费地之间流通，并随之造成了武夷茶在不同时空中的意涵转变。武夷茶之所以能在早期的国际贸易中取得成功，既在很大程度上得益于其廉价耐泡的"物性"，同时也得益于在其价值链生成的各个阶段中不同的人对知识的选择、筛选和编辑，以及这些知识在传播时与消费者需求之间互动调适的结果。

茶叶是中俄贸易的重要商品，其中恰克图是中俄万里茶道上的重要贸易点，20 世纪 80 年代以来，国内学者们对万里茶道、恰克图茶叶贸易状况及相关茶商群体等问题进行了深入探析，本年度也有相关研究成果。陈文华的《清代中俄茶叶贸易路线变迁》（《江汉论坛》2022 年第 2 期）一文指出，17—20 世纪，随茶叶贸易兴起的中俄茶叶之路（万里茶道）在不同的地域拓展、更替、变动，并伴随多种联运方式和多支线的开辟，最终形成了主线、支线的网络茶叶运输结构。中俄茶叶贸易路线变动影响着沿线区域社会经济面貌，主要表现为：茶叶生产区的转移、多个集散中心的形成、外销路线的拓展等。茶叶贸易逐渐替代丝棉贸易，改变了中国对外贸易结构，中外交流的重要路线由丝绸之路转为茶叶之路。麻兰坤的《"万里茶道"和恰克图于中俄经济交流的启示》（《福建茶叶》2022 年第 12 期）一文从中俄两国视角审视"万里茶道"和恰克图，向读者展示恰克图的发展历程以及其与"万里茶道"的紧密联系。文章认为，恰克图位于"万里茶道"的中点，连接着中、蒙、俄三个国家，从其诞生之日开始，就作为对外贸易的重要通道，承担着重要的通商任务。19 世纪，随着海路的开发和西伯利亚铁路的建成，这座小城也逐渐被边缘化，不复昔日的繁华。黄柏权和巩家楠的《万里茶道茶商群体研究的回顾与思考》（《中国史研究动态》2022 年第 6 期）一文对万里茶道国内茶商群体的研究成果进行了梳理，在归纳总结的基础上提出未来研究的思考。李今芸和贾建飞的《从恰克图到符拉迪沃斯托克——俄国商人与茶叶贸易》（《晋商研究》2022 年第 00 期）一文认为，1727 年与中国签订的条约使俄国的边境城镇恰克图成为第一个主要的贸易市场；19 世纪上半叶，中国商人历经长途跋涉，将茶叶运抵恰克图，从而控制了茶叶出口。1862 年，俄国商人首次来到中国著名的茶叶口岸汉口，他们在此修建工厂，生产红茶和砖茶，并将茶叶经由西伯利亚大铁路运送以缩短路程，以此构建起了一个茶叶帝国。在俄国人的管理下，敖德萨和符拉迪沃斯托克作为茶叶转运港口的重要性已经超越了恰克图。张亚杰的《浅析晋商万里茶路的历史地位》（《福建茶叶》2022 年第 12 期）一文探析了晋商万里茶路的始末及历史地位。

宋维君的《近代中印茶叶贸易与边疆安全研究——以英印时期中文报刊为例》（陕西师范大学硕士学位论文，2022 年）一文以晚清民国期刊全文数据库（1833—1949 年）为资料基础，依托英印时期中文报刊文本，探究茶叶在中印茶叶贸易的不同阶段之于边疆安全的作用，重点从印茶入藏的相关报道和刊载情况、边茶与印茶的博弈过程、国家和地方的回应措施等方面进行梳理。该文从历史人类学的角度深入探讨茶叶贸易的双重属性、茶叶竞争与边疆安全、报刊的"接受语境"等历史与现实问题，将边疆安全的话语构建过程置于边茶政策演变、中印茶叶贸易、国家与社会发展的整体脉络中加以把握，通过对物质文化交流的个案研究，展现这一时期中印关系史多棱镜的一个侧面，探究茶叶这一全球性商品在不同时空场景中的文化及社会意义。文章认为，自 19 世纪末开始的中印茶叶竞争引发的一系列问题，并不仅仅是印茶在西藏的贸易问题，更涉及英帝国的殖民野心、茶叶竞争与边疆安全等诸多方面，是特定历史条件下各种因素作用导致的一场政治经济事件。

本年度关于中西陶瓷贸易的研究成果最为丰富。早在唐代，瓷器就通过海洋商路销往世界各地，而自明代中期之后，瓷器更是大量涌入欧洲市场。

清代瓷器外销贸易则进一步扩大，一跃成为海上丝绸之路上最大宗的国际贸易货物。长久以来，中国外销瓷一直是学术界的研究焦点之一，本年度这方面的研究有新的进展。杨天源和苗诗钰的《18—19世纪中国外销瓷贸易及其影响的概述》（《中国港口》2022年第S1期）一文认为，外销瓷是中国对欧洲贸易的大宗商品。18—19世纪，大批量的中国外销瓷被源源不断地销往欧洲，其间外销瓷的题材、风格、器型与用途等特征也有所变化。中国外销瓷在一定程度上催生了欧洲制瓷业的产生和发展，同时也对欧洲的社会生活产生了一定的影响。魏峻的《16—17世纪的瓷器贸易全球化：以沉船资料为中心》一文以16—17世纪世界范围内的沉船及出水贸易瓷器为研究对象，通过沉船编年和阶段性特征分析瓷器在品类构成、贸易模式及时空格局方面的特征演变。孙悦的《十七至十八世纪女性群体在中国外销瓷中的身份介入》（《紫禁城》2022年第10期）一文指出，17—18世纪，中国外销瓷装饰图案中的女性题材所占比重明显增加，其中有国内社会结构的变化和海外市场需求刺激的双重因素。不仅如此，这时期的女性群体已经全面参与到陶瓷生产、经营、消费、收藏等各个环节，这些作为陶瓷生产者、销售者、消费者、收藏者的女性群体，对17—18世纪中国外销瓷的整体风貌产生了深刻影响。文潇的《论海上丝绸之路的陶瓷贸易》（《收藏与投资》2022年第3期）一文通过梳理分析陶瓷在海上丝绸之路贸易中所占的比重，探讨陶瓷外销对于中国和其他地区的影响。文章认为，宋、元是制瓷手工业空前发展的时期，受海外贸易政策的支持和影响，中国陶瓷掀起了外销的新高峰，在华南沿海地区出现了一大批以国外市场为主要消费地的窑场，尤其是南宋、元代，以名窑和仿烧名窑产品为主体的各窑场生产的各类瓷器大量输往东亚、东南亚、西亚、非洲等地。张晓琴的《海上丝绸之路的陶瓷贸易——以"南海一号"为中心》（《天工》2022年第31期）一文以经济学供给—需求模型为视角，在解读"南海Ⅰ号"出水文物基础上，从时代背景、供给侧、需求侧、政策支持、造船航海技术等方面对南宋海上丝绸之路的陶瓷贸易进行了分析。

唐宋时期陶瓷的海外贸易已经非常繁荣。孙婉仪的《唐宋时期海上丝绸之路背景下的潮州窑研究》（暨南大学硕士学位论文，2022 年）一文以唐宋时期的潮州窑为研究对象，选取唐宋时期潮州窑 5 个比较成熟的窑场进行分析研究。唐宋时期，社会经济大环境相对稳定，因唐末战乱南迁的北方汉人带来了先进的制瓷技术，加上广东海上丝绸之路兴起，潮州凭借丰富的瓷土、林木及水资源开始发展制瓷产业。潮州窑的窑业技术同时受到北方马蹄窑和南方传统龙窑的影响，生产出来的器物类型丰富，以生活用具为主，釉色有青白瓷、青瓷、白瓷等多种。作为广东青瓷系的出口大宗，潮州窑瓷器外销的范围除了东南亚及东北亚等周边国家，还曾远达西亚、南亚及非洲沿岸。潮州窑在发展过程中不可避免地受到了佛教和金银器文化的影响，也会为了迎合海外销售市场对一些热销窑口进行模仿。吴越滨和周玲的《唐代青瓷开启世界外传成因考》（《美术》2022 年第 11 期）一文以唐始建"海上陶瓷之路"为路径，概述青瓷的海外贸易前提、路径与政策、技艺传授活动和世界贸易状况及影响。

景德镇瓷器在中西陶瓷贸易中占有重要地位，本年度有相关的成果发表。赵梦霞、王尚义和田毅的《明清时期景德镇陶瓷的行销及商路研究》（《陶瓷研究》2022 年第 1 期）一文对明清两代景德镇陶瓷销售的国内外市场及商业贸易路线进行了整理和总结分析。文章认为，发达的水运网络体系是明清两代景德镇瓷业贸易繁荣发展的重要因素，并由此形成了数条重要的陶瓷贸易商路。景德镇陶瓷内销发展到全国，外销自明初郑和七下西洋，从亚洲拓展到欧洲、非洲、美洲和澳洲各地。景德镇成为全国的制瓷中心、国内重要的手工业城市。瓷业贸易的繁荣发展给景德镇带来了深刻的区域社会变迁，同时在传播中华文化和艺术及推动中外贸易往来中发挥了重要作用。李雨晨的《明清景德镇瓷器外销及其文化影响力探究》（《陶瓷研究》2022 年第 4 期）一文指出，由明至清，景德镇的外销瓷经历了一个从初始到发展，再到鼎盛，直至最后衰落的过程，这一时期景德镇窑瓷器的输出范围也十分广泛，遍及亚、非、欧三大洲。外销瓷器既有很强的实用性，也有较高的艺术鉴赏性。瓷器的实用性源于使用者的生活需求，但也在一定程度上影响着使用者的生活习惯；瓷器的艺术性不仅体现在装饰、观赏、收藏价值等方面，也体现在对人们的审美情趣产生潜移默化的影响。景德镇瓷器在经由"丝绸之路经济带"和"海上丝绸之路"外销的过程中，不断影响和改变沿线国家与地区经济、文化、艺术、宗教、科技及生活等各个领域，甚至影响了这些国家和地区的社会文化建构。孙杰的《明代景德镇瓷业兴盛的原因——以青花瓷外销为例》（《收藏与投资》2022 年第 12 期）一文认为，明代景德镇所产的瓷器以青花瓷最具代表性。作为当时主要的外销瓷器，明代青花瓷的外销与明政府的内政外交有着密切的联系，同时，青花瓷的大量外销也促进了景德镇瓷业的发展，奠定了景德镇世界瓷都的地位。

德化窑是中国古代陶瓷发展史上著名的民间窑场，具有得天独厚的制瓷业基础。元代意大利旅行家马可·波罗来华时，在他的游记中就已经有关于德化窑的记载。学术界对德化瓷的研究已有大量的研究成果，本年度有关这方面的研究取得了进一步的发展。万钧的《宋元时期德化窑瓷器的生产及外销》（《故宫学刊》2022 年第 1 期）一文在以往研究的基础上，着重梳理宋元时期各项资料，旨在厘清德化窑制瓷的大致历史脉络，特别是德化窑的生产和外销状况，深化我们对宋元时期德化窑的了解。文章认为，宋元时期，德化窑瓷器得到长足发展，完成了由青瓷向青白瓷、白瓷的转变，胎质坚细，品种丰富，纹饰繁多，为德化窑瓷器的外销打好了坚实的基础；国家政策的支持和鼓励、造船业的发达、指南针的运用，使德化窑瓷器的外销在政策和技术上得到了保障；泉州大商人参与德化窑瓷器销售，特别是皇室宗亲的涉足，为原本保守的德化瓷业提供了销售渠道和充足资金，使德化陶瓷工匠们按订单生产出专门用于外销的军持、盒、小瓶、执壶、高足杯等充满异域风格的器物，一方面满足了使用国人民的生产和生活需要，另一方面也丰富了德化窑瓷器的品类和装饰，促进了德化窑的发展，使其进入第一个发展高峰。王利超的《丝路文化中德化白瓷的海外贸易发展》（《东方收藏》2022 年第 4 期）一文认为，德化瓷的制作工艺和烧制配方也随着《马可·波罗游记》传到了欧洲，迅速受到欧洲贵族的热捧，在欧洲引发了一场模仿德化白瓷的热潮，欧洲人从此开启了长达数百年仿制中国瓷器的历程。欧泓妙的《明末清初漳州窑瓷器的外销研究》（《文物鉴定与鉴赏》2022 年第 14 期）一文通过收集和梳理漳州窑瓷器在海外遗存的情况，结合漳州窑外销瓷的风格特点，探析其作为外销瓷在明末清初时期能够远销海外的原因以及其对国内外制瓷业的影响。陈士松的《"南海Ⅰ号"出水德化窑瓷器盆花纹探析》（《国家航海》2022 年第 1 期）一文以"南海Ⅰ号"南宋沉船在 1989—2004 年水下考古调查以及 2014—2015 年全面保护发掘中出水了德化窑青白釉盆花纹盒、青白釉盆花纹四系盖罐等一批文物材料为切入点，分析盆花纹的器类分布、纹样布局、花材采用、花盆应用情况，进而探讨盆花纹所反映的宋代社会风貌，了解宋代社会发展与中外交流状况。

此外，福建省世茂海上丝绸之路博物馆的《海上丝绸之路与明清外销瓷纹饰流变》（《文学艺术周刊》2022 年第 3 期）、采薇的《陶瓷贸易与 16—18 世纪的中欧文化认知》（《文明》2022 年第 9 期）、吴若明的《普拉多的柜子——17 世纪克拉克瓷的异域传播与镜像呈现》（《美术大观》2022 年第 9 期）、郭白晋和赵琳的《瓷器在古代中非交往中的影响》（《文化学刊》2022 年第 11 期）、齐皓的《广州港，"海上陶瓷之路"的文化变迁》（《兰台内外》2022 年第 22 期）等文章也从不同层面围绕中外陶瓷贸易情况展开了探析。

本年度对中西之间除丝绸、茶叶和瓷器贸易之外的贸易状况研究也有新的进展。魏静怡和杨培娜的《全球贸易变动背景下清中后期广东硝石输入的增加》（《清史研究》2022 年第 4 期）一文认为，硝石作为火药原料，历来受到政府的严格管控。17 世纪前，通过走私的方式，亚洲形成了一个以中国为中心的贸易市场。17 世纪以后，东印度公司开发印度硝石，大量硝石被运往欧洲。18 世纪末 19 世纪初，由于欧洲硝石市场逐渐饱和，中国成为印度硝石新的目标市场。此时清朝正面临华南海上势力与林爽文起义的冲击，军用火药需求激增，而本地硝土不足，广东硝商开始采买洋船压舱咸砂（洋硝）煎硝，这可视为清政府正式规模化进口外洋硝石的发端。此后，广东硝石原料来源逐步呈现"土洋结合"的情态，18 世纪末广东进口咸砂一事成为中国硝石贸易从出口向进口转变的关键节点。张泽琳和王元林的《18—19 世纪前期中英白铅贸易探析》（《浙江海洋大学学报（人文科学版）》2022 年第 3 期）一文认为，随着中外海上贸易的发展，清代金属出口贸易也趋于兴盛。白铅是中国古代冶金技术生产的一种重要金属，是铸币的重要原料，因其既能作为低成本的压舱物又能制作成精美的合金产品而成为中外贸易中的重要商品。明代我国已经掌握了炼锌技术并且实现了白铅的大规模生产。17 世纪，中国的白铅已通过海上丝绸之路大量出口国外。18 至 19 世纪，中国向英国大量输出白铅。18 世纪，白铅主要由英国东印度公司和英国私商购买。19 世纪前期，随着清廷对白铅实施限制出口政策，英国私商开始从广州大量违禁运出白铅。至 19 世纪 30 年代后，随着中国严禁白铅出口、欧洲铅锌矿的发现以及金属锌生产工业化的完成，白铅渐渐失去海外市场并退出中英贸易。白芳的《"其昌"银店及其外销银器》（《收藏家》2022 年第 4 期）一文认为，外销银器是中国银匠按照西方银器的式样，采用中国传统的制作工艺，生产制作并销售给来华的西方人或接受洋风的中国人使用的金银类器皿。根据目前外销银器的流传现状可知，最早的外销银器始见于康熙年间，兴盛于乾隆至道光年间，清末至民国持续发展，前后延续了 200 余年。早期的外销银器主要产自广州，五口通商之后慢慢向香港、上海及近代以来的开埠城市扩散。史永哲的《"科罗曼多"现象之断想——大航海时代海上贸易启示录》（《中国生漆》2022 年第 4 期）一文从独具东方神韵的漆器——曾被西方称为"科罗曼多"的现象入手，讨论中国漆器行业的发展历程，探析我国漆器工艺的发展和兴衰。何振纪的《中国外销漆器研究探骊》（《中国生漆》2022 年第 2 期）对中国外销漆器进行了比较深入的分析。

刘婷玉的《从财政角度看明代胡椒及其海内外贸易》（《中国经济史研究》2022 年第 2 期）一文主要讨论胡椒在有明一代海内外贸易中由朝贡向私人海外贸易转变的历程。明初，在实物财政秩序框架下，将胡椒作为重要的财政支付手段，以胡椒折俸支付两京官员和卫所军士，形成了一个深度、广度都超越前代的胡椒消费市场。这一市场的形成使两广沿海官员对胡椒之利倚赖甚重，促使其采取更为宽松的对待海外贸易的态度。而各级官员权贵对胡椒私贩成风，更是助长了明中后期以胡椒为大宗商品的私人海外贸易的兴盛。于毅颖的《近代全球化视野下中国外销画的制作、流转及销售：以华盛顿肖像为例》（《美术大观》2022 年第 9 期）一文以美国所藏的中国华盛顿肖像作品为中心，从全球化的视角，先介绍 18 世纪末美国加入广州贸易并将其作品带入广州的背景和经过，再探讨这些作品在广州的制作，最后从运输、价格、生产、销售等因素来分析作品进入美国后对艺术市场的影响及其原因。

此外，王恺的《银朱与海上丝绸之路》（《考古学研究》2022 年第 1 期）、杨松的《英国棉纺织利益集团对华贸易的介入及其影响（1830—1913）》（《英国研究》2022 年第 2 期）等文章也涉及中西海上丝绸之路上相关货物的贸易状况研究。

（五）中西贸易相关人员研究

学术界对中西贸易相关人员的研究也在本年度有新的进展。杨晓春的《元末海商陈宝生家世与海外贸易史事补考——读〈铁网珊瑚〉所载〈陈妇节义集〉〈春草堂记〉〈泉州两义士传〉合册》（《海交史研究》2022 年第 3 期）一文利用明代艺术文献《铁网珊瑚》所载《陈妇节义集》《春草堂记》《泉州两义士传》合册文献资料所提供的信息，对元末海商陈宝生家族海外贸易的细节进行探析，如经商的地域范围、经商者的身份、舶商和市舶司的关系等，还揭示了其家族由商转文的实态，充分说明了当时社会主流的儒家价值观对海商的深刻影响。乌云高娃的《忽必烈与元代海上丝绸之路》（《西夏研究》2022年第4期）一文认为，成吉思汗及其子孙的西征促使东西方不同文明广泛接触，陆上丝绸之路从中原拓展到西域、中亚、钦察草原，阻断了几个世纪之久的欧亚道路因而重新开通。忽必烈继位后，北方游牧民族对海洋的认知程度有所提高。元朝大力开拓海上丝绸之路并积极发展海外贸易的原因有三：首先，与元代西道诸王叛乱导致陆路交通受阻有关；其次，马可·波罗等人航海来到中国开阔了蒙古人的眼界并增加了其地理知识，蒙古游牧民对海洋的认识和兴趣逐步提高；最后，忽必烈统一中国后继承宋朝航海技术，有了利用广州、泉州、宁波等重要港口大力发展海外贸易和开展航海活动的条件。

徐睿的《宋代海外贸易中的人口流失危机与国家应对》（《云南民族大学学报（哲学社会科学版）》2022年第4期）一文认为，宋代海外贸易发达，大量宋人投身到海外贸易中。然而，海上贸易既有风波浩荡之险，又有海盗剽略之虞，不少宋人或遭遇海盗、海难而人财俱失，或遭不法商人贩卖出境，更多的是以"住蕃"的方式定居海外，导致不少宋人在海外贸易中流失，这不仅暴露出宋朝在海商管理方面存在的问题，更导致了大量财富的流失。有鉴于此，宋朝中央、地方官府和民间力量通过另立户籍、加强巡检、提升航海技术等方式积极应对，不断加强海外贸易管理，力求在不断扩大海外贸易的同时，尽可能减少海外贸易中的人口流失。

张先清和李婉婉的《"世藩"的船：郑氏家族的海外活动——以17世纪马尼拉海关记录为中心》（《学术月刊》2022年第2期）一文认为，作为长期主导海上贸易的中国海商集团，郑氏家族不仅是明清易代之际影响中国社会进程的一支重要力量，而且其在同时代东亚海域的活动，也与17世纪东西方之间基于海洋贸易而形成的早期世界体系紧密联系在一起，并对东亚地缘格局产生不可忽视的影响。通过考察保存下来的一批西班牙马尼拉海关郑氏家族船只文件可以发现，尽管 1662 年郑成功逝世之后，进入"世藩"时代的郑氏家族因内外纷争而逐渐走向衰落，但此时期郑氏家族的海外活动却没有中断，其仍借助东西航路所构建的航海系统，与菲律宾群岛等东南亚地区性贸易中心及西方国家之间保持着不为人知的互动关系。梅欧金和代国庆的《帝国边境的闯入者：在广州和澳门的教廷传信部代办（"罗马当家"），1700—1823》（《国际汉学译丛》2022 年第 00 期）一文在大量使用罗马教廷传信部档案的基础上，考察了清前期在广州、澳门的传信部代办（"罗马当家"）。作为一种"非商业性的闯入者"，代办充分利用航海时代的世界商贸网络，审慎维系着欧洲和中国之间的宗教、文化交流。

三、中西文化交流研究

新航路开辟后，中西方通过海上丝绸之路进行了广泛而深入的文化交流，其中西方传教士、外交使团和商人等源源不断地从欧洲来到中国，西方近代科学技术和知识也逐渐东传。与此同时，中国的历史文化及科学技术亦逐渐西传，对西方社会的政治、经济及科技文化发展产生了深远影响，中西文化交流进入新的发展阶段。

（一）中西语言、文字交流研究

本年度关于传教士汉语学习与翻译的研究成果不少。徐茹钰的《罗明坚的汉语学习及对汉语国际教育的启示》（广东外语外贸大学硕士学位论文，2022 年）一文收集整理了罗明坚众多留世作品，包括《千字文》《通俗故事》《葡汉辞典》《宾主问答私拟》《诗韵》《尺牍指南》《新编西竺国天主实录》等文献资料，对罗明坚的汉语学习背景、汉语语音学习与书面语学习状况进行了详尽分析。丁菁怡的《马礼逊的汉语学习与推广研究》（沈阳大学硕士学位论文，2022 年）一文利用丰富的文献资料，从马礼逊汉语学习及推广角度进行研究和分析，通过对马礼逊汉语学习经验的总结，凸显马礼逊对于语言文化、交际能力和差异比对方面的重视程度，对其探索归纳的诸多先进学习方法予以肯定；以马礼逊在中西文化交流和中国教育事业两方面产生的影响为切入点，肯定马礼逊在汉语推广方面的作用和贡献。邓纯旭和邓丽萍的《19 世纪初〈华英字典〉编撰对中国近代出版业的启迪》（《大连大学学报》2022 年第 4 期）一文认为，19 世纪初英国基督教新教传教士马礼逊在华利用十几年时间编撰的《华英字典》，不但是汉语、英语学习者习得语言的工具，更是一部融汇了中西文化的百科全书。《华英字典》从西方汉语学习者的需要出发，在字源剖析、释义、例证上大量引进中国文化，为19 世纪初中学西传开辟了新的途径，对中国文化在西方的传播起到了积极作用。另外，它突破了中国传统辞书"经院式"风格的局限，以实用性和普及性构建内容，引进西学新词汇，带来新的印刷技术，对我国近代辞书编撰理念的改变、印刷出版业的近代化转型均产生了一定的影响。张文强的《德庇时汉语观与汉语传播活动研究》（浙江财经大学硕士学位论文，2022年）一文在整理德庇时出版的著述以及论文的基础上，对其汉语学习活动、汉语观以及汉语传播活动进行了个案研究。文章认为，德庇时的汉语观整体呈现出"重词汇、汉字，轻语音、语法"的现象，其汉语观受时代背景以及多重身份的影响，具有不同于传教士的鲜明特点，其汉语传播活动也因权力因素的参与而具有不同于传教士的特点。

耶稣会对中西文字和语言交流的发展起了重要作用，本年度这方面的研究不少。沈安天的《浅论明末清初耶稣会士翻译方法和策略》（《大众文艺》2022 年第 5 期）一文指出，明清之际的两百余年间，中国历史迎来了第二次翻译的高潮，同时也是第一次科学翻译的高潮。以文化适应为指导原则的西洋耶稣会士来到中国，成为"西学东渐"浪潮中翻译活动的排头兵。他们同与其合作的中国士大夫虽然未能建立起系统的翻译理论，但其首创了"洋译华述"的翻译方法，对"会通超胜"思想、从目的出发的实用主义翻译以及意译等翻译策略进行了初步的探索，至今仍具备强大的借鉴意义。宋刚的《清代耶稣会士贺清泰〈圣经〉译本源流再探——兼论其满文版、汉文版之关系》（《中山大学学报（社会科学版）》2022 年第 4 期）一文以文献考证为主，一方面追溯贺清泰译本各版存世抄本的次第源流，其中包括笔者新发现的一种汉文抄本，以全面展示这部天主教译本的传播网络。另一方面重点考察在此前研究中被忽略的满文版与汉文版之间的密切关联，以多方面实例阐明汉文版的相当一部分经卷——尤其是《旧约》部分的翻译是以贺清泰先行完成的满译文本为直接参照，而非通常认为的以标准版武加大译本为源本。孔令云和谭树林的《从"经"到〈圣经〉：HOLY BIBLE 汉译书名之演变》（《宗教学研究》2022 年第 3 期）一文指出，《圣经》成为基督教汉译经典书名经历了从"经""圣经""遗诏书、圣书"《旧约全书》《新约全书》"到《圣经》的演变。这一过程实际上是基督教在中国如何实现关联化、本色化的过程。不同时期译名的选择，反映了译者的此种考虑。

储常胜和高璐夷的《〈论语〉英译的译者主体及传播效果研究》（《重庆第二师范学院学报》2022 年第 5 期）一文指出，《论语》英译已有 300 多年的历史，其各类英译本数量已达 60 余种。在漫长的翻译过程中，它不断地被学者与译者在语内层面和语际层面进行诠释及翻译。《论语》的英译经历了由西方传教士主导、西方汉学家主导到国内译者渐渐占据主导地位的过程，分析其译介过程中译者主体身份与传播效果的变化，有助于思考如何更好地促进中国文化的外宣。麦克雷的《"礼"在早期拉丁文"四书"中的翻译：兼论"礼仪之争"》（《国际汉学》2022 年第 2 期）一文分析了耶稣会士罗明坚在其《论语》拉丁文手稿（1588 年）中对"礼"的翻译，比较了他与柏应理的拉丁语翻译（1687 年）。罗明坚使用的词在拉丁语传统中主要表达"良好的礼貌""礼貌行为"，特别是"urbanitas"一词，将城市（urbs）的文明礼仪与乡村的粗糙礼仪区分开来。柏应理则加了更多的解释，以澄清"礼"不仅仅是外部礼貌。两位译者都没有将儒家的"礼"与任何宗教或精神活动联系起来。本文还讨论了西方对中国"礼"的不同理解及其与"礼仪之争"的关系。李晓书和谭渊的《马若瑟〈诗经〉译本与"礼仪之争"》（《国际汉学》2022 年第 2 期）一文结合"礼仪之争"事件解读该译本，指出作为"索隐派"的代表人物，译者马若瑟试图在《诗经》与《圣经》的信仰世界间架起桥梁，证明中国古代文化与基督教神学之间的联系。同时，为捍卫耶稣会传教士在"礼仪之争"中的立场，他还不惜改变译文内容，并通过副文本塑造出中国文化与基督教的相容性，从而向欧洲传播了一个符合耶稣会利益的中国形象。王慧宇的《从〈天主实录〉的修订再版析论耶稣会来华初期"适应策略"的调试》（《中国天主教》2022 年第 3 期）一文认为，罗明坚作为最早进入中国内陆定居的传教士，他的代表性著作《天主实录》出版后在传教士团体内部和晚明士大夫群体内引起了不错的反响。《天主实录》遭遇毁版后四十余年，这本退出历史舞台的著作又被修订再版，反映了耶稣会在华传教适应策略的调试。李真和谢辉的《从〈古学钩玄〉到〈汉语札记〉——来华传教士马若瑟中国语文学知识来源考》（《国际汉学》2022 年第 1 期）一文通过详细考察和分析来华耶稣会士马若瑟的《汉语札记》与中国古代诗文评类著作《古学钩玄》的具体关系，来理解从西方人视角所归纳出的中国语言的一些基本特征和内在逻辑，揭示早期来华传教士在写作汉语研究著作的过程中，中国传统语文学的方法和实践对他们所产生的影响。

李昊明和蓝红军的《对明末科技翻译的两点辨误》（《中国科技翻译》2022 年第 3 期）一本认为，利玛窦仅仅翻译前六卷《几何原本》，并非完全出于传教的实用主义，而是由于其既想引入数学论证体系，同时也考虑到自己数学水平有限。而传教士们也并未因反对科学而刻意隐瞒《天体运行论》，事实上该书在明末已得到翻译，但仅作为编纂历法的参考材料。卡洛斯·阿颂桑和张敏芬的《第一部〈葡汉辞典〉编写背景与作者考》（《国际汉学》2022 年第 4 期）一文考察了历史上首部《葡汉辞典》的编写背景，对比了利玛窦和罗明坚的汉语与葡萄牙语水平,对原手稿的笔迹和收录词汇进行分析,并对其作者进行考证,认为这是一部集体作品,编写地点为中国澳门,在广东肇庆得到修订和完善。付芳和徐朝东的《满汉对音文献中所见18世纪北京话的语音现象——以〈兼满汉语满洲套话清文启蒙〉为例》(《满语研究》2022年第1期)一文认为,满汉合璧会话教科书《兼满汉语满洲套话清文启蒙》为舞格著于1761年,记录了18世纪中叶的北京话音系。《满洲套话》含声母22个、韵母40个,声韵格局已具今北京话雏形。《满洲套话》侧重于记录北京话的口语音系统,其记音系统深受满文拼写规则、旗人汉语及规范语言观的影响。

(二)"西学东渐"与"中学西渐"研究

16世纪下半叶,随着地理大发现与第一次全球殖民浪潮的兴起,天主教以奥斯定会、方济各会、耶稣会和多明我会等组织形式从欧洲向亚洲与美洲传播,中西的文化交流日渐频繁。古代中西文化是双向度的交流,包含"西学东渐"与"中学西渐"两个方面,历来受到学术界的重视,本年度相关研究成果不少。

川原秀城著、包纯睿译、毛乙馨审校的《西学东渐与东亚》(上海社会科学院出版社,2022年)一书认为,明末清初是东西方两大文明交流与碰撞的时期,学识渊博的东西方学者在尊重对方文化的前提下,进行了一次大规模的"普遍与普遍"的对话,这也被称为"文明的对话",结出了丰硕的学术成果,即中国的清学、朝鲜的实学与日本的兰学。本书的主要内容便是梳理当时西方哲学、宋明理学、数学、语言学、文献学、音律学、算学等方面的东西方交流情况,对于当今我国明末清初思想史、哲学史、宗教史、科学史、文化史的深入探讨具有很大的参考价值。陈拓的《伪书背后的西学知识史:托名利玛窦之〈理法器撮要〉考》(《国际汉学》2022年第1期)一文对《利玛窦中文著译集》中《理法器撮要》明确抄袭嘉庆年间徐朝俊所著《高厚蒙求》前四集进行了辨析,反驳了《高厚蒙求》受《理法器撮要》

影响之说。《理法器撮要》约成书于嘉庆二十三年（1818 年），其托名利玛窦应为出售以牟利。清中叶常被视为西学东渐史上的断裂期，伪书的产生反映出当时一些有经世之志的读书人对西学著作的渴求，这使伪托有利可图。李娟的《嬗变与恪守——西学东渐与桐城派学人之应对》（安庆师范大学硕士学位论文，2022 年）一文认为，随着西方列强入侵，西学东渐，桐城派学人的治学理念、经世思想和社会实践活动亦随之发生变化，他们不只关注"义理""辞章"，也开始关注夷情与世界发展大势。桐城先贤方以智提出"不可不识四方之势"，率先接受西方自然科学知识，崇尚西方科学的实证精神。嘉道之际，梅曾亮主张"文章之事，莫大乎因时"，著书立说体现时代要求。鸦片战争后，以姚莹为代表的桐城派学人拓展了清代边疆史地学研究领域。甲午海战失败后，吴汝纶和严复等则积极宣传"物竞天择、适者生存"的进化论思想。在这一过程中，他们既主张"因时适变"，使桐城派能够承载西学的广泛内容，同时也积极关注社会现实和民生，强调顺应时代潮流，提出可以解决现实弊端、缓和社会矛盾的举措，力图解决社会问题，为救亡图存与民族自强而奋斗，以求达到国治民安的效果。当然，桐城派学人对西学的回应并非完全遵循"冲击—回应"模式，他们有自己学派的学术底色、道德标准和为文之道。在新学纷纭、西学东渐的文化动荡中，桐城派一直坚守自己的学术底色。桐城派学人对西学的应对大体上可归纳为两种看似矛盾的态度——"嬗变"与"恪守"：为找寻救国方略而"嬗变"，又囿于程朱道统和维护清廷统治而"恪守"。郑诚的《聂璜〈海错图〉与〈幸存录〉中的西学知识》（《国际汉学》2022 年第 4 期）一文首次介绍聂璜的另一部传世稿本《幸存录》，探索《海错图》与《幸存录》两书中的西学知识，追溯史料来源。《海错图》中的鲸鱼图像源自文艺复兴时期地图中的海怪。《幸存录》"西洋记诵"篇反映民间传说对利玛窦记忆术的神化。同书"西洋画"篇记载多种西画技法与光学玩具，或与南怀仁向康熙皇帝演示的西洋奇器有关。明末清初的汉文西学图书，以及对欧洲事物的想象共同塑造了聂璜对西学的认知。

西方传教士是"西学东渐"的主要传播者,本年度关于这方面的研究继续发展。张瑞的《论明末传教士艾儒略〈西学凡〉对西方教育体系的介绍》(东北师范大学硕士学位论文,2022年)一文认为,《西学凡》是艾儒略(Giulio Aleni)诸多中文著述中比较有特点的一本,是中西文化交流上第一部专论西方教育体系的著作。《西学凡》一书主要对西方的教育体系进行了细致的介绍,书中将西方教育体系分为文科、理科、医学、法学、教学、道学六科,教学以讲授天主教的教规为主要授课内容。在六科中,文科、理科的学习为后续医学、法学、教学、道学的学习奠定了基础,神学为六科学习的最终归向。《西学凡》所阐述的西方教育体系与当时中国的教育内容和方法极为不同,引起明清时期人们的关注。王欣茹的《从艾儒略的救赎论思想看天主教中国化的伦理实践路径》(《世界宗教文化》2022年第1期)一文以明末意大利籍耶稣会传教士艾儒略的救赎论思想为研究对象,探讨天主教在华传播早期与中国传统伦理道德的适应和融合。高群的《高一志的〈治民西学〉研究》(北京外国语大学硕士学位论文,2022年)一文认为,意大利耶稣会士高一志的《治民西学》结合明末社会背景及自身实践,向中国社会引入西方治理民众的学说,是其"著书传教"策略的重要实践。《治民西学》是"义礼西学"的一部分,高一志基于基督教的政治伦理思想,完成了该文本的创作,其理论基础是西方的政治伦理学,同时融合了中国儒家的思想和术语。高一志的政治伦理学思想也是对中国传统政治思想的补充,具有重要的理论价值和现实意义。刘峰的《晚明耶佛之辩——以蕅益智旭〈辟邪集〉为中心》(《学术研究》2022年第8期)一文认为,晚明传教士的合儒易佛引发了中西文化史上的耶佛之辩。蕅益智旭(钟始声)站在佛教立场上,通过对天主至尊至善、全能无限、无始无终、超越主宰等性质的批判,对明末天主教的诘难展开回应。其中的"误读"成分,正体现出交流双方对彼此了解的深入和准确。贾海燕的《明清之际耶稣会士编译中文圣人传集考论》（《国际汉学》2022 年第 4 期）一文指出，明清之际来华耶稣会士译述了多部圣人传记，其中《天主圣教圣人行实》与《圣年广益》两部圣传集收录了 400 余篇圣人传记，并被多次摘录、改编，流传甚广。《天主圣教圣人行实》与《圣年广益》承袭欧洲圣传集，在译介众多圣人形象、故事的同时，也将西方圣人类型与圣传编纂体例移植入华。刘强的《中国天主教祈祷文献整理与研究——以〈圣教日课〉为中心》（上海师范大学硕士学位论文，2022 年）一文对四百年来中国天主教祈祷文献的传承、演变加以梳理与辨析，并从"文献名称""文献语言""刊印时地""发行地区""撰写者—准印者"等方面予以考察，以呈现不同历史时期祈祷文献的概况与特色。韩星的《重建信仰：明清之际儒者的上帝观——以儒家天主教徒为主》（《世界宗教研究》2022 年第 3 期）一文指出，明清之际出现了以徐光启、李之藻、杨廷筠为代表的儒家天主教徒，还有其他入教或与天主教有一定联系的儒者，他们面对晚明思想转型，受到传教士"合儒、益儒、补儒和超儒"的影响，在中西文化融会贯通的基础上以求"同"的意识重新审视和反思中国文化的内在精神及历史演变，批判道、佛和宋明理学，回归儒家早期传统，重建上帝信仰。益西旦增的《"以佛释耶"：十八世纪入藏耶稣会士德西德利的四本藏文手稿述评》[《西藏大学学报（社会科学版）》2022 年第 4 期]一文基于对德西德利藏文手稿内容的初步概览，结合德西德利《西藏旅行报告》中的相关内容，对西方学者给予德西德利及其藏文手稿的历史评价进行了批判性述评。此外，骆世查的《中西交往的技术：早期来华新教传教士的实地经历与路径考察》（《编辑之友》2022 年第 1 期）、梅谦立的《清初天主教的"补儒绝佛"——以 1686 年〈丙寅会课〉"辨持斋"为例》（《湖州师范学院学报》2022 年第 9 期）等文章也涉及对传教士来华状况的研究。

本年度对来华耶稣会成员利玛窦的研究比较深入。邵高明的《跨文化传播视角下利玛窦与中西文明互鉴研究》（郑州大学硕士学位论文，2022 年）

一文从跨文化传播的视角出发，分别从文明碰撞下利玛窦的跨文化传播实践、利玛窦跨文化传播策略的选择、利玛窦与中国士大夫的文化互动，以及中西文明交流互鉴四个方面展开论述。该文通过将明末中西文明的和谐交往与同时代及近代西方殖民列强所引发的文明冲突相对比，揭示文明互鉴对当今世界文明发展的重要意义。于家勃的《明清利玛窦形象的中国化书写及意义》（广东外语外贸大学硕士学位论文，2022 年）一文指出，在中国传教期间，利玛窦根据不同需求和文化语境，构建了其自身形象。首先，在罗明坚的指导下，"西僧"形象为其在中国内陆居住提供了方便，但是最终因僧人的地位低下而中止。其次，利玛窦在耶儒文化交流中做了积极的补充与调和，阐释儒家经典，使用"科技传教"。"西儒"成为他传教时运用的新形象。再次，利玛窦主动塑造异于中国传统儒生的"畸人"形象，其核心内涵在于对天人关系、生死观的独特理解，对新儒学所重视的"理"的概念发起挑战。在转变过程中，他积极调和异质文化中共通性与对抗性的部分。最后，利玛窦形象调适的目的在于降低文化交流中产生的冲突。温永倩的《基于佛耶关系的晚明天主教中国化研究——以利玛窦为例》（陕西师范大学硕士学位论文，2022 年）一文基于佛耶关系考察晚明天主教中国化的历史和特征。在特殊的历史背景下，以利玛窦为代表的耶稣会传教士在与佛教的互动和辨析中逐渐塑造了天主教中国化的社会身份及神学表达，并影响晚明中国的佛耶论辩和中西文化交流。以利玛窦为代表，传教士在传教初期以宗教身份适应中国文化，使天主教与佛教相互混同，随着对中国文化认识的加深，利玛窦开始有意识地在外在形象上将自己与佛教相区别。最终以与三淮的论辩为契机，他放弃在宗教身份上适应中国文化的努力，转而联儒排佛，塑造了文人而非僧侣的社会身份，体现了天主教中国化程度的加深。对佛耶差异进行学理上的辨析一方面使利玛窦形成了以上帝论、灵魂论和天堂地狱说为代表的独特神学，但基于佛耶关系的中国化天主教道统身份和神学表达引起了佛教教徒的反击，佛耶之间陷入无效的骂战，对晚明天主教造成了负面影响；另一方面，天主教在中国化进程中把西方的科学知识带到了中国，也将中国的文化传入欧洲，促进了中西方的文化交流。毛瑞方《入华耶稣会士的身份选择及其历史形象——以利玛窦为中心》（《世界宗教研究》2022 年第 4 期）一文认为，明清之际的耶稣会在华传教士主要经历了由"僧"而"儒"的转变，兼具"僧""儒""宾""臣""使者"等几个主要历史形象。由"西僧"到"西儒"的身份选择与转变是教会组织统一安排部署的在华耶稣会士的集体行为；耶稣会士初选"僧"的身份和其改"僧"为"儒"的根本原因是迎合中国文化的相关传统；利玛窦自称为僧而后辟佛，学儒而不尽为儒，既是因其来华的目的为传播天主教义，同时也是选择和建设其在异质文化中社会身份的必然要求。马秀娟、徐红昌和张岚的《南怀仁〈坤舆全图〉与利玛窦〈坤舆万国全图〉比较研究》（《河北科技图苑》2022 年第 3 期）一文指出，南怀仁绘制的《坤舆全图》和利玛窦绘制的《坤舆万国全图》是明末清初西学东渐的经典之作，作为中国近代地理知识传播的重要媒介，其对中国地理学发展和国人世界观的近代化转型均有重要影响，对明清之际中国的地理学思想、地理沿革、大幅地图刊刻乃至中国的政治经济发展等研究都有重要价值。《坤舆全图》继承了《坤舆万国全图》的编绘传统，但两图中地球的形状、本初子午线的位置、动物的数量、释文详略等不同之处甚多，且多有创新和发展。此外，胡健文的《明朝首批受洗皇族成员考》（《国际汉学》2022 年第 1 期）、陈玉芳的《17—18 世纪耶稣会士中国报道在英国的传播》（《国际汉学》2022 年第 4 期）等文章也从不同角度对来华耶稣会成员进行了探析。

西方科学技术知识是"西学东渐"的重要内容，本年度这方面的研究继续推进。肖朗的《明末清初西学东渐史上的〈穷理学〉》（《浙江大学学报（人文社会科学版）》2022 年第 2 期）一文把《穷理学》置于明末清初西学东渐的历史脉络和文化语境中进行考察。文章认为，南怀仁编纂的《穷理学》在明末清初西学东渐史上具有重要的地位及意义，它所传入的学科知识体系基本上是南怀仁早年在欧洲耶稣会学校所学到的，主要包含亚里士多德的形式逻辑学、16—17 世纪以欧几里得几何学为核心的西方数学以及各门自然科学技术知识。这种学科知识体系具有重视系统性、突出亚里士多德所阐述的形式逻辑的重要作用，强调数学乃一切科学技术的理论和应用基础等基本特征。韩琦的《西学新知与历算传统的再发现——政治文化视域下明清士人对〈周髀算经〉的研究》（《北京大学学报（哲学社会科学版）》2022 年第 6 期）一文认为，明末欧洲数学传入中国后，明清士人就将其用作研究传统数学文本的工具。他们将目光投向了中国最古老的历算典籍《周髀算经》，以此来探求中西数学之间的关联。徐光启基于欧洲几何学，对勾股术进行了最早的反思。康熙皇帝和清初数学家梅文鼎之所以对传统数学文本，尤其是对《周髀算经》产生兴趣，有政治史和文化史的深层原因。《周髀算经》还引起了传教士的注意，像法国耶稣会士巴多明（1665—1741 年）和宋君荣（1689—1759 年）对中国古代数学的关注，影响了伏尔泰对中国历史的看法。如何面对外来文化的冲击及如何定位与解读传统典籍，一直是自明清西学传入以来国人试图解决的问题之一。《周髀算经》在明清的际遇，可以作为文化交融绝佳的例证，具有重要的学术史、文化史乃至政治史的意义。岳世川的《近代西方科学输入中国两阶段传播主体演变研究》（《玉林师范学院学报》2022 年第 2 期）一文认为，明末清初和清末民初时期是西方科学输入中国的两个重要阶段。前一阶段，传教士作为传播主体，以"学术传教"的方式同时将天主教义与西方科学输入中国，实现了平行发展下的中西文化的融会贯通。但这种会通在其后期因中西文化较量之间的"礼仪问题"逐渐由"西学东渐"演变为"西学东源"，传教士的作用和地位式微。西学式微下的中国科技经历了一段封闭而保守的发展时期，从 19 世纪 40 年代至 20 世纪初，面对因近代科技革命而发展起来的西方列强的侵略，以中国留学归来的知识分子作为这一时期的传播主体开始了"师夷长技"，学习、移植和再造西方的科技与文化成为他们挽救民族危亡、推动中国科技转型发展的主动选择。

商译和聂馥玲的《明末清初亚里士多德力学体系之传入及其影响》（《力学与实践》2022年第3期）一文第一次对西学东渐汉译西书中的亚里士多德力学体系以及明清士人对这些知识、思想的接受进行分析，得出如下结论：亚里士多德力学体系及其中世纪改良成果"冲力学说"在第一次西学东渐中基本已经完整地传入中国；第一次西学东渐传入的亚里士多德力学体系并没有引起中国学者的充分重视，并且在传播时与中国传统知识混杂在一起；第一次西学东渐中传入的亚里士多德力学体系被清末士人再次认识，却与牛顿力学混杂在一起，不分彼此，在清末人们接受牛顿力学中的"力"概念的过程中产生了一定的阻碍。白成军、韩旭和傅程的《明末清初西方传教士对中国古代测绘技术发展的影响》（《西安建筑科技大学学报（社会科学版)》2022年第2期）一文基于明清之际"学术传教"活动前后中国测绘技术发展状况，通过梳理明清之际西方传教士在中国所进行的测绘科技相关活动，在对比分析的基础上指出，明末清初西方传教士所进行的科技传教活动对中国古代测绘技术的发展起到了促进作用，改变了中国人固守了几千年的"天圆地方"概念，动摇了中国古代制图学所采用的"计里画方"方式，同时协助中国完成了领先世界的全国性大地测量。但这种促进是有限的，"西学东渐"中传入的测量技术和测量工具并没有被广泛应用。张翔宇和段海龙的《光的反射定律在中国的传播（1582—1911）》（《内蒙古师范大学学报（自然科学汉文版)》2022年第5期）一文通过分析中国古人对光的反射现象的描述及明末清初西学东渐过程中译介的西方书籍对反射定律的记载，探寻反射定律进入中国的传播路线。文章认为，中国古代对反射现象的研究停留在入射光线与反射光线的位置关系层面，郑复光受到西方科学知识的启发，重新思考反射现象，将研究视野拓展到入射角与反射角的角度关系层面。随着教科书的出版，中国人逐步了解反射定律。西方传教士带来新的科学研究方法，对中国人了解和接受西方近代光学知识产生了重要作用。张改珍和刘波的《西学东渐时期西方气象科技在中国的传播及其影响》（《气象学报》2022 年第 4 期）一文从科学（理念）和技术（器物）两个层面系统梳理了西学东渐时期西方气象科技向中国传入的过程，分析研究了西方气象科技输入对中国早期气象事业的推动及知识传播的启蒙作用。明末清初西方气象科技输入虽在宫廷和士大夫阶层间产生了一定的影响，但并未对中国早期气象事业和知识传播起到实质性、落地性的推动及启蒙作用。晚清民国阶段西学无论是从广度还是从深度，其所起的作用都较明末清初阶段大得多。这段历史从以开放的态度对待科学技术引进、注重科学技术本地化、先进的科学技术认识三方面带给人们启示。

西方天文学知识的传入对明清时期中国历法产生重要影响，本年度的研究成果也不少。刘晔的《阳玛诺〈天问略〉研究》（东华大学硕士论文，2022 年）一文指出，《天问略》是明末中西文化融会贯通时期传入中国的一部重要的天文著作，也是耶稣会士最早介绍西方天文学知识的著作之一。该文介绍了《天问略》的成书背景以及阳玛诺的生平，对《天问略》的现存版本进行了考证，介绍其体例及内容，结合前人研究探讨《天问略》与李之藻及其《请译西洋历法等书疏》之间的关系，并把书中内容与中国古代天文学概念进行对比。许遇好的《凌廷堪对儒学与科学关系的重构——以日月五星左右旋之争为例》（山东大学硕士学位论文，2022 年）一文认为，凌廷堪在自学中西方天文历算的过程中对于左右旋之争有着不同的理解。凌氏虽然看似是在支持右旋说并对左旋说进行无情的批判，但实际上是意在通过对左旋说的批判来达成对宋明理学的摒弃。凌廷堪认为，张载、朱熹等人建立在理气概念之上的宇宙观是不切实际的，由此认为左旋理论也只是臆说，这种情境之下的科学与儒学的关系自然也是不可取的。凌廷堪作为儒学发展过程中"以礼代理"学术思潮的代表性人物，他认为礼学才是儒学之主流与要旨所在，通过考据等手段重新恢复古时的科技与礼仪制度便可以使社会恢复和谐状态。凌廷堪摒弃了宋明理学视野下天地万物依理而行的固有原则，并尝试在科学的基础上重新建构以礼学为代表的传统儒学，最终实现科学与儒学相得益彰的理想目标。肖清和的《通天以通神：钦天监与清初天主教徒群体》（《基督教学术》2022 年第 1 期）一文在相关档案文献的基础上，通过梳理钦天监与天主教之间的关系，展示明末清初天主教徒官员群体的基本情况，并对通过钦天监传教的历史影响进行分析。文章认为，钦天监成为传教士居留中国的重要机构，对天主教的传播与发展起到了重要作用。传教士不仅掌管钦天监修历事务，还通过积极传教，将钦天监官员、天文生变成天主教徒。钦天监的传教士为各地的传教士提供了保护，官员信徒在致仕之后返回家乡继续传播天主教。即使在禁教时期，钦天监仍然有传教士供事。此外，张学伟和范筱睿的《明末清初传教士传播天文学的条件及动因》（2022 年湖北省科学技术史学会年会论文集）也对相关问题进行了探析。

　　本年度关于西医东传的成果也有不少。张西平和全慧的《白晋与西医东渐》（《国际汉学》2022 年第 3 期）一文梳理了白晋在满文版《格体全录》和《西洋药书》两书编译过程中所扮演的角色以及两书的流传与影响，从而揭示白晋在推动中西方医学交流过程中所发挥的作用。陈拓和余新忠的《中西医汇通先驱明遗民祝石考论》（《南开学报（哲学社会科学版）》2022 年第 3 期）一文认为，医史学家范行准将王宏翰誉为"中国第一接受西说之医家"，实则明遗民祝石接受西洋医学比王宏翰更早。祝石曾参与校刊多部汉文西学文献，包含丰富西洋医学知识的《形神实义》即其中之一。在自撰医学论著《录医》中，祝石公开宣扬西洋解剖学，抨击中国传统医学，拉开了中西医论争的序幕。他运用西洋蒸露法等在社会名流中广泛行医，得到钱谦益、陈维崧等学者的高度认可。周笙曾将祝石的医方收入《医林口谱六治秘书》中，王宏翰也很可能参考过祝石的医学论著。蔡名哲的《〈西洋药书〉与康熙朝宫廷西洋药物知识刍议》（《国际汉学》2022 年第 3 期）一文指出，藏于北京故宫博物院之满文本《西洋药书》，据传是传教士白晋、张诚所著。《西洋药书》实载药方 48 种，其中有 42 种于该书中重复介绍一次，但重复部分所载内容不完全相同。过往清宫档案中并没详述西洋药方之药效与使用方法，《西洋药书》可补足这方面的缺失。鲜伊莎、王学琦和石肖洁等的《清代宫廷中的"西药东传"》（《医学与哲学》2022 年第 14 期）一文认为，明末清初，西方殖民主义国家和宗教为扩大自身影响常派遣精通医药知识的传教士前往我国，传教士借医传教，西药也渐次随之传入。清宫作为当时最高统治阶级的核心部位，西药传入的途径更为多样，同时传教士们利用西药见效迅速的优点，在宫廷中进行一系列医疗活动，因良好的治疗效果与皇帝的支持而风靡一时。由此，越来越多的西药传入我国，极大程度地丰富了我国药物的种类。

本年度关于西画东传的研究成果非常多。刘静等撰写的《明清时期西画东渐对中国美术的影响》（《艺海》2022 年第 5 期）一文重点就西画东渐对中国美术带来的影响做详细论述，客观分析明清时期西画传入中国的利弊和得失，充分挖掘明清时期西画东渐的历史意义和现实意义。袁文婧的《晚明时期中西艺术交流研究》（武汉理工大学硕士学位论文，2022 年）一文探析和比较了万历到崇祯的晚明时期西方对中国、中国对西方双向之间艺术交流的内容方式、主要特征、动向途径以及晚明时期中西艺术交流在整个文化大背景下的概括和对当代与后世的影响。文章认为，晚明时期西方艺术对中国的输入，以绘画、瓷器为主要交流内容，传教士为交流主体，呈现西画东渐、西乐东渐、西体中用的交流特点。晚明时期中国艺术对西方的反向输出过程，呈现以瓷器为主要交流内容，以欧洲贵族阶级为交流主体和出现中国热的交流特点。霍棣星的《工与韵的审美之争——清初海西法肖像画研究》（广州美术学院硕士学位论文，2022 年）一文从中西艺术观念、审美立场和艺术形式来比较中国画家的海西法肖像画与传教士的海西法肖像画的差异，并发掘研究其产生差异的原因。文章认为，海西法肖像画最早应是由中国画家创造出来的，较早地使用西法进行面部刻画的可能是莽鹄立，而非郎世宁。张淑娴的《清宫玻璃画技艺的传输：欧洲—广州—宫廷》（《故宫博物院院刊》2022 年第 11 期）一文在对文献档案进行分析的基础上，指出玻璃画进入中国后首先在广州发展起来，后进入清代宫廷，宫廷画家在广州玻璃画师的指导下掌握了玻璃画绘制技艺。以外销为主的广州玻璃画迎合着西方市场的需求，而宫廷玻璃画则为适应皇家品位，逐渐与宫廷绘画风格相融合。此外，张震的《清代内府〈乾隆帝朝服像〉轴的作者及其画法辨析兼谈十八世纪下半叶中国西洋画法的流传》（《新美术》2022 年第 3 期）、沈晓鸣的《18—19 世纪广州口岸中外艺术交流之印学领域》（《地方文化研究》2022 年第 1 期）、郑柳婷的《试论折沿盘的发展与东西文化元素交融》（《文物鉴定与鉴赏》2022 年第 18 期）也在不同层面对西画东传进行了探析。

清代外销画是指从 18 世纪初 19 世纪末开始，由广州的画家和画工为西方市场量身定制的绘画作品，是中西文化交流的产物。外销画为中国传统绘画的演变带来了新的思路与方法，开始有意识地吸纳西洋绘画原理及技巧。外销画的题材、内容、风格是一个复杂的综合体，这种用西洋绘画手法表现中国风土人情的特殊画种，因其独特的写实风格为我们了解清代广东地区的风俗民情提供了直观的图像依据。目前国内外关于外销画的研究主要有两个面向：一是研究外销画本身，关于外销画的收藏和考证、题材和内容、风格归类等；二是以外销为载体来研究中西文化交流史、广州口岸史、艺术社会史等。本年度关于外销画的研究成果不少。杨进的《碰撞与革新：晚清外销画研究》（华中师范大学硕士学位论文，2022 年）一文首先聚焦于外销画产生的时代背景，包括广州口岸的设置、西方画家的来华以及中西方长期保持的贸易交流，都是外销画产生的必备条件。外销画题材多样，涵盖了广州当时的市井生活。外销画不是一味地吸收西洋画技巧而摒弃中国传统绘画技法，相反，这种中西绘画的碰撞带来了中国绘画领域的革新，使传统绘画进发出新的活力并开始走向现代化。研究表明，外销画的产生和发展过程不仅仅是中国早期西洋画的发展过程，而且是中西文化积极交流的过程。王岩的《异质文化冲突与融合：18—19 世纪清代外销画研究》（《南京艺术学院学报

（美术与设计）》2022 年第 6 期）一文通过考察 18—19 世纪清代外销画，解析其中蕴含的文化背景与艺术特征，重点探讨外销画的题材与属性，揭示异质文化冲突与融合背景下清代外销画的文化功能。张晓博的《十九世纪广州十三行外销油画的民俗风情研究》（华北理工大学硕士学位论文，2022 年）一文认为，广州外销油画是西画东渐中民间自发学习西方绘画的成果，体现出特有的民俗风情，真实地记录了当时广州市民生活的各个方面，是极为珍贵的历史图录，对中西文化及艺术交流的研究有重要参考价值。卜晓凡的《图像解读：晚清外销画中的岭南园林》（华南理工大学硕士学位论文，2022 年）一文在考察园林题材外销画的基础上，结合清代岭南园林历史照片，并与地方志、古籍和西方文献相互参照，对园林题材的晚清外销画进行了相对完整的收集与罗列，证明外销画是以客观真实的园林为依据，具有一定程度的原真性。该文还以园林的平面示意图为基础，分析园林不同空间的位置关系和视觉联系，逐一探析外销画展现的清代岭南园林空间特征。此外，文章还对外销画中园林的亭台楼阁、叠山理水、草木花卉进行分类论述，讨论外销画所展现的清代岭南园林风格特征。许嘉颖的《中西融合的暗流——清代广州外销画家的观看与表现》（广州美术学院硕士学位论文，2022 年）一文以清代广州外销画家在 19 世纪的绘画实践为主线，讨论在明清之际广州口岸的中西贸易背景下，中国画匠吸收传教士来华所教授的西洋画法，应西方顾客的需求创作形成外销画。谢蓓露的《17 世纪荷兰船舶画与广州外销船舶画的比较研究》（广州大学硕士学位论文，2022 年）一文以 17 世纪荷兰船舶画与广州外销船舶画两者不同的历史环境与发展演变为基础，从两者各自的审美情趣与绘画语言着手对比分析，探析中西绘画艺术自身的发展规律以及二者艺术发展中的相互影响。杨兴雨的《18—19 世纪广州外销水彩画研究》（安徽财经大学硕士学位论文，2022 年）一文以 18—19 世纪的广州外销水彩画为研究对象，通过研读和整理相关文献并将其作为理论依据，阐释西欧艺术进入中国是促进外销水彩画出现的经济基础和艺术前提，以及 18—19 世纪外销水彩画艺术形式从装饰到写实、从写实到程式的发展脉络。外销水彩画是对西式画法的创新探索，为后来岭南画派的出现培养了艺术接受群体，蕴含着中西合璧的绘画理念。其文化输出为西方绘画注入了新鲜的元素，形成了别开生面的平面构成与装饰性的绘画风格，对中国及西欧都有很大的艺术影响，具有促进中外艺术交流、创新绘画形式语言的艺术价值。此外，陈雅新的《法藏 19 世纪中期戏曲题材外销画考论》（《中华戏曲》2022 年第 2 期）、沈毅敏的《清代外销画与广东航海文化》（《航海》2022 年第 3 期）、方玲玲的《再造"风景"：媒介地理学视角下近代中国外销画的景观生产》（《现代传播（中国传媒大学学报）》2022 年第 10期）等文章也从不同层面对外销画进行了探析。

通草画是外销画中的一种，它成批量生产并以文化商品的形式外销，是中西文化交流中孕育而生的特殊艺术品。白仪玮的《晚清外销通草纸水彩画中的广州民俗》（陕西师范大学硕士学位论文，2022 年）一文认为，通草纸水彩画是在晚清时期口岸市场经济刺激下产生的一个独特的绘画品类，其描绘题材极为广泛，反映了晚清时期的社会风貌、风土人情、地域文化等信息，是研究分析广州地域文化的特殊范本和重要的历史图像资料。通草纸水彩画在吸收西方绘画风格的基础上表现了独特的地域性民间文化特色，深入研究这些绘画，对探究通草纸水彩画的形成原因、市场经济因素对艺术创作的影响，以及研究中西方文化交流、晚清社会风俗等，都具有十分重要的理论价值和实践意义。何颖珊的《清代广州外销通草画中的广府民俗闹元宵节庆图研究》（广州大学硕士学位论文，2022 年）一文以通草画中的广府民俗闹元宵节庆图为例，梳理广州外销画出现的时代背景，通过分析通草画所表现的广府民俗节庆活动，探讨通草画承载民俗闹元宵节庆的技术因素和形态多样的社会风貌。该文从民俗文化和艺术的角度对研究图像主题进行解读，归纳整理闹元宵图具体特征和整体风格，并根据其表现习俗内容和不同花灯图案类型进行归类分析。该文还对融合中西技艺的闹元宵图绘画表现进行研究，总结其绘画的风格特色、技法特点、画面的商业属性。本文认为，闹元宵图在题材上真实反映出清代广州社会风貌百态，题材写实性强，是研究清代中国社会的极佳珍贵档案。另外，通草纸水彩画在绘画技法表现上不受中国传统"中国画"技法的限制，糅合中西绘画技法，特别是西方的透视、明暗阴影等处理手法。此外，章荣玲的《广州十三行博物馆藏外销通草画研究》（《中国港口》2022 年第 S1 期）也对外销通草画进行了探析。

关于宗教题材的西画研究也有相关成果。朱丽罕的《〈诵念珠规程〉与晚明天主教木刻版画的本土化》（华东师范大学硕士学位论文，2022 年）一文梳理了 1593—1640 年中文世界中天主教木刻版画中国化的特征、过程、逻辑、目的与影响。文章认为，长期以来，中国学界将《程氏墨苑》中的四幅天主教题材图像视为中国出版物中最早出现的西方天主教图像，将其视作"西画东渐"的鼻祖，并影响了《诵念珠规程》《天主降生出像经解》《进呈书像》的编纂思路。但 1593 年在菲律宾马尼拉华人聚居区巴连出版的《辩正教真传实录》中的木刻版画插图，才是中文世界出版物中最早的天主教图像，早于《程氏墨苑》，且其艺术本土化的处理也为后世诸书之肇始。曲艺的《明末基督教叙事性版画研究》（《南京艺术学院学报（美术与设计)》2022 年第 5 期）一文指出，1637 年，耶稣会会士艾儒略以《福音故事图集》为范本，在福建晋江景教堂出版了《天主降生出像经解》，这是第一本用插图描绘耶稣故事的中文书籍，该文分析了此书的图像叙事特征、图文关系，并阐述耶稣会传教士通过这种图文叙事方式向明人介绍场所构建的记忆法和灵修默想方法。达奇和彭海涛的《〈福音历史图集〉对晚明绘画理念的影响》（《国际汉学》2022 年第 2 期）一文在巴恩哈特对劳费尔画册的研究基础上，对中国画师有关西方艺术的理解及"误解"进行讨论，比较了《福音历史图集》所体现的欧洲绘画理念与董其昌所崇尚的和禅宗有密切关系的晚明绘画理念的异同。

此外，西画东传也体现在中西贸易货物上，学术界也予以关注。黄梓晟

的《清朝外销瓷中采用古彩装饰纹章瓷的原因》（《陶瓷研究》2022 年第 5
期）一文认为，欧洲商人在定制景德镇瓷器时取而代之的是要求景德镇陶瓷
艺人采用古彩瓷描绘纹章瓷，其装饰图案既保留了中国传统的制瓷工艺，又
融合了典雅的欧洲装饰风格，还满足了贵族阶层奢华的追求，它是中西文化
碰撞的产物。张弛和许平的《17—18 世纪全球贸易网络中的中英设计交
流——以茶具的形制变化为例》（《艺术设计研究》2022 年第 6 期）一文检
视与梳理了 17 世纪中期至 18 世纪中期茶具从中国传入英国之后的本土化过
程，以及在这一过程中茶具形制的变化。

西洋器物的传入是"西学东渐"的重要组成部分，本年度也有相关研
究成果。马宇和吕萍的《乾隆朝西洋钟表传入刍议》（《满族研究》2022 年
第 4 期）一文认为，在西方国家传入中国的各种"奇货"中，钟表传播最
广，受欢迎程度最高，尤其是乾隆帝及其朝臣分外青睐，并以进贡和贸易两
种形式入华，前者满足宫廷的需求，后者满足平民百姓的需求。因西洋钟表
造型奇巧精美、技艺精湛，一经传入即对中国传统钟表制造工艺带来冲击，
由此涌现出大量中西合璧式钟表，其核心技术多来自西方，但外形设计却
符合中国人的审美情趣，堪称中西方交流的典范。苏文捷的《作为创世隐
喻的自鸣钟——反思明末清初时期传教士引入的钟表与机械知识》（《自然
辩证法通讯》2022 年第 10 期）一文认为，明清时期被介绍到中国的自鸣钟
绝不仅是外交礼物或西洋奇器，钟表及其相关的机械知识也是传教士向中国
士人学者阐释基督教宇宙观的重要媒介。

中华典籍外译掀开了中国典籍进入西方世界的重要一页。中国的汉外翻
译始于耶稣会罗明坚与利玛窦的"四书"翻译，17—18 世纪耶稣会传教士
渐成翻译中国典籍的主力。近 20 年来，对中华典籍外译的研究，主要从翻
译学和汉学两大视角展开，既讨论典籍译介对西方汉学发展的奠基性意义，
又在中学西传的基础上探讨中华典籍的世界性意义。本年度这方面的研究取
得很大的进展。毛耀辉的《跨文化传播与接受：19 世纪以来〈尚书〉在英

语世界的译介研究》（郑州大学博士学位论文，2022 年）一文认为，自 16
世纪欧洲传教士来华，《尚书》向西方的跨文化传播便持续不断，在前后近
400 年西传史中，它在英语世界的传播占据重要一席。伴随着西方汉学的阶
段性发展，西方人对《尚书》的看法呈现多样性和复杂性特征，译介动机、
态度、倾向、方法也颇有差异，对相关问题的讨论视域更迥然不同。范祥涛
和李耀的《东学西传：中国古典诗歌的早期西译和英语转译研究》（《南京
航空航天大学学报（社会科学版）》2022 年第 4 期）一文考察了 16 世纪后
期至 18 世纪末，中国古诗在欧洲的翻译、英语转译、传播和影响。研究发
现，在这一时期中国古典诗歌在欧洲的传播呈现四种形式："四书""五经"
翻译、欧洲早期汉学著述中的古诗翻译和引用、《诗经》翻译的英语转译、
其他汉语古诗翻译的英语转译，汉语古典诗歌也正是以这些形式在欧洲得到
了最早的传播，并产生了广泛的影响。爱蒂的《盛唐诗歌在法国的翻译、流
传、演变研究》（广西大学硕士学位论文，2022 年）一文指出，19 世纪时
第一部唐诗法译选集在法国出版。之后越来越多的法国翻译家、汉学家和中
国学者参与到唐诗的法语译介之中，各种版本的法译唐诗集也日渐丰富。该
文主要选取李白、杜甫和王维等盛唐诗人部分诗篇的不同法译版本，通过对
比分析，剖析译文体现出的法语译者对盛唐诗歌和诗人的理解与背后体现的
文化观念，论述盛唐诗对法国诗歌创作的影响。宫宏宇的《乐籍西译：五种
〈乐记〉西文译本、译者及其传播》（《中国音乐学》2022 年第 2 期）一文
从译者语境和译本语境的视角，阐述 20 世纪前来华西人所翻译的五种《乐
记》译本、译者生平、所用的底本和参考的译本、翻译策略，并简要论述
《乐记》译本在欧洲的影响。宋黎明的《罗明坚拉丁文注音并翻译的〈千字
文〉研究》（《国际汉学》2022 年第 4 期）一文对罗明坚翻译《千字文》状
况进行了探析。

中华典籍的外流也是"中学西传"的重要组成部分。陈肖杉的《汉籍
在俄流布研究》（山东大学博士学位论文，2022 年）一文以档案和实物，全

面考察汉籍在俄罗斯的流布情况。文章先考察了 18 世纪前期汉籍在俄流布情况，此时汉籍传俄有两条路径，由西欧转译或由俄罗斯政府直接指定官方商队采购，可概括为"定向采购"，由政府主导，能迅速获得已知的汉籍，此时汉籍的主要角色是情报资料。19 世纪汉籍传俄在定向采购之外增加了由采购者自主选择并报销的模式。随着中俄边境贸易逐渐繁荣，商团自发设立语言学校，聘请返俄东正教士开展汉语教学，并出资委托他们采购汉籍，补充学校教材。这一时期的汉学研究倾向于语言研究，而汉籍的搜求及研究则关注史地资料。20 世纪传俄汉籍的主要角色从情报、资料转为文物，其传播模式也从有计划的采购转为"掠夺——收购"，军官及其随扈深入中国探险，将发现的战利品批量出售给俄罗斯的博物馆和图书馆。十月革命后，苏联的图书馆不再大量收购汉籍，汉籍传俄至此趋缓。传俄汉籍主要存藏于科学院、大学、公共图书馆三个系统。在汉籍传俄的过程中，中国文化内部评价书籍的标准对于书籍传播产生的影响很小，俄罗斯政府作为汉籍传俄的资助者和接受者，决定了书籍的角色和价值。

17—18 世纪儒学西传欧洲是"中学西渐"的重要内容。罗莹的《17—18 世纪儒学西传欧洲述略》（《国际汉学》2022 年第 1 期）一文认为，明清来华天主教传教士作为当时儒学西传的译介主体，亦成为当时欧洲中国知识和信仰的代言人。践行文化适应政策的来华耶稣会士与其反对者在中国"礼仪之争"中为证明自身立场的正确性而撰就的一系列各执一词的辩护文书、宣誓证词及报告，既彰显了中国文化的丰富内涵和实用倾向，又质疑了其中有别于西方启示宗教的特殊宗教性，从而激发欧洲启蒙思想家深入了解中国并以儒家思想作为他们审视欧洲文化、建构自身思想学说的重要"他者"。陈欣雨的《"东学西传"视野下的中华道统思想》（《中国哲学史》2022 年第 4 期）一文主要探讨中华道统思想在"东学西传"过程中的角色与发展，该文认为，早期明清来华传教士对道统思想的认知、中国信徒以中华"道统"对中西信仰的介绍和诠释，从而使得道统思想进入欧洲宗教哲学领域，为兴起汉学之潮提供了思想资源，在一定程度上实现了东西文明的交流互鉴。梅谦立的《从柏应理〈致路易十四的书信〉看儒学在欧洲的早期传播》（《国际汉学》2022 年第 1 期）一文以柏应理在《中国哲学家孔夫子》所写的《致路易十四的书信》为研究对象，认为柏应理所展示的孔子并不是历史上的孔子，而主要是汉代以来的孔子，并且是路易十四时期专制主义框架内的孔子。汪聂才的《孔子的君主教育：〈中国哲学家孔夫子〉贝尼耶法文译本初探》（《国际汉学》2022 年第 1 期）一文指出，1687 年耶稣会士翻译的儒家经典拉丁文译本《中国哲学家孔夫子》在巴黎出版，随后在欧洲出现了三部法文摘译本。三个译本中，尤以东方学家贝尼耶的《孔子或君主之学》最全。在 17 世纪欧洲面临思想危机的背景下，贝尼耶的翻译与导读将"三书"视为一个整体，将孔子学说解读为"君主之学"，指出中国之所以能维持长久而稳固的统治在于将美德作为施政的基础。井川义次的《儒家君主观对法国大革命的影响：以儒经译文为中心》（《国际汉学》2022 年第 2 期）一文认为，耶稣会传教士们通过翻译儒经向欧洲介绍了中国具有的不一样的君主形象。他们的初衷是通过研究中国价值观和历史观来传播基督宗教，然而其翻译手法基本是建立在基督宗教价值观基础上的。另外，一些耶稣会士引入孟子的革命观等概念，这对当时王权神授和君主专制的欧洲来说是极其危险的。祝海林的《从失真到还原——龙华民对儒学的诠释及其传教策略评议》（《基督教学术》2022 年第 2 期）一文通过对此报告的文本解读，结合当时耶稣会传教工作的历史背景，重新审视龙华民的中国儒教观和传教策略及影响。张恒的《以中国为镜：莱布尼茨的理学研究》（《国际汉学》2022 年第 2 期）一文指出，莱布尼茨的理学研究集中体现在晚年对传教士龙华民的批驳中，这种批驳整体上隶属于当时天主教内部的"中国礼仪之争"，即在华传教策略之争。莱氏对"理"确有独到见解，但他将"理"视作与"上帝"一般的精神性实体，进而将理学视为有神论，却是对理学的曲解，这种曲解建立在莱氏业已形成的宗教观、哲学观基础之上。莱布尼茨的理学研究实为"以中国为镜"，并从中照见自身、确证自身的范式，对此的揭示有助于对莱布尼茨哲学及"中学西渐"的深入理解。

随着海上丝绸之路上中西交往的增多，"中国文化元素"在欧洲已经形成、存在并不断发展壮大。西方社会中存在的"中国文化元素"，体现出在西方本土文化的大环境中另类文化存在的多样性。"中国文化元素"在西方存在领域广泛，从文学、绘画到医学、音乐，从建筑装修到各种产品的设计制造，无一不能在其领域的发展史上找到"中国文化元素"的身影。徐巧越的《英国人对中国戏剧的认知与接受（1400—1799）》（《文化遗产》2022年第4期）一文通过梳理与分析19世纪以前英国人对中国戏剧的著述，可动态地再现早期英国社会对戏曲艺术与中国文化的接受历程，展示英吉利民族"中国观"在不同时期的特征与意涵。石涵丹的《18世纪意大利"中国风"戏剧研究》（《戏剧（中央戏剧学院学报）》2022年第5期）一文指出，18世纪是意大利戏剧，尤其是歌剧兴盛的时代，中国元素与意大利戏剧的邂逅碰撞出异常夺目的灿烂火花，其艺术特色主要体现在素材、角色和舞台效果的中国化处理上。尽管此时的"中国"只代表了欧洲社会的一种集体想象，但意大利戏剧对中国元素的吸收及化用成为一种突出而重要的特质。从横向跨文化交流层面看，"中国风"戏剧赋予中国文化在他者视角下融汇西方文明的恒长性；从纵向跨时代文明发展层面看，"中国风"戏剧又揭示出一种文学—社会双向反应机制的深刻性。魏梅的《看"孤儿"出处论"英雄"：中学西渐潮下的〈中国英雄〉》（《戏剧（中央戏剧学院学报）》2022年第4期）一文通过分析1754年德国汉堡发行的《中国英雄》剧本，结合对相关文献资料的梳理，发现将《中国英雄》视为《赵氏孤儿》改编剧乃是前人的误读。孔新柯的《以史为鉴：〈赵氏孤儿〉有效"走"进欧洲原因探析》（《宁夏大学学报（人文社会科学版）》2022年第1期）一文系统梳理了《赵氏孤儿》在18世纪欧洲世界的译介脉络，阐释其在此基础上实现的文化增值。马若瑟和杜磊的《马若瑟论法译〈赵氏孤儿〉》（《国际汉学译丛》2022 年第 00 期）也对相关问题进行了探析。马莉《〈好逑传〉在 18 世纪法国的传播与接受》（《国际汉学》2022 年第 2 期）一文指出，《好逑传》于 1761 年被译为英文，是第一部被译为西方文字并得以出版的中国古典小说，五年后被转译为法文，在法国里昂出版，在法国的传播以旧制度时期的文学期刊为主要媒介。这些刊物对《好逑传》的介绍、摘录、解读以及评价虽各有不同，但却集中体现出 18 世纪法国文人对中国古典小说美学价值的批判、知识价值的认可，以及道德价值的忽略。此外，宋丽娟和侯梦琰的《中国古代笑话在欧美的译介与流播》（《国际汉学》2022 年第 1 期）、郭逸群的《18—20 世纪欧洲歌剧中的中国元素探析》（《文学艺术周刊》2022 年第 6 期）等文章也从不同层面对古代中国文学作品的西传进行了探析。

在"中学西传"基础上，西方汉学因此发展起来，对西方社会的发展产生了深远影响。陆思瑾的《格鲁贤〈中国通典〉研究——以法律、孝道、宗教为中心》（北京外国语大学硕士学位论文，2022 年）一文将《中国通典》置于 17、18 世纪欧洲汉学发展的整体脉络中，结合《中国通典》所处的特殊时代背景分析格鲁贤对耶稣会传教士立场的扬弃，探析 18 世纪末欧洲汉学发展的特点。格鲁贤有关中国宗教的叙述，几乎完全继承了早期耶稣会士的看法，其合儒、批佛道的策略也与早期耶稣会士如出一辙。肖音的《早期多明我会传教士对中国历史的探考》（《国际汉学》2022 年第 3 期）一文通过分析早期多明我会传教士对中国历史的探考，反映菲律宾早期的中西文化交流情况，以及 16 世纪末 17 世纪初西班牙人对中国历史的认识。谢辉的《〈长啸斋摹古小技〉新考——兼论明清时期来华传教士对中国印章的认识》（《艺术工作》2022 年第 3 期）一文认为，《长啸斋摹古小技》在清康熙末年传入欧洲，即中国印学在西方早期传播的重要一环。郭满的《卜弥格〈中国植物志〉中的图像来源》（《文献》2022 年第 4 期）一文认为，《中国植物志》中大部分的动物图像源自明代画谱《图绘宗彝》，在卜弥格绘制的中国地图上，《中国植物志》中的动植物图像作为装饰物点缀在地图周边。卜弥格借用《图绘宗彝》中的图像向西方传递中国的动植物信息，为同时代及其后的欧洲汉学家撰写有关中国的著述提供了素材，图像本身也随之发生变化。林宏的《卫匡国〈中国新图志〉经纬度数据的来源》（《中国历史地理论丛》2022 年第 1 期）一文认为，卫匡国的《中国新图志》是在欧洲刊行的第一部中国分省地图集，书中包含 1750 余条目的中国城市，聚落经纬度详表在地图史上也是首创。卫匡国仅做过个别纬度实测，从未做过经度实测。为使图集尽快出版，他沿用欧洲制图家旧图示设定中国的总体经度范围，经纬度表中的绝大多数数值是在少量控制点数值基础上，主要根据《广舆记》分省地图上的相对方位推算得出。张冰的《中国文化在俄罗斯的传播主体：比丘林时期》（《国际汉学》2022 年第 4 期）一文主要通过研究俄罗斯北京传教士团对于中国文化在俄罗斯最早的本土传播者——首批俄罗斯汉学家的培养举措，以及这些汉学家学习研究中国文化，以各种形式将中国文化体系、中国文化蕴含的思想价值传播到俄国，为传播中国文化所做的具体贡献等问题，探讨传教士汉学家作为中国文化传播主体的“比丘林时期”在中国文化俄罗斯传播发展历程中的奠基作用和开创意义，并通过梳理总结俄罗斯传教士汉学家开启确立的从中文翻译中国典籍、以译代著的传播中国文化之路径，揭示中国文化域外传播的主体路径问题。李真的《从文化的相遇到知识的传递——论 18 世纪晚期欧洲汉学名著〈中国通典〉对中医西传的贡献》（《国外社会科学》2022 年第 2 期）一文认为，1785 年在法国巴黎出版的《中国通典》集合了传教士汉学研究的认识成果，成为继《中华帝国全志》之后又一部百科全书式的欧洲汉学名著。《中国通典》通过对中国古代医学的评介，为欧洲科学界借助研究中医来进一步审视自身医学体系提供了宝贵的一手材料，促进了欧洲对中医药相关知识的客观认识和了解，在一定程度上助推了 18 世纪中西医和中欧文化之间的知识对话与相互影响。张熳的《近现代西方音乐创作中的“中国文化元素”研究》（吉林艺术学院硕士学位论文，2022 年）一文以西方音乐作品中的个例，从音乐到文化，再到交流与融合方面进行研究。此外，李晨光的《西班牙首部中国研究专著〈论葡萄牙人的航行〉及其中国知识来源考》（《国际汉学》2022年第 3 期）、张婧楠和崔荣荣的《丝绸之路视阈下西方"异托邦"营造的"中国风"》（《郑州大学学报（哲学社会科学版)》）等文章也对相关问题进行了探析。

　　"海上丝绸之路"是明清时期中国美术在西方传播的最主要通道。18 世纪以来，法国等西方国家的"中国风"绘画是欧洲大航海时代以来在对中国的追崇、景仰并产生深厚文化积淀的基础上，中法艺术风格的融合，创造了欧洲"中国风"绘画艺术的辉煌。20 世纪 60 年代至今，关于"中国风"的研究已积累了非常丰富的成果，既有论述其历史脉络、探寻其细节的著述，也有对其展开跨学科、跨文化分析的著述，更有专门的集研究论文与展品介绍于一体的展览图录，为下一步的研究奠定了深厚的基础。刘禹的《十八世纪法国"中国风"绘画研究》（华东师范大学博士学位论文，2022 年）一文力图通过对 18 世纪法国以华托、布歇、于埃为代表的"中国风"绘画三大家创作的系列化"中国风"绘画的代表作的研究，探讨三人在"中国风"绘画艺术创作中的继承发展与变革创新，揭示法国"中国风"的绘画艺术风格和发展脉络。廖琳达和廖奔的《17—19 世纪西方绘画中国风》（《美术观察》2022 年第 10 期）一文认为，旅游者、传教士和外交使团携回的绘画中的中国图像，推动了欧洲绘画中国风的形成。在欧洲铜版画印刷技术成熟的基础上，欧洲图书中的中国图绘大行其道。19 世纪广州十三行中国画匠绘制的众多外销画更是为欧洲绘画注入了中国元素。张恬的《从布歇的中国题材绘画看 18 世纪法国的中国热》（山东工艺美术学院硕士学位论文，2022 年）一文以法国洛可可画家弗朗索瓦·布歇为例，探究 18 世纪在法国诞生的中国热及他所带来的影响。布歇作为法国洛可可艺术的代表画家，对中国有一定的情结，创作了很多中国元素的绘画。除布歇之外，还有华托等画家也对中国感兴趣，从而诞生了很多关于中国的绘画作品，该文根据这些作品进行分析，从而研究中国文化对法国洛可可艺术的影响。朱寒的《布歇油画中的中国元素研究》（南昌大学硕士学位论文，2022 年）一文以布歇油画中的"中国元素"作为研究重点，将布歇油画中的"中国元素"分成"中国皇帝""中国妇孺""中国景致"分别作个案研究，分析布歇"中国元素"在室内装饰、挂毯画、塞弗尔陶瓷等方面的成就，研究弗拉戈纳尔、毕芒、雷诺阿对"中国元素"的传承与发扬以及布歇油画"中国元素"的启示。陈晓芬和吴春胜的《17—18 世纪中国风图案艺术在英国的传播与影响》（《丝网印刷》2022 年第 8 期）一文通过整理 17—18 世纪中国风图案艺术在英国流行的关键节点、流行图案元素和流行主题，探讨了中国风图案艺术在英国的流行原因和演变过程。此外，卢勇和曲静的《清代广州外销画中的稻作图研究》（《古今农业》2022 年第 2 期）、王晓丹《〈芥子园画传〉在海外的传播与融会》（《国际汉学》2022 年第 3 期）、姚雨婷的《从明清时期外销瓷上的图像看中国对外传播的文化动因》（《创意设计源》2022 年第 3 期）、吴治昱的《十八世纪前西方绘画中的主要中国元素——瓷器》（《新美域》2022 年第 4 期）、杨莉馨的《从"中国风"到"东方文艺复兴"——关于西方"发现"中国艺术的阶段性差异》（《台州学院学报》2022 年第 4 期）、胡煜升和刘瑜的《模仿与再造——清代外销画中的官宦人家室内空间构成探析》（《美术学报》2022 年第 6 期）、刘亚茹和赵兰涛的《庭园中的缠绵——清代外销瓷中的爱情题材故事图像研究》（《中国陶瓷工业》2022 年第 6 期）、刘静等人的《明清时期海上丝绸之路视域下中国美术在西方的传播》（《艺术大观》2022 年第 7 期）等文章也从不同层面对外销画进行了探析。

中国美术以瓷器为代表通过海上新航道的贸易往来，远涉重洋，直接或间接传入西方社会，成为欧洲人热烈追捧的对象，掀起一阵"中国风"热潮。秦丽鑫的《17—18 世纪欧洲陶瓷纹样中的中国风》（哈尔滨师范大学硕士学位论文，2022 年）一文旨在分析中国瓷器纹样对欧洲瓷器纹样的影响，通过中国瓷器纹样在欧洲瓷器上的演变，得出"中国风设计"并不是欧洲对中国陶瓷一味地模仿以及照搬，而是从模仿到创造的过程，也是由物质层面到精神层面的过渡，对西方美术本身的发展起到了积极的促进作用。刘丽娴、王娅妮和崔荣荣的《18 世纪中英陶瓷技艺与运营方式交流——以韦奇伍德与景德镇陶瓷为例》（《装饰》2022 年第 6 期）一文认为，英国陶瓷品牌"韦奇伍德"的成功与借鉴景德镇陶瓷的工艺流程和流水线生产方式存在直接联系。景德镇陶瓷所采用的分工协作生产方式类似于现代机械生产的"流水线"方式，被韦奇伍德陶瓷效仿，直接贡献于欧洲陶瓷的大众化。张垚的《折衷中西：从中国、印度到英国——跨文化视野下 18 世纪英国潘趣酒碗的视觉图景与文化互动》（西安美术学院硕士学位论文，2022 年）一文基于 18 世纪海上丝绸之路潘趣酒碗的商贸活动、视觉特征和物质文化，以18 世纪英国潘趣酒碗为研究对象，探析其在中西艺术交流中的视觉图景和文化互动。由于外销需求，18 世纪英国潘趣酒碗的装饰纹饰以中国清朝广彩瓷传统纹样为基础，结合当时英国盛行古希腊神话和洛可可样式、印度莫卧儿帝国细密画与英属殖民地风貌，极大程度地满足了西方世界对东方的幻想。罗元胜的《传播、仿造和争夺：18 世纪英国中国风瓷器的智性维度》（《艺术理论与艺术史学刊》2022 年第 2 期）一文以 18 世纪的景德镇瓷窑和当时最具代表性的两家英国瓷器厂"堡厂"和"切尔西瓷器厂"的实践为例，从"以图像互鉴来传播""在美学重构中仿造""借民族主义而争夺"三个智性维度进行分析。郑永松的《从物之图像到物之话语：17 世纪至 19世纪"中国白"图像的全球传播》（《美术》2022 年第 12 期）一文聚焦于17—19 世纪表现德化窑白釉梅花杯、镂空杯与马可·波罗香炉的绘画与印刷品探析中西的艺术交流。顾晶鑫的《17—18 世纪中外瓷器上执伞人物图像设计的比较研究》（景德镇陶瓷大学硕士学位论文，2022 年）一文以 17—18 世纪中外瓷器上执伞人物图像的各要素设计特征、艺术特征为切入点，通过发现其中异同，进而对这一时期中外瓷器上执伞人物图像设计进行系统分析。文章认为，17—18 世纪日本、欧洲瓷器上执伞人物的图像与中国传统瓷器上的图像有密切关联，中国作为瓷器文化输出的主要阵地，以瓷为媒，让日本与欧洲对中国乃至东方文化产生认同，在学习模仿瓷器图像的同时，不同程度地将其文化艺术纳入自身设计范畴，产生一批内涵趋同的产品，而三地不同的文化根源是执伞人物图像呈现异态的根本缘由。殷铭谦的《明清外销瓷山水纹装饰之"中国塔"的图像研究》（景德镇陶瓷大学硕士学位论文，2022 年）一文通过对明清外销瓷山水纹图像的梳理考释，以"中国塔"为线索，力图说明其高频出现并非偶然，而是代表着当时的西方对中国文化的渴求与向往，折射出他们将"中国塔"视为彼岸世界的精神乐园与人间天堂。姚雨婷的《他者中的女性——明清时期外销瓷中的女性形象》（上海师范大学硕士学位论文，2022 年）一文以一部分流传在海外的明清瓷器瓷画纹饰上的女性人物形象为依据，对外销瓷中的女性人物形象纹饰进行了深入分析。该文侧重于思考跨文化下欧洲对中国的"异国想象"，了解西方人如何看待中国女性形象。贞仪的《女性审美视角下欧洲瓷器的"中国风"设计》（《山东陶瓷》2022 年第 3 期）一文探索欧洲女性在东方异域幻想的影响下对瓷器"中国风"审美的理解，并结合欧洲本土文化特点，形成独特的女性审美视角，同时映射出其对欧洲社会商品经济的影响。

迟真的《清代外销广彩茶具研究》（北京印刷学院硕士学位论文，2022 年）一文通过梳理清代外销广彩茶具的造型演变来反映 18—19 世纪的中外装饰艺术交流。文章认为，清代外销广彩茶具既是 18—19 世纪中西方商业贸易的产物，也在一定程度上促进了中西方在茶文化与审美文化等层面的交流。广彩茶具作为欧洲从只能依靠外国进口到实现独立茶具生产的过渡期暂代品，欧洲的商人、瓷厂以及消费者通过对其生产模式、风格特征、使用方式的不断调整，逐渐摸索出了适合欧洲茶具生产制造的道路。张弛和许平的《17—18 世纪全球贸易网络中的中英设计交流——以茶具的形制变化为例》

（《艺术设计研究》2022 年第 6 期）一文考察了 17 世纪中期至 18 世纪中期茶具从中国传入英国之后的本土化过程，以及在这一过程中茶具形制的变化，可以窥见在全球贸易网络形成过程中，设计在文化交流和文化塑形方面的意义与价值。姜郭霞、潘师敏和余天的《明清外销紫砂器与欧洲仿制品中的纹饰演变》（《中国陶瓷》2022 年第 4 期）一文认为，外销紫砂在欧洲引起巨大反响，并有多个国家的陶工进行仿制，而具有中国传统纹饰风格的宜兴紫砂壶到了欧洲陶艺家手中便进行了初期的探索仿制、中期的风格继承和后期的创新发展三个阶段。奚弋雯的《14—19 世纪中国与欧美陶瓷水器的研究》（景德镇陶瓷大学硕士学位论文，2022 年）一文梳理了 14—19 世纪中国与欧美陶瓷水器的器形、功能、工艺及审美变化，论述中国与欧美陶瓷水器的文化特征和发展规律。文章认为，中国与欧美陶瓷水器的发展得益于双方文化交流，受中国制瓷技术的启发，欧美开始全面仿制瓷器，逐渐自成体系。中国与欧美陶瓷水器的丰富得益于种类划分和功能的完善，中国与欧美陶瓷水器的差异源于不同的生活习惯，造型与审美的异同体现出中外文化的冲突与融合。郝亚雯的《明清狮子造型外销瓷塑研究》（北京印刷学院硕士学位论文，2022 年）一文以狮子造型的外销瓷塑为研究切入点，对明清外销瓷塑反映的中西方文化交流展开讨论。文章认为，体现着浓厚异域风情的中国外销狮子造型瓷塑，在 17—18 世纪被大量输出到欧洲市场，不仅成为陈设艺术品，也承担着日用瓷器的功能，深刻影响着欧洲社会的审美倾向。销往欧洲的中国狮子造型外销瓷塑也常以镶嵌金属附件或彩绘等手法，经过二次改造而成为中西方艺术交流的见证。18 世纪后，欧洲各国掌握了瓷器的制作工艺，仿制了许多中国狮子造型瓷塑，并在造型和形式上进行了创新，使其逐渐融入欧洲本土的风情，形成中西合璧的独特艺术风格。李晨哲的《耶稣会士殷弘绪与 18 世纪法国的硬瓷生产》（《文化月刊》2022 年第 5 期）一文认为，18 世纪初，法国耶稣会传教士殷弘绪在江西传教时，将景德镇的制瓷技术详细记录下来，写成信件寄回法国，成为法国制瓷工业制造硬瓷的技术突破。此外，黄淳恩的《十七世纪荷兰静物画中的青花瓷器型初探》（《上海工艺美术》2022 年第 1 期）、廖泽祺的《清代外销纹章瓷的起源与风格初探》（《收藏与投资》2022 年第 1 期）、万剑、周艺红和梅娜芳的《论隋唐时期越窑青瓷艺术海外传播路径与民族文化影响力》（《江苏陶瓷》2022 年第 3 期）、姚颖和何坤的《浅议古代白瓷在对外文化交流中的作用——从唐代邢窑到明清德化窑》（《东方收藏》2022 年第 4 期）、黄静的《浅析清代广彩瓷器纹饰中的中西方元素》（《地方文化研究》2022 年第 4 期）、方雨晨的《18 世纪中国与欧洲人物瓷雕的交融与变异》（《中国陶瓷》2022 年第 4 期）、任宝龙的《明清宜兴紫砂外销欧洲的文化映射与互鉴——基于英国 V&A 博物馆典藏的考察》（《农业考古》）2022 年第 5 期）、牟晓林的《"他者想象"中的"中国白"——17—18 世纪外销欧洲的德化白瓷与中西文化交融》（《中国艺术》2022 年第 5 期）、李雨晨的《明清时期中国外销瓷器装饰符号的认知解读》（《陶瓷》2022 年第 8 期）、江丽的《中国瓷文化对 18 世纪英国社会的影响——以英国报刊私人文书中的女性消费中国瓷行为为例（《中国陶瓷》2022 年第 11 期）等文章也从不同层面对相关问题进行了深入探析。

18 世纪后欧洲建筑装修领域中的"中国风""中国元素"随处可见，本年度关于这方面的研究成果不少。彭晓芳和吴琼的《"中国热"对十八世纪英国自然风景园的影响》（《现代园艺》2022 年第 15 期）一文通过分析"中国热"在欧洲兴起的原因和背景，以及其对英国自然风景园的造园理念和造园要素的影响，进而探究英国自然风景园中中国元素的表现形式，阐明"中国热"为英国自然风景园的发展提供了思想和形式基础。诸翰飞和冯文心的《从"抽象"与"移情"角度看 18 世纪中国建筑对西方的影响——以邱园为例》（《建筑与文化》2022 年第 7 期）一文从艺术心理学角度，以"抽象"和"移情"为主要方向，以威廉·钱伯斯的邱园为主要研究目标，思考 18 世纪中国建筑风格对西方建筑所产生的影响，以及在东西方建筑背

后的美学传统的相似性与差异性。刘禹的《17—18 世纪中国漆作对法国室
内装饰的影响》(《艺术探索》2022 年第 5 期)一文认为，17 世纪中后期，
采用中国漆作进行室内装饰的新时尚流行于法国。漆作成为法式"中国风"
的重要装饰元素，并在之后的一百多年间对法国的室内装饰艺术产生广泛、
持续、深远的影响。法国工匠对中国漆作精心改造，努力使之与法国本土装
饰艺术相融合。法国本土制漆业在 18 世纪初逐渐成熟，使法国成为欧洲的
制漆中心，从而推动了法国乃至整个欧洲的"中国风"室内装饰艺术的蓬
勃发展。陈好姝的《中国性与东方性：18 世纪法国"猴戏图"中的异域影
响》(《装饰》2022 年第 2 期)一文指出，"猴戏图"是 18 世纪法国洛可可
"中国风"装饰艺术的重要图案，也是该历史时期欧洲受东方文化影响后诞
生的特殊视觉产物。该文梳理了"猴戏图"的创作发展历程，重点关注其
中猿猴形象与中国文化的密切关系，以及全球化初期欧洲的动物贸易和生物
收藏兴趣如何推动此类作品的创作发展。同时，本文在对"猴戏图"的图
像考察过程中进一步探讨"中国风"概念的核心和外延以及其中的欧洲本
位主义思想。

　　唐濛濛的《13—14 世纪意大利丝织艺术中的"中国风"迹象》(南京
艺术学院博士学位论文，2022 年)一文从意大利 13—14 世纪"中国风"迹
象产生的社会经济环境、丝织装饰纹样元素的演变以及丝绸作为一种文化载
体对中世纪晚期意大利社会与意识形态各个层面所产生的影响等角度进行探
析，强调中国文化在欧洲前工业化时代对欧洲纺织、文化、艺术等领域产生
的影响与贡献。文章梳理了意大利丝织艺术"中国风"迹象产生的背景，
探析中世纪晚期开始的中国至意大利之间丝绸纹饰传播与交流的现象，对意
大利丝织艺术"中国风"迹象产生的物质文化基础进行了分析。孙心愉的
《清广作外销骨扇述析——兼谈"广州制造"品牌》(《艺术市场》2022 年
第 4 期)一文聚焦于清代外销艺术品中的广作骨扇，从具有典型性的博物馆
藏品入手，分析清代中西贸易中外销骨扇的设计创意，厘清其西传后风靡的

原因，清代外销艺术品在构成中西文化形态联结的同时更通过设计造物的互鉴实现了文化融合。此外，马坤毅和常雷的《顾盼东西——跨文化视角下东西方"鹦鹉螺杯"形象的视觉演绎》（《中国艺术》2022 年第 1 期）、陈金怡的《明清外销广绣织物品类的艺术语言分析》（《丝绸》2022 年第 2 期）、刘静等人的《工艺美术与明清海上丝绸之路——明清工艺美术对外交流研究》（《天工》）2022 年第 2 期）、田春的《18 世纪英国的"中国风"镀金皮屏风》（《装饰》2022 年第 8 期）等文章也在不同层面对中国文化向西方的传播状况进行了探析。

（三）中西"互识"和"中国形象"研究

中西"互识"和"中国形象"研究一直是学术界关注的重要领域之一，本年度的研究成果不少。吴朴非的《礼俗、科技和军事：马戛尔尼使华的知识生产与传播（1750—1840》（武汉大学硕士学位论文，2022 年）一文认为，在使团使华期间，中英双方都生产出了大量关于对方的知识。就礼俗、科技和军事这三方面知识而言，清廷生产出了英国人"夷性"终究"贪利狡谋"的知识，对使团礼物科学性和独特性上的记录轻视促使乾隆保持"天朝无所不有"的观念，同时也对使团及其所展现的英国军力，尤其他们所乘的战船保持着观察和后半程上的高度戒备。使团也生产出了关于中国人礼俗尤其是跪拜礼方面的大量负面知识，他们从科学性和实用性两个角度观察生产出了中国科技如天文学、医学和农业技术等方面的知识，对中国军队素质以及武器装备的观察记述则在一定程度上确证了中国军事水平的落后。在使华结束后，中英两国所生产的关于对方的知识走上了各自的传播轨道。清朝方面，其所生产的关于马戛尔尼使团的知识呈现随时间而递减的现象，至第一次鸦片战争前夕，清廷内部几乎将之遗忘，且由于清廷对相关知识的有意封锁，想要了解此次使团的官员和在野人士也无可靠的信息渠道。英国方面，使团在归国后记述此次出使的出版物大获成功，有效地传播了其中的知识，增加了英国人对中国的接受度，不少相关知识如"叩头"等已完全融入英国人乃至其他欧美国家人的认知中，影响着当时和后世对中国的看法。宋念申的《订制：资本时代的东亚画像——16、17 世纪尼德兰制图学派中的中国与亚洲》(《北京大学学报（哲学社会科学版）》2022 年第 2 期)一文认为，16 世纪后半期到 17 世纪，伴随着大航海及全球贸易的拓展，欧洲迎来了现代地图学的黄金时代。其中最具代表性的作品，出自以安特卫普和阿姆斯特丹为活动中心的尼德兰制图学派。在此期间，欧洲制图学家不但出版了第一幅以"中国"命名的地图，也不断扩充对亚洲，尤其是东亚的地图学认知。但地图学的发展、地图书籍的流行，并不仅仅是地理知识积累的产物。在全球资本主义网络形成的年代，地图既是工具，更是商品。尼德兰制图学派的兴盛，与印刷业在低地国家的繁荣、书籍市场的勃兴、制图学家的职业化，以及荷兰东印度公司在亚洲的贸易活动息息相关。欧洲社会对亚洲空间新的权力关系想象，亦由此展开。张强的《明隆庆万历前后福建人在欧洲地理认识上的突破》(《东南学术》2022 年第 3 期) 一文指出，早在明代中后期，国人在与欧洲殖民者的冲突和贸易中便开启过认识世界的进程。特别是明隆庆万历前后，随着海禁的开放，西班牙人和荷兰人的东来，一些身处中欧交流前线的福建人耳闻目睹并接触了欧洲信息，率先在欧洲地理认识上产生突破。他们不再将世界视野停留在东西洋贡赐体系内，可以说是国人真正认识世界的开始。但明朝覆灭后，清政府施行锁国政策，国人认识世界的进程没有持续下去，直到鸦片战争之后才重新"开眼看世界"。

何立波的《古希腊罗马文献关于赛里斯方位、民族和蚕丝的记载和误读》(《国际汉学》2022 年第 3 期) 一文对古希腊罗马文献中有关"赛里斯"的记载进行了整理，考察古希腊罗马人对中国的认知情况。文献中所载的赛里斯并非中国，而是经历了从中国新疆塔里木盆地到北部中国的变化过程。赛里斯人可能是中国新疆等地贩丝的民族，也可能是里海沿岸民族或北印度的一个民族。实际上，古希腊罗马文献中的"赛里斯"，也和作为蚕的"赛尔"无关。在当时代指中国南部的"秦奈"，是古希腊罗马人眼中和赛里斯并立的另一个东方产丝国。田俊武和尚秀玲的《〈悠傲信件〉所见 13 世纪欧洲文献中的蒙古形象》（《国际汉学》2022 年第 2 期）一文认为，《悠傲信件》不仅首次记录了西欧人声称亲眼见证的蒙古人西征欧洲的行为，而且打破了此前拉丁语想象性书写蒙古人形象的局面，是对 13 世纪欧洲人和蒙古人文化接触史的史料补充，再现了中世纪欧洲人眼中的蒙古形象。李雪景和徐永彬的《18 世纪访华游记中的中国形象——以〈热河日记〉与〈马戛尔尼私人日志〉为例》（《东疆学刊》2022 年第 1 期）一文认为，18 世纪末，朝鲜朝的朴趾源与英国的马戛尔尼随各自国家的使团先后来到中国，均游览北京、热河等地，并且回国后留下访华游记，即《热河日记》与《马戛尔尼私人日志》。其中相同或不同的中国形象，影射着同一时期东西方历史文化与意识形态的异同。两部游记分别塑造了不同的中国形象，使朝鲜朝和英国选择了全然不同的对华政策，从此彻底改变了东亚乃至世界的历史进程。

蔡慧清的《信、证、释：中国上古帝王形象在近代西方公众传播的历史演进》（《新闻与传播研究》2022 年第 6 期）一文在全面梳理西方出版物所见中国上古帝王议题的基础上，指出其公众传播肇始于 16 世纪末西班牙修士的"出使报告"，该报告发"信古"之先声，使中国上古帝王成为冲击圣经编年的重大议题；17—18 世纪，中国上古帝王在耶稣会士的"证古""护教之书"的进一步阐发，遂使亚当夏娃"遭遇"伏羲神农，并在教廷内外引发轩然大波，其可信又留疑的雏形由此生成；19 世纪，新教传教士在报刊的公共舆论空间就中国上古史议题展开讨论，表现为信疑兼具、描述与考证相结合的释古面相。这种演进的历史轨迹是我们厘清西人眼里之中国形象的根源和依据，正可视作寻找中华文化国际传播的"入口"所在。张一博的《"萨尔普遍史"的中国历史建构与欧洲近代学术转型》（《江海学刊》2022 年第 2 期）一文认为，由英国多位学者在 18 世纪集体编纂的《普遍史》将中国上古历史与圣经叙事相比附，协调中国上古史与圣经编年的矛盾，以解决欧洲思想内部危机；通过讨论中国宗教，为基督教在中国的传播提供合法性。该书出版后，在知识界曾风靡一时，"萨尔普遍史"中所塑造的中国形象在西方影响深远。此外，李爽的《试论早期海外汉学家对中国的认知——以〈中国通典〉为例》（《中国报业》2022 年第 16 期）等文章也对西方对中国形象的认知进行了深入探析。

关于西方人"中国观"的研究一直是学术界关注的问题之一，本年度有相关的研究成果发表。张晓磊的《孟德斯鸠的中国观》（东北师范大学硕士学位论文，2022 年）一文首先对孟德斯鸠中国观形成的思想背景、中国观内容进行论述，其次将孟德斯鸠的中国观与伏尔泰、莱布尼茨等思想家进行比较研究，最后对研究孟德斯鸠中国观的意义及价值进行分析。文章认为，孟德斯鸠所处的 18 世纪是启蒙运动方兴未艾的时期，这一时期欧洲的文化也受到了来自东方文化的重要影响。欧洲 18 世纪的"中国热"，使诸多启蒙思想家对东方的文化、制度、风俗、宗教等方面产生了极为浓厚的研究热情，孟德斯鸠虽然对中国并没有专门的著述，但他在诸多作品中都表达了对中国的看法。孟德斯鸠对中国更多持一种批判态度，他对中国的政治、法律、文化、宗教等多方面都进行了论述，对当时的欧洲形成了巨大的思想冲击，欧洲人眼中开始出现一种截然不同的中国形象。杨露萍的《理性的旁观者——让 - 雅克·卢梭的中国观研究》（华中科技大学硕士学位论文，2022 年）一文认为，卢梭的中国观包括：较为先进的管理制度、虚有其表的专制帝国以及自我束缚和自我奴役的人民三个方面。这一中国观的形成主要受卫匡国《鞑靼战纪》、"中国热"理性化、安森《环球航行记》以及李明《中国近事报道》的影响。通过分析卢梭中国观作为虚构形象的形成过程，可以发现卢梭中国观对卢梭个人来说是合理的、现实的，是在"中国热"的背景下最有说服力的例子。卢梭中国观的特点，除零碎外，还呈现出距离感、痛苦感和怠惰感，他以旁观者的视角看向作为"他者"的中国，既表现了个人对中国深刻而独到的观照，也充分运用其获得的中国材料建构起了个人独特而完整的政治思想理论。梁乐凡的《十八世纪的"世界公民"——以哥尔斯密〈世界公民〉为中心》（华东师范大学硕士学位论文，2022年）一文认为，哥尔斯密的《世界公民》作为"东方信札"体裁的代表作，是中英关系交流史上的重要一笔。该文尝试以"世界公民"概念为中心，从创作过程、社会背景、文本内部、作者自身经历以及"世界公民"的后世回响为脉络，对《世界公民》文本进行全面梳理。哥尔斯密创作《世界公民》时，以英法为代表的17、18世纪欧洲社会所追捧的"中国风尚"对其创作产生影响。文章通过对中英两国人物群像、国家政治体系及宗教、法律等社会意识形态方面进行对比分析，印证哥尔斯密在对待中国及中国人的态度上并不是一概而论的赞扬或否定，而是处于态度不明的暧昧状态。哥尔斯密作为生活在伦敦的爱尔兰裔作家，他有着对殖民国的无所适从，但同时他又靠在伦敦撰写评论获取稿费为生。英国殖民了他的母国，他却需要在这里谋生，这种矛盾造成了哥尔斯密在《世界公民》中对中国态度暧昧，同时也是他在信札最终出版时选择"世界公民"作为题目的原因，这是哥尔斯密在寻找自我身份认同上的一次新尝试。张宝宝的《多明我会士闵明我与洛克的"中国笔记"》（《国际汉学》2022年第3期）一文认为，洛克的"中国笔记"主要内容涉及中国的儒家思想、祭祀礼仪等，是洛克"中国观"的集中体现。文章指出，"《华人礼仪史》虽是洛克'中国笔记'的直接知识来源，但它对闵明我的著作也多有引用"。随着东西方交流的日益频繁与深入，西方人眼中的"中国形象"变得更加具体。曹灵婕的《十八世纪前意大利人眼中的杭州形象研究》（温州大学硕士学位论文，2022年）一文以13—18世纪意大利人对杭州的描述为主要研究对象，分析"中国热"前意大利人眼中杭州城市形象的流变过程，探究处于不同历史时期、不同社会背景的注视者对同一城市形象的差异化描写，挖掘他们构建杭州形象的深层原因。该文以中世纪晚期意大利人有关中国的游记文本为研究对象，分析旅行者注视下的杭州城市空间与城市居民的特征，揭示出乌托邦化的"行在"

形象，不仅体现了旅行者个人对富饶城市的喜爱，还蕴含着当时意大利人内心对物质财富与世俗享乐的渴求。该文还结合几位意大利耶稣会士有关杭州的文字记录与地图材料，认为耶稣会士在关注了杭州的宗教状况之外，还运用天文、地理等科学知识观测城市中的自然空间，用宗教与科学的眼光构建出一个更加客观与真实的杭州形象，纠正了欧洲社会集体想象中对杭州的错误认知。意大利的旅行者与来华耶稣会士共同构建出西方社会集体想象中的杭州形象，一方面，杭州"人间天堂"的美誉得到旅行者们的认可；另一方面，时代巨变中的杭州又呈现出腐朽堕落的趋势。蔡力杰的《再造名山——17—19世纪武夷山形象在欧洲的传播与形塑》（《湖北美术学院学报》2022年第1期）一文认为，武夷山的视觉形象早在17世纪即已传入欧洲，随之而来的还有传教士所记录的相关物产、民俗等知识。此后仰赖中欧频繁的商贸往来，特别是茶叶贸易的深入，武夷山形象借助外销画载体得到广泛传播，进而被欧洲观众所熟知。从18世纪中叶起，武夷山形象则面临着种种趣味调适和文化融合，其间尽管一度产生了诸多误读与曲解，但仍得以借由茶叶与奇景要素建立起一种迥异传统的新图式，并折射出欧洲观众对于这一中国名山的美好想象。到了近代，工业革命与启蒙运动的洗礼使武夷山形象实现了"祛魅"。在科学精神的影响下，其形象历经媒介转换与图式修正，最终实现了转捩与重塑。

李大卫和刘畅的《"他者之石"——17—18世纪欧洲视域下中国古塔的重构》（《建筑与文化》2022年第1期）一文通过比较邱塔和传统中国宝塔建筑材料、营建技术、思想意涵的不同，分析17—18世纪为何是西方对中国古建筑有初步认知与了解的时期，欧洲的建筑评论中如何以"自我—他者"的视角凝视以宝塔为代表的中国建筑。吴悦茜、芮舒扬和陈燕的《差异的目光：18世纪德国文学作品中的中国园林书写》（《今古文创》2022年第47期）一文再现18世纪德国文学家维兰德、翁策尔、默泽尔和歌德笔下的中国园林形象，并分析他们构建的中国园林形象背后的政治、历史文化等因素，揭示其文学作品中中国园林书写的真正意义。周瑞春的《神圣与世俗：茶文化全球在地化的两种向度》（《农业考古》2022 年第 5 期）一文通过对早期茶文化自东向西传播的整体性梳理，认为茶文化全球化经历了从草药热饮向海上贸易畅销品、东方神药、身份符号等多重面相的演进过程。在此过程中，作为东方异文化的茶文化通过对西方各国本土文化的吸纳、调适和融通，完成了自我更新的在地化建构。

　　总之，2022 年度学术界对海上丝绸之路的研究进一步发展，成果斐然，在中西政治交往、中西海洋政策与海疆史、中西贸易政策与制度、中西贸易状况、中西航线及港口、中西贸易相关人员及中西文化交流等方面的研究都有很大的发展，研究领域进一步拓展，在原始档案资料的运用以及研究方法上都有所突破，促进了中国海上丝绸之路研究的进一步发展。当然，中西政治、经济及文化交流在研究方法、文献资料建设及研究方法等方面有待进一步提升，期待学术界在未来研究中，可以进行多学科交叉研究，拓展研究的边界和基础，同时关注国外同行的研究成果，挖掘更多的原始资料，在研究视角和方法上更多元化，以促成这个领域的进一步繁荣与进步。

　　（本章作者：周莉萍，宁波大学人文与传媒学院副教授）

参考文献

一、著作

白远良. 中国烟草发展历史重建——中国烟草传播与中式烟斗文化 ［M］. 北京：华夏出版社，2022.

陈波. 风说书的世界东亚视域下的明清鼎革 ［M］. 上海：上海古籍出版社，2022.

川原秀城. 西学东渐与东亚 ［M］. 毛乙馨，译. 上海：上海社会科学院出版社，2022.

何况，李启宇. 厦门传：海上花园之城 ［M］. 北京：外文出版社，2022.

李昕升. 明清以来美洲粮食作物经济地理研究 ［M］. 北京：中国社会科学出版社，2022.

林华东，林丽珍，苏黎明. 泉州学概论 ［M］. 厦门：厦门大学出版社，2022.

林轩鹤. 泉州传：海上丝绸之路起点 ［M］. 北京：外文出版社，2022.

刘素平. 抗倭名将戚继光传 ［M］. 北京：中国书籍出版社，2022.

山东省水下考古研究中心. 考古学视野下港口与码头学术研讨会论文集 ［M］. 上海：上海古籍出版社，2022.

万明. 丝绸之路上的明代中国与世界 ［M］. 北京：中国社会科学出版社，2022.

徐臻. 文明互鉴：中国与世界·唐文化圈视域下的东亚诗歌互动研究 ［M］. 成都：四川大学出版社，2022.

羊泽林. 连江浦口窑址 ［M］. 福州：海峡文艺出版社，2022.

袁灿兴. 朝贡、战争与贸易：大航海时代的明朝 ［M］. 成都：天地出版社，2022.

二、论文

Ani Margaryan，农妍. 波斯细密画：一把解读中国瓷器在东西方贸易和文化对话中作用的钥匙
[J]. 南京艺术学院学报（美术与设计），2022（1）：53 – 61.

爱蒂. 盛唐诗歌在法国的翻译、流传、演变研究 [D]. 桂林：广西大学，2022.

安娜·布斯克茨·阿莱马尼，吴丹华. 中国边缘之梦：李科罗与明郑政权 [J]. 台湾研究集刊，
2022（5）：24 – 45.

安生.《南山诗》与"神童"群像——论朝鲜朝汉诗发展中的次韵诗学 [J]. 外国文学评论，
2022（3）：113 – 131.

安艺舟. 江户时代日本俵物"出血输出"中国的历史逻辑 [J]. 海交史研究，2022（4）：
33 – 44.

敖叶湘琼. 海上丝绸之路上一部精彩的断代史——《十三行史稿》三卷本评介 [J]. 南方经济，
2022（6）：2，137.

白成军，韩旭，傅程. 明末清初西方传教士对中国古代测绘技术发展的影响 [J]. 西安建筑科技
大学学报（社会科学版），2022（2）：32 – 38.

白芳."其昌"银店及其外销银器 [J]. 收藏家，2022（4）：57 – 62.

白芳. 清代广州外销手绘丝绸 [J]. 丝绸，2022（4）：146 – 152.

白若思，缅西科娃. 17 世纪末 18 世纪初中国丝绸在俄罗斯的传播：中俄文化交流的一面 [J].
丝路文化研究，2022（00）：199 – 223.

白仪玮. 晚清外销通草纸水彩画中的广州民俗 [D]. 西安：陕西师范大学，2022.

白云翔. 汉代中韩交流的最新实物例证——韩国庆山阳地里汉镜及相关问题 [J]. 文物，2022
（1）：43 – 51.

鲍海勇. 清代浙江海防体系研究 [D]. 济南：山东大学，2022.

鲍立刚. 中国人迁移印尼的历史变迁与贡献 [J]. 边疆经济与文化，2022（12）：9 – 14.

毕雪飞. 日本牵牛织女故事的叙事形态研究——以七夕传说型天鹅处女故事为中心 [J]. 日语学
习与研究，2022（4）：59 – 69.

毕雪飞. 丝绸之路的开拓、往来与牵牛织女传说在日本的传承——以九州宗像大社中津宫牵牛织
女传说为中心 [J]. 民俗研究，2022（4）：103 – 113，159 – 160.

卜晓凡. 图像解读：晚清外销画中的岭南园林［D］. 广州：华南理工大学，2022.

采薇. 陶瓷贸易与16—18世纪的中欧文化认知［J］. 文明，2022（9）：10 – 31.

蔡春林，曹心悦，蔡淇旭. 新发展格局下广东共建"一带一路"新机遇新对策［J］. 广东经济，
　　2022（3）：36 – 43.

蔡慧清. 信、证、释：中国上古帝王形象在近代西方公众传播的历史演进［J］. 新闻与传播研
　　究，2022（6）：109 – 125，128.

蔡力杰. 再造名山17—19世纪武夷山形象在欧洲的传播与形塑［J］. 湖北美术学院学报，2022
　　（1）：57 – 63.

蔡名哲.《西洋药书》与康熙朝宫廷西洋药物知识刍议［J］. 国际汉学，2022（3）：89 – 97，
　　203 – 204.

蔡其林，谢安怡，江涛. 文化触变下广彩瓷图式特征研究［J］. 创意设计源，2022（4）：
　　28 – 32.

蔡薇，王科力，席龙飞，等. 对"南海Ⅰ号"古船舱壁信息的解析［J］. 海交史研究，2022
　　（4）：106 – 115.

蔡亚非. 从齐文化博物院文物看齐国的对外交流［J］. 东方收藏，2022（12）：61 – 63.

蔡艺，谭飞，唐群."书籍之路"与东亚武籍交流［J］. 体育学刊，2022（6）：31 – 36.

蔡艺，张琬婷，袁晓辉. 从"模仿"到"创新"：基于《武艺诸谱翻译续集》的中朝武艺交流史
　　研究［J］. 西安体育学院学报，2022（3）：332 – 339.

曹廷. 中拉蓝色经济合作：机遇、挑战与实践路径［J］. 边界与海洋研究，2022（3）：87 – 106.

岑雨洋. 中国—马来西亚文化交流的历史与未来［J］. 广西社会主义学院学报，2022（3）：
　　76 – 82.

曾涛. 论元明时期青花瓷在西亚北非的传播及其影响［D］. 太原：山西师范大学，2022.

曾艳芳，甘萌雨，李姝霓，等. 海上丝绸之路旅游体验价值对旅游者文化传播行为的影响［J］.
　　中国生态旅游，2022（4）：566 – 580.

曾堰杰. 东亚视域下的《日本书纪》史体流变［J］. 古代文明，2022（3）：131 – 142，160.

陈翠萍，翟慧丽. 中外海洋文学人物郑和与库克船长的比较分析——以电影《郑和下西洋》和
　　《库克船长》为例［J］. 文化创新比较研究，2022（20）：24 – 27.

陈恩维，廖燕. 16—18世纪中华典籍外译研究的回顾与展望［J］. 南京理工大学学报（社会科
　　学版），2022（4）：51 – 58.

陈恩维，卢源源. 发现与重估：来华耶稣会士罗明坚研究平议 ［J］. 国际汉学，2022（4）：32 -

42,199.

陈奉林. 古代欧亚交流区域的扩大与东方外交圈的发展 ［J］. 海交史研究，2022（4）：1 - 20.

陈金怡. 明清外销广绣织物品类的艺术语言分析 ［J］. 丝绸，2022（2）：152 - 157.

陈丽娟，房锐. 凌云吐凤：论马扬典范在朝鲜半岛之建立与演绎 ［J］. 四川师范大学学报（社

会科学版），2022（5）：183 - 192.

陈利君. 岛国发展困局与中斯经济合作 ［J］. 南亚东南亚研究，2022（3）：92 - 107，155 - 156.

陈倩文，薛力.“一带一路”倡议背景下中拉人文交流研究：现状、挑战与应对 ［J］. 克拉玛依

学刊，2022（4）：38 - 47.

陈晴，刘义杰. 韩振华：《更路簿》研究的奠基人、先行者 ［J］. 海交史研究，2022（3）：1 - 8.

陈晴. 福州怡山院与清代琉球册封使团的海神信仰 ［J］. 福建史志，2022（3）：53 - 57，72.

陈士松.“南海Ⅰ号”出水德化窑瓷器盆花纹探析 ［J］. 国家航海，2022（1）：1 - 22.

陈太一. 明清陶瓷上的皮球花纹样源流探究 ［J］. 陶瓷研究，2022（4）：30 - 32.

陈拓，余新忠. 中西医汇通先驱明遗民祝石考论 ［J］. 南开学报（哲学社会科学版），2022

（3）：48 - 59.

陈拓. 伪书背后的西学知识史：托名利玛窦之《理法器撮要》考 ［J］. 国际汉学，2022（1）：

36 - 42，200.

陈婷. 启蒙与想象：西方火星知识在近代中国的传播与影响 ［J］. 自然辩证法研究，2022（8）：

73 - 79.

陈文华. 清代中俄茶叶贸易路线变迁 ［J］. 江汉论坛，2022（2）：110 - 119.

陈文庆. 隐元隆琦与郑成功关系新证——基于相关资料的史源学考察 ［J］. 福州大学学报（哲

学社会科学版），2022（3）：41 - 48.

陈文源，盘俊. 元朝安南宣慰司建置与双方关系的困局 ［J］. 历史教学·下半月刊，2022（3）：

42 - 49.

陈贤波. 清代平定华南海盗战争（1790—1810）的官方纪念与历史书写 ［J］. 清史研究，2022

（4）：49 - 64.

陈小法，王珂. 琉球使者魏学源的中国观察——以《福建进京水陆路程》为中心 ［J］. 东疆学

刊，2022（4）：13 - 20，127.

陈晓芬，吴春胜. 17—18 世纪中国风图案艺术在英国的传播与影响［J］. 丝网印刷，2022（8）：52 – 55.

陈肖杉. 汉籍在俄流布研究［D］. 济南：山东大学，2022.

陈欣雨. "东学西传"视野下的中华道统思想［J］. 中国哲学史，2022（4）：88 – 95.

陈兴华. 灵渠胡人俑与贡道的外国使臣［J］. 文史春秋，2022（5）：56 – 59.

陈雅新. 法藏 19 世纪中期戏曲题材外销画考论［J］. 中华戏曲，2022（2）：295 – 315，彩页 2.

陈妤姝. 中国性与东方性：18 世纪法国"猴戏图"中的异域影响［J］. 装饰，2022（2）：74 – 78.

陈玉芳. 17—18 世纪耶稣会士中国报道在英国的传播［J］. 国际汉学，2022（4）：124 – 131，202.

陈玉芳. 耶稣会士在清前期欧洲使团来华中的角色［J］. 古代文明，2022（3）：109 – 119，159.

陈玉鹏，刘德荣. 苏颂与海上丝绸之路的中医药［J］. 江西中医药，2022（12）：15 – 17.

程存洁. 万家灯火耀九州——十九世纪中国外销画中所见灯具［J］. 大匠之门（35）——北京画院主题论文汇编：215 – 226.

程继红，黄昊. 中国海上诗路图景初构（上）——以东亚海上诗路为中心［J］. 浙江海洋大学学报（人文科学版），2022（6）：1 – 9.

程尼娜. 渤海国朝唐贺正使考论［J］. 中国边疆史地研究，2022（3）：1 – 9，213.

成思佳. 开国之君、继统帝王和北国"他者"——越南古代史家对赵佗形象的历史书写与记忆转向［J］. 史学史研究，2022（2）：87 – 99.

程少炜. 大航海时代达·伽马：印度航线的"开辟者"［J］. 百科探秘·海底世界，2022（6）：24 – 29.

程少炜. 大航海时代西芒·德·安德拉德：战争下的中西方"交流"［J］. 百科探秘·海底世界，2022（12）：20 – 24.

程水龙，曹洁. 朝鲜、日本《近思录》文献本土化特色及学术意义［J］. 苏州大学学报（哲学社会科学版），2022（6）：162 – 171.

池东恩. 15 世纪末朝鲜文献《杜诗谚解》中的朝鲜语汉字词研究［J］. 东疆学刊，2022（4）：38 – 44.

迟帅，许明武. 海上丝路典籍丰厚翻译及海外经典建构与传播——以米尔斯《瀛涯胜览》英译本为例［J］. 外语教学，2022（2）：88 – 93.

迟真. 清代外销广彩茶具研究［D］. 北京：北京印刷学院，2022.

储常胜，高璐夷.《论语》英译的译者主体及传播效果研究［J］. 重庆第二师范学院学报，2022
（5）：41–46.

崔雄权. 心象风景：韩国文人笔下的"桃源图"诗文题咏［J］. 外国文学研究，2022
（3）：100–111.

达奇，彭海涛.《福音历史图集》对晚明绘画理念的影响［J］. 国际汉学，2022（2）：
114–123，205.

戴佳辉. 也谈明代的"报水"问题［J］. 海交史研究，2022（3）：82–101.

戴龙辉. 从台湾例到海疆缺：清代海疆治理下的台湾职官选任制度发展［J］. 云南民族大学学报
（哲学社会科学版），2022（1）：142–151.

戴璐暄. 共建"一带一路"共创美好世界［J］. 当代世界，2023（10）：28–33.

单依依. 文化传播视角下十三行时期外销纹章瓷涵化研究［D］. 广州：华南理工大学，2022.

邓纯旭，邓丽萍. 19世纪初《华英字典》编撰对中国近代出版业的启迪［J］. 大连大学学报，
2022（4）：57–61.

邓芳艳. 明清之际渡日遗民诗学研究［D］. 郑州：河南理工大学，2022.

翟东升，蔡达. 绿色"一带一路"建设：进展、挑战与展望［J］. 宏观经济管理，2022
（8）：7–15.

翟东升，梁晨. 协同推进"健康丝绸之路"建设［J］. 宏观经济管理，2022（10）：9–15.

丁见祥. 南海Ⅰ号沉船目的地研究——以出土金叶子为线索［J］. 南方文物，2022（5）：
284–292.

丁菁怡. 马礼逊的汉语学习与推广研究［D］. 辽宁：沈阳大学，2022.

董建民.《明史·河渠志》"海运"辨正一则——兼论壬辰战争中山东粮草海运成效［J］. 历史
教学·下半月刊，2022（7）：14–22.

董建民. 壬辰战争中明朝的粮草海运开通考［J］. 历史档案，2022（2）：51–60.

杜晓伟. 清代海图绘制转型分析——以舟山海域为例［J］. 形象史学，2022（1）：308–330.

段国蕊，田晶."一带一路"沿线对外直接投资促进了制造业高质量发展吗？——基于山东省制
造业的实证分析［J］. 滨州学院学报，2022（3）：76–89.

段惠芳，李树枝. 海南渔民《更路簿》档案管理问题及优化路径［J］. 文化学刊，2022
（1）：6–9.

范若兰. 外源型宗教传播模式探析：以环南海为中心 [J]. 海交史研究，2022（1）：59 – 70.

范祥涛，李耀. 东学西传：中国古典诗歌的早期西译和英语转译研究 [J]. 南京航空航天大学学报（社会科学版），2022（4）：157 – 163.

范舟，郦文曦. 中日《兰陵王》流变考论与补说 [J]. 北京舞蹈学院学报，2022（3）：40 – 49.

方富泽. 清代广州十三行行商麦觐廷与同泰行研究 [D]. 广州：广州大学，2022.

方玲玲. 再造"风景"：媒介地理学视角下近代中国外销画的景观生产现代传播 [J]. 中国传媒大学学报，2022（10）：39 – 47.

方铁. 汉晋时期南方丝绸之路上的城镇与商业贸易 [J]. 云南民族大学学报（哲学社会科学版），2022（4）：127 – 135.

方雨晨. 18 世纪中国与欧洲人物瓷雕的交融与变异 [J]. 中国陶瓷，2022（4）：107 – 115.

冯定雄，姚宇扬. 鸦片战争前英国人对舟山群岛的环境调查 [J]. 浙江师范大学学报·社会科学版，2022（5）：45 – 57.

冯佳. 1759 年洪任辉事件所见清中期治理的制度困局：以 6% 加征和 1950 两规礼为中心 [J]. 海交史研究，2022（3）：102 – 113.

冯震宇. 16—17 世纪中国火器知识谱系及其进路 [J]. 自然辩证法研究，2022（11）：94 – 101.

福建省世茂海上丝绸之路博物馆. 海上丝绸之路与明清外销瓷纹饰流变 [J]. 文学艺术周刊，2022（3）：20 – 24.

付芳，徐朝东. 满汉对音文献中所见 18 世纪北京话的语音现象——以《兼满汉语满洲套话清文启蒙》为例 [J]. 满语研究，2022（1）：33 – 41.

付坚强. 从世界市场视角看 18 世纪以来的中国茶业——《近世以来世界茶叶市场与中国茶业》评述 [J]. 中国农史，2022（1）：117 – 124.

付马. 航海家亦黑迷失的母语誓愿——泉州《一百大寺看经记》碑上的回鹘文题记 [J]. 海交史研究，2022（3）：61 – 70.

傅晨溪，李金云. 英国东印度公司与闽商贸易往来的研究 [J]. 现代商业，2022（30）：79 – 82.

傅国华，阎根齐. 妈祖信仰在海南岛及南海传播的考察 [J]. 世界宗教文化，2022（5）：116 – 124.

傅梦孜. "一带一路"高质量发展：态势、环境与路径 [J]. 边界与海洋研究，2022（1）：17 – 30.

高红文，陈清文. 澉浦港兴衰考 [J]. 嘉兴学院学报，2022（3）：25 – 28.

高力. 明嘉万时期广东海防体系研究 ［D］. 昆明：云南大学, 2022.

高群. 高一志的《治民西学》研究 ［D］. 北京：北京外国语大学, 2022.

高维谦. 拉美智库界对"一带一路"倡议的认知评析及我国外宣因应之策 ［J］. 前沿, 2022
（3）：8 – 18.

高伟浓. 近代以前中国人环球航路大视野：以东南亚为中转站 ［J］. 海洋文化研究, 2022
（00）：2 – 36.

高晞.《格体全录》抄本及其流传辨析 ［J］. 国际汉学, 2022（3）：67 – 88, 203.

葛兆光. 作为一个历史世界——蒙古时代之后的东部亚洲海域 ［J］. 文史哲, 2022（4）：7 – 29.

宫宏宇. 乐籍西译：五种《乐记》西文译本、译者及其传播 ［J］. 中国音乐学, 2022（2）：74 –
84, 插图.

龚顺森. 农史研究的创新之作——评李昕升《明清以来美洲粮食作物经济地理研究》［J］. 农业
考古, 2022（4）：266 – 271.

龚缨晏. 明代双屿古港研究 ［J］. 中国港口, 2022（S1）：73 – 81.

古小松. 海上丝绸之路与佛教文化交流 ［J］. 海洋文化研究, 2022（00）：72 – 86.

故宫博物院和杜伦大学考古系. 拉斯海马在古代印度洋贸易线上的地位——对拉斯海马诸考古遗
址的观察 ［J］. 故宫博物院院刊, 2022（10）：63 – 73.

顾晶鑫. 17—18 世纪欧瓷上宝塔纹样的运用与演变 ［J］. 陶瓷研究, 2022（1）：21 – 24.

顾晶鑫. 17—18 世纪中外瓷器上执伞人物图像设计的比较研究 ［D］. 景德镇：景德镇陶瓷大
学, 2022.

顾卫民. 大航海时代的航线、贸易港以及物种和作物的世界性交流 ［J］. 历史教学（上半月
刊）, 2022（11）：25 – 33, 40.

顾志洋. 关于"海上丝绸之路"的新阐释、新思考——"浮槎万里——中国古代陶瓷海上贸易
展"策展思路解读 ［J］. 中国博物馆, 2022（5）：67 – 71.

郭白晋, 赵琳. 瓷器在古代中非交往中的影响 ［J］. 文化学刊, 2022（11）：183 – 188.

郭福祥. 十七、十八世纪中西交往中的使团礼品 ［J］. 紫禁城, 2022（10）：32 – 53.

郭建科, 梁木新. 中国与"21 世纪海上丝绸之路"沿线国家航运网络及经贸联系的耦合特征 ［J］.
地理学报, 2022（6）：1531 – 1545.

郭满. 卜弥格《中国植物志》中的图像来源 ［J］. 文献, 2022（4）：41 – 60.

郭鹏飞, 李积普, 杨璐, 等. 福建沿海"海丝"文化旅游资源空间结构与开发潜力分析 ［J］.

世界地理研究，2022（1）：214-224.

郭逸群. 18—20世纪欧洲歌剧中的中国元素探析 [J]. 文学艺术周刊，2022（6）：58-61.

郭英夫. 嘉道时期两广总督阮元对外交涉述析 [J]. 历史档案，2022（4）：94-100.

郭筠，陈静. 霍尔木兹与元明时期中阿海上丝路交往——以郑和船队与伊本·马吉德的记载为中心 [J]. 江西社会科学，2022（8）：112-119.

韩晨光. 中世纪欧洲海商法典中的海上合伙 [J]. 海交史研究，2022（2）：35-44.

韩红星，陈锦. 记录中国：十三行时期西方时人记述文本 [J]. 兰台世界，2022（4）：146-148.

韩琦. 西学新知与历算传统的再发现——政治文化视域下明清士人对《周髀算经》的研究 [J]. 北京大学学报（哲学社会科学版），2022（6）：143-155.

韩星. 重建信仰：明清之际儒者的上帝观——以儒家天主教徒为主 [J]. 世界宗教研究，2022（3）：23-33.

蒿琨. "一带一路"与南亚沿线枢纽国家发展战略对接思考 [J]. 印度洋经济体研究，2022（4）：139-155，160.

郝亚雯. 明清狮子造型外销瓷塑研究 [D]. 北京：北京印刷学院，2022.

何爱民. 清代广州十三行之同泰行考略 [J]. 地方文化研究，2022（5）：44-54.

何爱民. 瑞典东印度公司对华贸易研究（1731—1813）[D]. 广州：广东省社会科学院，2022.

何爱民. 印度洋视角下的印中海上交流史——《印度、中国与世界：一部联系的历史》评介 [J]. 海洋史研究，2022（1）：349-355.

何方耀. 宋代三佛齐与广州的佛教文化交流考述 [J]. 学术研究，2022（2）：114-122，178.

何立波. 古希腊罗马文献关于赛里斯方位、民族和蚕丝的记载和误读 [J]. 国际汉学，2022（3）：31-41，202-203.

何明星，张萌. 中华造纸术西传的历史真相再辨析 [J]. 印刷文化，2022（4）：181-189.

何守强. 防城港新出土越南瓷器及其相关问题研究 [J]. 广西地方志，2022（1）：28-35，58.

何颖珊. 清代广州外销通草画中的广府民俗闹元宵节庆图研究 [D]. 广州：广州大学，2022.

何振纪. 中国外销漆器研究探骊 [J]. 中国生漆，2022（2）：39-44.

何振良，范正义. 泉州天后宫的历史嬗变与文物价值研究 [J]. 南方文物，2022（3）：94-102.

侯博仁. 传统宗藩体系及其崩溃 [J]. 今古文创，2022（30）：57-59.

侯燕妮，刘志强. "明朝公主"汉丽宝故事及形象研究——以华人作家和马来人作家笔下汉丽宝

为例 ［J］. 广州外语外贸大学学报，2022（3）：54 - 67.

侯跃中. 朝鲜王朝《左传》学研究 ［D］. 郑州：河南理工大学，2022.

胡健文. 明朝首批受洗皇族成员考 ［J］. 国际汉学，2022（1）：117 - 123，204.

胡凯，张斐. 花之安德语著述中的中国形象建构 ［J］. 国际汉学，2022（4）：142 - 148，
193，203.

胡鹏飞，李晓彤. 从"首重舟师"到"裁船改员"——驻粤旗营水师与清代海防研究 ［J］. 中
国边疆史地研究，2022（2）：180 - 190，217.

胡泰山. 康雍乾时期的海岛治策——内附治岛的两种方案 ［J］. 中国边疆史地研究，2022（2）：
170 - 179，216 - 217.

胡煜升，刘瑜. 模仿与再造——清代外销画中的官宦人家室内空间构成探析 ［J］. 美术学报，
2022（6）：87 - 94.

花展鹏. 明代嘉靖时期土司抗倭研究 ［D］. 桂林：广西师范大学，2022.

华雪梅. 日本新宫市医药之神徐福的历史传承与当代建构 ［J］. 常州工学院学报（社科版），
2022（6）：70 - 75.

黄柏权，巩家楠. 万里茶道茶商群体研究的回顾与思考 ［J］. 中国史研究动态，2022（6）：
32 - 39.

黄彪. 明朝与朝鲜封贡关系形成实态 ［J］. 外国问题研究，2022（4）：43 - 49，125.

黄纯艳. 宋代海洋政策新变及其国内效应 ［J］. 中国史研究动态，2022（2）：41 - 45.

黄淳恩. 十七世纪荷兰静物画中的青花瓷器型初探 ［J］. 上海工艺美术，2022（1）：119 - 121.

黄帆，刘赦. 清宫到江户：18 世纪后半叶的中日美人图——从图中身高比例之变管窥中国美术
对浮世绘的影响 ［J］. 厦门大学学报（哲学社会科学版），2022（4）：153 - 160.

黄静. 浅析清代广彩瓷器纹饰中的中西方元素 ［J］. 地方文化研究，2022（4）：27 - 37.

黄俊凌. 荷据时期台湾少数民族基督教信仰问题——以新港社为例 ［J］. 台湾历史研究，2022
（3）：15 - 26.

黄清，刘永连. 犯禁之举：明代中期中朝弓角贸易问题述论 ［J］. 浙江海洋大学学报（人文科
学版），2022（2）：72 - 79.

黄修志. 18 世纪朝鲜的政治整肃与对华外交——以《明纪辑略》为中心 ［J］. 外国问题研究，
2022（2）：13 - 21，126.

黄修志. 19 世纪朝鲜哲宗时期的王权运作与对华关系 ［J］. 世界历史，2022（2）：110 -
123，167.

黄艺娜，连晨曦. 隐元禅师东渡弘法成功原因及其影响［J］. 福建技术师范学院学报，2022（6）：676 – 682.

黄友泉. 明后期月港海外贸易监管体制及其权力运行——兼论月港衰弱的体制原因［J］. 国家航海，2022（2）：11 – 27.

黄梓晟. 清朝外销瓷中采用古彩装饰纹章瓷的原因［J］. 陶瓷研究，2022（5）：32 – 34.

霍棣星. 工与韵的审美之争——清初海西法肖像画研究［D］. 广州：广州美术学院，2022.

霍小骞. 清初外销瓷与欧洲贝壳热潮［J］. 美成在久，2022（6）：67 – 78.

纪泽宇. 马尼拉图像广州造：菲律宾画家多明戈与中国通草外销画［J］. 艺术理论与艺术史学刊，2022（2）：121 – 138.

冀洛源，（印）PJ Cherian. 印度喀拉拉邦出土的孔雀蓝釉陶器标本［J］. 故宫博物院院刊，2022（6）：55 – 67.

冀洛源，王光尧，帕拉耶尔·约翰·切里安，等. 印度奎隆港口遗址 2014 年考古调查简报［J］. 文物，2022（8）：25 – 41.

贾海燕. 明清之际耶稣会士编译中文圣人传集考论［J］. 国际汉学，2022（4）：119 – 123，172，202.

贾洪岩. 海上丝路之窗口中外交流之纽带——评《广州十三行与海上丝绸之路研究》［J］. 山西财经大学学报. 2022（2）：126.

贾瑞. 康雍时期广州对外贸易政策探析——以《清宫珍藏对外贸易档案汇编》为中心［J］. 晋阳学刊，2022（3）：53 – 59.

贾艳. 试论燕行使臣对中朝文化交流的贡献［J］. 哈尔滨学院学报，2022（7）：90 – 93.

江丽. 中国瓷文化对 18 世纪英国社会的影响——以英国报刊私人文书中的女性消费中国瓷行为为例［J］. 中国陶瓷，2022（11）：112 – 118.

姜郭霞，潘师敏，余天. 明清外销紫砂器与欧洲仿制品中的纹饰演变［J］. 中国陶瓷，2022（4）：98 – 106.

金城，刘恒武. 宋代宁波的港口、航路以及对外航海贸易［J］. 中国港口，2022（S1）：57 – 72.

金国平，叶农. “葡萄牙人大传播”：辣椒入印及入华史考略——欧洲史料视角下的新论［J］. 学术研究，2022（10）：117 – 131，178.

金洪培，冯英盾. 叙述与记忆：朝鲜半岛文人的徐福东来记事研究［J］. 史学集刊，2022（2）：99 – 108.

金永寿，元美花. 明朝法典《大明律》在朝鲜封建王朝的传播与本土化 [J]. 东疆学刊，2022
（4）：21 – 28，128.

金哲，张慧雯. 明清时期"燕行录"中孟姜女传说变异考——以"情节"和"人物"演变为例
[J]. 东疆学刊，2022（3）：26 – 30，127 – 128.

井川义次. 儒家君主观对法国大革命的影响：以儒经译文为中心 [J]. 国际汉学，2022（2）：19 –
24，201.

卡洛斯·阿颂桑，张敏芬. 第一部《葡汉辞典》编写背景与作者考 [J]. 国际汉学，2022
（4）：52 – 60，199.

孔令云，谭树林. 从"经"到《圣经》：HOLY BIBLE 汉译书名之演变 [J]. 宗教学研究，2022
（3）：202 – 212.

孔新柯. 以史为鉴：《赵氏孤儿》有效"走"进欧洲原因探析 [J]. 宁夏大学学报（人文社会科
学版），2022（1）：141 – 147.

孔馨悦. 清代恰克图贸易对蒙古地区的经济影响及其历史启示研究 [D]. 呼和浩特：内蒙古师
范大学，2022.

赖胜骅，郭渊. 晚清两广总督张人骏治海方略刍议——以东西沙群岛治理为中心 [J]. 海南热带
海洋学院学报，2022（1）：21 – 27.

赖婷. 从山林到海洋：福建齐天大圣信俗的跨海传播 [J]. 集美大学学报（哲学社会科学版），
2022（1）：24 – 31.

赖晓仪. 明清以来基督教文明在中国的"化"与"被化"——评《会通与流变：明清以降中国
的知识、文化与信仰》[J]. 世界宗教研究，2022（9）：125 – 128.

雷茜，王婷，索雯笛，等. 论明代江苏漆器、陶瓷、织绣的对日交流 [J]. 大众文艺，2022
（6）：185 – 187.

雷洋，黄承锋. 长江经济带与"一带一路"交通互联互通的价值及推进 [J]. 重庆交通大学学
报（社会科学版），2022（4）：29 – 36.

冷东. 清代广州十三行之丽泉行印信与经营. 地方文化研究 [J]，2022（1）：18 – 27.

黎镇鹏，张泽承，李志敢. "一带一路"背景下海南体育旅游发展优势、困境与策略 [J]. 体育
文化导刊，2022（7）：13 – 18，25.

李超. 宋代海盗相关问题研究 [D]. 郑州：郑州大学，2022.

李晨光. 西班牙首部中国研究专著《论葡萄牙人的航行》及其中国知识来源考 [J]. 国际汉学，
2022（3）：122 – 129，205.

李晨哲. 耶稣会士殷弘绪与 18 世纪法国的硬瓷生产 [J]. 文化月刊, 2022 (5)：132 – 137.

李川. "教化"与"神意"：华夏、希腊海洋观的逻辑起点 [J]. 中国非物质文化遗产, 2022 (6)：117 – 123.

李传军. 历史与传说的双重变奏——青岛秦始皇传说的历史演变和文化动因 [J]. 民俗研究, 2022 (6)：87 – 93.

李大卫, 刘畅. "他者之石"——17—18 世纪欧洲视域下中国古塔的重构 [J]. 建筑与文化, 2022 (1)：178 – 180.

李富强, 马君红, 唐春松. 铜鼓文化的传播、传承与海上丝绸之路 [J]. 社会科学家, 2022 (6)：142 – 149.

李富强, 马君红, 唐春松. 铜鼓文化的传播、传承与海上丝绸之路 [J]. 社会科学家, 2022, (06)：142 – 149.

李光宗. 从马拉巴尔到法尔斯海——阿拉伯帝国航海贸易中的印度柚木 [J]. 古代文明. 2022 (3)：143 – 155.

李广思, 刘迎春. 学术型深度翻译视角下《真腊风土记》育克英译本的"文内阐释"策略分析 [J]. 东北亚外语论坛论文集, 2022 (10)：87 – 94.

李国田. 宋代对外贸易专卖与管制思想及其现代启示 [J]. 莆田学院学报, 2022 (1)：49 – 53.

李昊明, 蓝红军. 对明末科技翻译的两点辨误 [J]. 中国科技翻译, 2022 (3)：36, 63 – 65.

李花子. 朝鲜王朝《西北界图》考——兼论与清朝舆图、志书的关系 [J]. 清华大学学报（哲学社会科学版）,2022 (4)：153 – 161, 226.

李化敏. "海上丝绸之路"贸易经济发展的历史逻辑与路径——评《梯航百货万国商——海上丝绸之路货币与贸易（泉州）》[J]. 国际贸易, 2022 (5)：97.

李蕙希. 探析国家形象"自塑"与"他塑"的一致性与差异性——以"郑和下西洋"和"一带一路"为例 [J]. 声屏世界, 2022 (18)：21 – 24.

李今芸, 贾建飞. 从恰克图到符拉迪沃斯托克——俄国商人与茶叶贸易 [J]. 晋商研究, 2022 (00)：173 – 193.

李婧, 杨慧玲. 中英外交的失败阿美士德使团的来华 [J]. 紫禁城, 2022 (10)：70 – 83.

李娟. 嬗变与恪守——西学东渐与桐城派学人之应对 [D]. 安庆：安庆师范大学, 2022.

李坤. 明清时期中国社会对欧洲产品的早期消费 [J]. 国际汉学, 2022 (2)：83 – 91, 203 – 204.

李磊. 陆、海疆地缘秩序与传统中国的疆域成型 [J]. 学习与探索, 2022 (7): 53 – 60.

李亮. 从"遵明"到"奉清": 朝贡体系下的清朝颁历朝鲜活动 [J]. 自然科学史研究, 2022 (1): 50 – 62.

李林蔚, 张璐, 李晓峰. 中国与"21 世纪海上丝绸之路"沿线地区农产品贸易结构分析 [J]. 经济问题探索, 2022 (12): 69 – 180.

李曼, 冉毅. 论日本江户时代以诗为教的道德教育——以汉学私塾咸宜园为例 [J]. 东疆学刊, 2022 (4): 81 – 87.

李铭佳. 东亚"述而不作"传统下的《金刚经》复合诠释形态——以朝鲜刊《金刚经五家解》成书考为中心 [J]. 佛学研究, 2022 (2): 103 – 115.

李铭敬, 王荟媛. 《盂兰盆经疏新记》日本流传考 [J]. 烟台大学学报（哲学社会科学版）, 2022 (4): 46 – 53.

李暖. "转向东方": 俄罗斯东方学视野中的广州航道与海洋空间建构 [J]. 俄罗斯研究, 2022 (2): 128 – 158.

李佩凝. 宋代南海地区的海上贸易模式探究 [J]. 海交史研究, 2022 (2): 12 – 20.

李麒. 元明之际的东北局势与中朝关系 [D]. 沈阳: 辽宁大学, 2022.

李巧. 《水浒传》在朝鲜半岛的传播与"翻案" [D]. 镇江: 江苏大学, 2022.

李荣. 中唐岭南谪臣与越南独立——基于《热河日记》文献的中国岭南历史认识 [J]. 南海学刊, 2022 (4): 110 – 118.

李睿. 明代中叶倭寇问题探析 [J]. 西部学刊, 2022 (12): 129 – 133.

李书彦, 徐兰. 宁波打造"国际开放枢纽之都"应加强海外园区建设 [J]. 宁波经济·财经视点, 2022 (5): 31 – 33.

李爽. 试论早期海外汉学家对中国的认知——以《中国通典》为例 [J]. 中国报业, 2022 (16): 64 – 65.

李铁, 陈明辉. 我国"向北开放"对接"冰上丝绸之路"路径初探 [J]. 东北亚经济研究, 2022 (5): 33 – 45.

李皖南, 杨傲. 中国与印度尼西亚双边贸易关系: 特征、问题及发展对策 [J]. 创新, 2022 (3): 23 – 32.

李文溥, 王麒麟. 从中国—东盟经贸关系发展看"一带一路"建设 [J]. 经济研究参考, 2022 (1): 50 – 66.

李小华. 《明代海上丝绸之路史》评介 [J]. 中国史研究动态, 2022 (5): 91 - 92.

李晓书, 谭渊. 马若瑟《诗经》译本与"礼仪之争" [J]. 国际汉学, 2022 (2): 45 - 52, 202.

李昕升. 明清以来美洲粮食作物经济地理研究 [J]. 中国经济史研究, 2022 (6): 2.

李新烽. 郑和远航非洲与中非文明互鉴 [J]. 中国社会科学, 2022 (5): 162 - 180.

李兴华, 罗德里戈·穆尼奥斯·卡布瑞拉. 16—17 世纪初期中拉海上丝绸之路与跨区域性贸易
网络的形成 [J]. 史学集刊, 2022 (3): 110 - 118.

李雪景, 徐永彬. 18 世纪访华游记中的中国形象——以《热河日记》与《马戛尔尼私人日志》
为例 [J]. 东疆学刊, 2022 (1): 82 - 87.

李怡文. 九世纪中后期中日间的僧商互动——以《风藻饯言集》与"唐人书简"为中心 [J].
海交史研究, 2022 (3): 50 - 60.

李莹. 唐宋时期的涉外贸易规则与实践研究 [D]. 重庆: 西南政法大学, 2022.

李雨晨. 明清景德镇瓷器外销及其文化影响力探究 [J]. 瓷器研究, 2022 (4): 13 - 15.

李雨晨. 明清时期中国外销瓷器装饰符号的认知解读 [J]. 陶瓷, 2022 (8): 24 - 27.

李玉会. 从"诗史"到"赋史": 朝鲜文人赵彭年纪行赋的国事书写 [J]. 外国文学评论, 2022
(4): 61 - 85.

李玉兰. 明清时期翡翠在中国社会的流通、消费与意义变迁研究 [D]. 重庆: 西南大学, 2022.

李兆曦. 壬辰倭乱时期汉文化东渐朝鲜王朝研究 [D]. 延边: 延边大学, 2022.

李贞仪. 女性审美视角下欧洲瓷器的"中国风"设计 [J]. 山东陶瓷, 2022 (3): 37 - 44.

李真, 谢辉. 从《古学钩玄》到《汉语札记》——来华传教士马若瑟中国语文学知识来源考
[J]. 国际汉学, 2022 (1): 174 - 181, 206 - 207.

李真. 从文化的相遇到知识的传递——论 18 世纪晚期欧洲汉学名著《中国通典》对中医西传的
贡献 [J]. 国外社会科学, 2022 (2): 116 - 127, 198 - 199.

李忠壹, 周婧. 坚持系统观念发挥广大侨胞作用推动辽宁参与高质量共建"一带一路"研究
[J]. 辽宁省社会主义学院学报, 2022 (4): 32 - 37.

廉亚明. 《郑和航海图》里的南阿拉伯海岸港口(英文) [J]. 海洋史研究, 2022 (1):
100 - 115.

梁乐凡. 十八世纪的"世界公民"——以哥尔斯密《世界公民》为中心 [D]. 上海: 华东师范
大学, 2022.

梁文力. 元明爪哇航路上的勾栏山新探 [J]. 历史地理研究, 2022 (4): 68 - 79, 151 - 152.

廖琳达，廖奔. 17—19 世纪西方绘画中国风 [J]. 美术观察，2022（10）：76－81.

廖泽祺. 清代外销纹章瓷的起源与风格初探 [J]. 收藏与投资，2022（1）：63－65.

林宏. 卫匡国《中国新图志》经纬度数据的来源 [J]. 中国历史地理论丛，2022（1）：29－43.

林晶. 明清时期妈祖文化在琉球的传播与接受 [J]. 云南师范大学学报（哲学社会科学版），
　2022（6）：131－141.

林明太，连晨曦. 妈祖文化在韩国的传播与发展 [J]. 莆田学院学报，2022（6）：12－18.

林如. 高丽末、朝鲜初期的文人绘画观——以对赵孟頫书画的接受为考察中心 [J]. 美术研究，
　2022（5）：67－71.

林姝含. 美洲新作物的引入和扩植：对中国的影响及启示 [J]. 经济师，2022（1）：245－247.

林硕. 海帆初扬：东吴时期的对外交流 [J]. 世界知识，2022（14）：66－68.

林炫羽. 14—15 世纪明朝与朝鲜倭患的联动效应 [J]. 外国问题研究，2022（2）：4－12，126.

林燕腾. 明清漳州茶出口及对海丝的影响 [J]. 福建茶叶，2022（4）：45－50.

刘保奎，张舰. 长江经济带同一带一路统筹衔接的战略重点 [J]. 开放导报，2022（3）：
　18－26.

刘畅. 18 世纪西方眼中的中国形象：跨文化视野下的陈受颐《赵氏孤儿》西译考证研究 [J].
　今古文创，2022（25）：37－39.

刘栋. 汉唐时期"涨海"的含义及其与南海的关系 [J]. 南海学刊，2022（2）：43－56.

刘芳羽. 从清代妈祖档案看妈祖庙的兴建及特点 [J]. 兰台内外，2022（14）：3－6.

刘峰. 晚明耶佛之辩——以蕅益智旭《辟邪集》为中心 [J]. 学术研究，2022（8）：30－35.

刘富琳. 客家山歌在新加坡、马来西亚的传播 [J]. 中国音乐，2022（5）：32－41.

刘功奇. "一带一路"视域下中非科技合作的历史演进与实践进路 [J]. 湘潭大学学报（哲学社
　会科学版），2022（5）：28－33.

刘健西，邓翔. "一带一路"东南亚沿线国家投资的劳工风险研究 [J]. 四川大学学报（哲学社
　会科学版），2022（1）：184－192.

刘静，何瑞明，张天笑. 工艺美术与明清海上丝绸之路——明清工艺美术对外交流研究 [J]. 天
　工，2022（2）：88－89.

刘静，张瑜珂，刘新茹. 明清时期海上丝绸之路视域下中国美术在西方的传播 [J]. 艺术大观，
　2022（7）：45－47.

刘静. 海上丝绸之路对促进中外文化互动与交融的作用 [J]. 侨园，2022（Z1）：18－19.

刘乐容. 明代武术古籍东传对朝鲜早期汉文武籍编撰的影响研究［D］. 株洲：湖南工业大学，2022.

刘丽娴，王娅妮，崔荣荣. 18世纪中英陶瓷技艺与运营方式交流——以韦奇伍德与景德镇陶瓷为例［J］. 装饰，2022（6）：139－141.

刘洛君. 13—15世纪欧洲行旅记游中的中国江南形象［D］. 无锡：江南大学，2022.

刘强. 中国天主教祈祷文献整理与研究——以《圣教日课》为中心［D］. 上海：上海师范大学，2022.

刘婷玉. 从财政角度看明代胡椒及其海内外贸易［J］. 中国经济史研，2022（2）：62－79.

刘未. 香港宋皇台遗址出土宋元贸易陶瓷研究［J］. 文物，2022（11）：53－77.

刘晓东. 万历壬辰战争和谈中的朝日交涉——以朝鲜义僧惟政与加藤清正的接触为中心［J］. 山西大学学报（哲学社会科学版），2022（1）：102－111.

刘晓萍. 中国茶文化对外传播路径研究［J］. 农业考古，2022（2）：26－32.

刘晓萱. 日本内阁文库藏孤本《檇李二姬倡和》与晚明女性诗歌创作［J］. 首都师范大学学报（社会科学版），2022（1）：105－113，188.

刘秀秀. 论朝鲜李朝与中国明朝外交中的辞赋唱和［J］. 西南民族大学学报（人文社会科学版），2022（12）：171－177.

刘亚茹，赵兰涛. 庭园中的缠绵——清代外销瓷中的爱情题材故事图像研究［J］. 中国陶瓷工业，2022（6）：102－110.

刘晔. 阳玛诺《天问略》研究［D］. 上海：东华大学，2022.

刘永连，高楠. 壬辰战争时期朝鲜王廷对明日封贡议和的反应——以通信使黄慎的遣出为中心［J］. 北华大学学报（社会科学版），2022（4）：24－32，151，157.

刘永连，冉晓旭. 试析明代朝贡贸易制度下的私人贸易成分［J］. 古代文明，2022（2）：117－130，159.

刘永连. 地方与民间：南海问题和海疆史研究应该关注的空间［J］. 海南热带海洋学院学报，2022（1）：1－3.

刘永连. 再论影响万历援朝大举出兵的关键因素［J］. 暨南学报（哲学社会科学版），2022（6）：15－26.

刘禹. 17—18世纪中国漆作对法国室内装饰的影响［J］. 艺术探索，2022（5）：31－37.

刘禹. 十八世纪法国"中国风"绘画研究［D］. 上海：华东师范大学，2022.

刘育民. 泉州天后宫：一座承载历史与妈祖海外传播的宫庙 [J]. 文物鉴定与鉴赏，2022
　　（14）：9－12.

刘月廉，刘朝裕，殷学贵，等. 蓖麻名称的起源与蓖麻在中国的发展 [J]. 中国蚕业，2022
　　（3）：49－55.

刘耘，孙杰，王婷，等. 基于引力模型的广东与“一带一路”沿线国家贸易潜力研究 [J]. 广
　　东工业大学学报，2022（2）：66－71.

龙华民，闵明我，胡翠娥. 闵明我评注龙华民《关于上帝、天神和灵魂以及其他中文名称和术语
　　的简短回答》[J]. 国际汉学译丛，2022（00）：69－143.

龙云. 宋君荣对钱德明来华初期科学研究的影响 [J]. 国际汉学，2022（3）：105－113，204.

卢江良. 临海龙兴寺与中日佛教文化交流 [J]. 法音，2022（6）：70－72.

卢敏智. 清代三幅外销画关联历史文化初探 [J]. 岭南文史，2022（2）：60－66，96.

卢永安. 明清红木消费与社会文化变迁 [D]. 重庆：西南大学，2022.

卢勇，曲静. 清代广州外销画中的稻作图研究 [J]. 古今农业，2022（2）：74－85.

陆思瑾. 格鲁贤《中国通典》研究——以法律、孝道、宗教为中心 [D]. 北京：北京外国语大
　　学，2022.

陆晔，巫骁. 古代长江三角洲地区的水运交通 [J]. 文物鉴定与鉴赏，2022（24）：135－138.

罗娟. 清前期贵族家庭西洋器物来源的考察——以曹雪芹家族为例 [J]. 今古文创，2022
　　（27）：61－64.

罗莹. 17—18世纪儒学西传欧洲述略 [J]. 国际汉学，2022（1）：8－16，199.

罗元胜. 传播、仿造和争夺：18世纪英国中国风瓷器的智性维度 [J]. 艺术理论与艺术史学刊，
　　2022（2）：64－82.

罗媛菲. 从清代广彩神话故事图盘看中西汇流 [J]. 陶瓷研究，2022（5）：29－31.

骆世查. 中西交往的技术：早期来华新教传教士的实地经历与路径考察 [J]. 编辑之友，2022
　　（1）：94－103.

骆永昆. 百年未有之大变局下的中国—马来西亚关系 [J]. 东南亚纵横，2022（6）：49－57.

吕桂霞. 中国与太平洋岛国的“一带一路”合作及未来前景 [J]. 人民论坛·学术前沿，2022
　　（17）：70－77.

吕蒙原. 略论郑成功收复台湾的多维历史背景 [J]. 福建史志，2022（6）：56－62，72.

吕苗苗. 英帝国扩张背景下的库克太平洋航行 [D]. 聊城：聊城大学，2022.

吕肖奂. 盛况记忆：宋丽复交后的诗歌存储 [J]. 暨南学报（哲学社会科学版），2022（12）：59－68.

麻兰坤. "万里茶道"和恰克图于中俄经济交流的启示 [J]. 福建茶叶，2022（12）：193－195.

马坤毅，常雷. 顾盼东西——跨文化视角下东西方"鹦鹉螺杯"形象的视觉演绎 [J]. 中国艺术，2022（1）：74－85.

马莉.《好逑传》在 18 世纪法国的传播与接受 [J]. 国际汉学，2022（2）：130－136，205.

马若瑟，杜磊. 马若瑟论法译《赵氏孤儿》[J]. 国际汉学译丛，2022（00）：189－205.

马显冰. 从"南海Ⅰ号"出水龙泉窑菊瓣式青瓷看中外文化交流互鉴 [J]. 客家文博，2022（4）：74－82.

马秀娟，徐红昌，张岚. 南怀仁《坤舆全图》与利玛窦《坤舆万国全图》比较研究 [J]. 河北科技图苑，2022（3）：92－96.

马一川，杜长顺. 大连高质量参与"一带一路"建设的对策研究 [J]. 辽宁经济，2022（7）：38－42.

马宇，吕萍. 乾隆朝西洋钟表传入刍议 [J]. 满族研究，2022（4）：105－109.

马云超. 明朝初期的对日认知与"日本国王良怀"名号——洪武年间中日外交问题新探 [J]. 海交史研究，2022（4）：21－32.

麦克雷. "礼"在早期拉丁文"四书"中的翻译：兼论"礼仪之争"[J]. 国际汉学，2022（2）：33－44，202.

毛瑞方. 入华耶稣会士的身份选择及其历史形象——以利玛窦为中心 [J]. 世界宗教研究，2022（4）：77－86.

毛耀辉. 跨文化传播与接受：19 世纪以来《尚书》在英语世界的译介研究 [D]. 郑州：郑州大学，2022.

梅欧金，代国庆. 帝国边境的闯入者：在广州和澳门的教廷传信部代办（"罗马当家"），1700—1823 [J]. 国际汉学译丛，2022（00）：151－186.

梅谦立. 从柏应理《致路易十四的书信》看儒学在欧洲的早期传播 [J]. 国际汉学，2022（1）：17－22，199.

梅谦立. 清初天主教的"补儒绝佛"——以 1686 年《丙寅会课》"辨持斋"为例 [J]. 湖州师范学院学报，2022（9）：42－50.

孟玲. 从考古材料看历史上的辽西走廊与海洋文化［J］. 渤海大学学报（哲学社会科学版），2022（5）：11 - 16.

孟晓宇. 中国海洋秩序观：渊源、发展与展望［D］. 济南：山东大学，2022.

牟晓林. "他者想象"中的"中国白"——17—18 世纪外销欧洲的德化白瓷与中西文化交融［J］. 中国艺术，2022（5）：18 - 31.

聂德宁，张元. 明末清初民间海外贸易航路的发展变迁［J］. 海交史研究，2022（3）：26 - 41.

聂宁桂. 唐朝遣新罗使者研究［D］. 延安：延安大学，2022.

聂新伟. "十四五"时期京津冀推动共建"一带一路"高质量发展的思考［J］. 海外投资与出口信贷，2022（3）：32 - 36.

宁稼雨. 日本尊经阁藏宋本《世说新语》版本文献价值［J］. 社会科学战线，2022（12）：128 - 141，282.

宁泳欣，尧伊萌，陈昊武. 17 世纪至 18 世纪东亚外销彩瓷边饰的审美差异探究［J］. 陶瓷研究，2022（1）：14 - 17.

牛震宇. 明日朝贡贸易视域下的宋素卿及其结局［J］. 史学月刊，2022（7）：129 - 132.

欧泓妙. 明末清初漳州窑瓷器的外销研究［J］. 文物鉴定与鉴赏，2022（14）：138 - 141.

潘师敏，何以诺，余天. 茶文化交流背景下清代输日紫砂壶的艺术内涵［J］. 中国陶瓷，2022，58（12）：86 - 91.

逄文昱. 宋元针路探微——兼论南海更路簿的形成时间［J］. 南海学刊，2022（6）：98 - 105.

裴钟硕. 田横形象在朝鲜半岛的历史演变及文学价值［J］. 东疆学刊，2022（3）：83 - 92.

彭虹. "21 世纪海上丝绸之路"背景下中国对外直接投资与贸易效应研究——以南太 5 岛国为例［J］. 重庆工商大学学报·社会科学版，2022（1）：36 - 45.

彭卫民. 文公礼法家同教：《家礼》的朝鲜化与朝鲜朝的中华观［J］. 东疆学刊，2022（2）：34 - 43，127.

彭晓芳，吴琼. "中国热"对十八世纪英国自然风景园的影响［J］. 现代园艺，2022（15）：119 - 121.

彭晓云. 中国国家博物馆藏清代"泰兴号"沉船出水瓷器简报［J］. 中国国家博物馆馆刊，2022（12）：126 - 154.

蒲媛希. 嘉靖时期漂流至朝鲜半岛的"荒唐船"研究（1522—1566）［D］. 广州：暨南大学，2022.

朴哲希. 论性情说与朝鲜古代"唐宋诗之争"的演变 [J]. 浙江学刊, 2022 (5): 174 – 182.

普鹏飞, 王子昌. 东盟及其成员国对"一带一路"的认知和反应 [J]. 战略决策研究, 2022 (2): 22 – 41, 106.

齐皓. 广州港, "海上陶瓷之路"的文化变迁 [J]. 兰台内外, 2022 (22): 52 – 54.

齐悦. "准贩东西洋": 晚明的海外贸易 [J]. 书屋, 2022 (6): 43 – 46.

秦爱玲. 越岛汉喃史籍中的"黄沙""长沙"和"东海"名称再考 [J]. 太平洋学报. 2022 (6): 90 – 98.

秦大树, 李凯. 非洲发现的早期中国贸易瓷器及其发展变化 [J]. 海洋史研究, 2022 (1): 148 – 176.

秦大树. 试论一件东欧旧藏钧官窑扁壶的用途及传播途径 [J]. 中原文物, 2022 (5): 128 – 136, 144.

秦浩翔. 明清易代之际东南海疆的军事、民生与法律——顺治十二年违禁出海案分析 [J]. 法律史评论, 2022 (1): 90 – 106.

秦丽. 朝鲜王朝的中国通史撰述及其特点 [J]. 南开学报 (哲学社会科学版), 2022 (6): 133 – 142.

秦丽鑫. 17—18 世纪欧洲陶瓷纹样中的中国风 [D]. 哈尔滨: 哈尔滨师范大学, 2022.

秦琼.《传教大师将来台州录》考释 [J]. 海交史研究, 2022 (3): 71 – 81.

曲艺. 明末基督教叙事性版画研究 [J]. 南京艺术学院学报 (美术与设计), 2022 (5): 16 – 22, 215.

任宝龙. 明清宜兴紫砂外销欧洲的文化映射与互鉴——基于英国 V&A 博物馆典藏的考察 [J]. 农业考古, 2022 (5): 83 – 89.

任保平. 新发展格局下"数字丝绸之路"推动高水平对外开放的框架与路径 [J]. 陕西师范大学学报 (哲学社会科学版), 2022 (6): 57 – 66.

任杰, 滕飞. 过洋牵星术研究回顾 [J]. 海交史研究, 2022 (1): 21 – 35.

任凯. "一带一路"倡议背景下宁波打造国际贸易创新之城研究 [J]. 江南论坛, 2023 (12): 21 – 25.

任艳如, 祁苑红, 吴凯, 等. 疫病下医学跨文化交流的阐释——以马援征交趾时薏仁的引入为例 [J]. 文化创新比较研究, 2022 (6): 168 – 188.

山崎觉士，高雅云，陈硕炫. 宋代两浙地区的市舶司行政［J］. 海交史研究，2022（2）：95 – 110.

商晓东. 明清时期的宗教外销瓷文化融合的陶瓷艺术［J］. 中国宗教，2022（7）：84 – 85.

商译，聂馥玲. 明末清初亚里士多德力学体系之传入及其影响［J］. 力学与实践，2022（3）：740 – 748.

邵高明. 跨文化传播视角下利玛窦与中西文明互鉴研究［J］. 郑州：郑州大学，2022.

邵琪，张义民. "一带一路" 背景下中国—东盟教育交流合作回顾与展望——基于中国—东盟教育交流周的考察［J］. 比较教育研究，2022（6）：57 – 64.

沈安天. 浅论明末清初耶稣会士翻译方法和策略［J］. 大众文艺，2022（5）：116 – 118.

沈立新，徐阳，杨琴. 海上丝绸之路沿线港口发展对经济增长的空间溢出效应［J］. 大连海事大学学报，2022（1）：42 – 51.

沈晓鸣. 18—19 世纪广州口岸中外艺术交流之印学领域［J］. 地方文化研究，2022（1）：39 – 50.

沈一民. 唐代封贡体系下的贡物制度——以渤海国贡物为视角［J］. 江西社会科学，2022（6）：101 – 110，207.

沈毅敏. 清代外销画与广东航海文化［J］. 航海，2022（3）：13 – 17.

施晔. 新见马戛尔尼使团档案及相关问题考析［J］. 清史研究，2022（5）：136 – 144.

施錡. 17 世纪关帝图像东传日本研究［J］. 艺术探索，2022（2）：6 – 21.

石东坡，谢进，陈国飞. 海丝中央法务区的现状问题、比较借鉴与发展举措［J］. 厦门特区党校学报，2022（3）：24 – 31.

石涵丹. 18 世纪意大利 "中国风" 戏剧研究［J］. 戏剧（中央戏剧学院学报），2022（5）：122 – 137.

石旭丽，叶春霞. 宋元时期龙泉青瓷在海上丝绸之路的地位及作用初探——兼论丽水是古代海上丝绸之路的重要内陆起始地［J］. 丽水学院学报，2022（1）：19 – 24.

时平. 《西洋记》中的南海记忆与国家意识［J］. 海南热带海洋学院学报，2022（6）：3 – 9.

时平. 徐福东渡楼船形制新考［J］. 北部湾大学学报，2022（5）：39 – 44.

时平. 郑和研究中的《武职选簿》问题——以《武职选簿》记载的金山卫下西洋官兵研究为中心［J］. 史林，2022（4）：51 – 59.

史春林，付媛丽. "21 世纪海上丝绸之路"在南太平洋岛国实施研究——基于澳大利亚智库的认
　　知及中国对策［J］. 智库理论与实践，2022（2）：83 – 93.

史永哲. "科罗曼多"现象之断想——大航海时代海上贸易启示录［J］. 中国生漆，2022（4）：
　　9 – 12.

史煜飏. 论花生传入中国的时间与地点［J］. 海交史研究，2022（4）：53 – 63.

宋刚清. 清代耶稣会士贺清泰《圣经》译本源流再探——兼论其满文版、汉文版之关系［J］.
　　中山大学学报（社会科学版），2022（4）：1 – 35.

宋海洋. "印太"概念视野下的印度对中国"海上丝绸之路"的认知及应对［J］. 延边大学学报
　　（社会科学版），2022（2）：63 – 72，146 – 147.

宋黎明. 罗明坚拉丁文注音并翻译的《千字文》研究［J］. 国际汉学，2022（4）：43 –
　　51，199.

宋丽娟，侯梦琰. 中国古代笑话在欧美的译介与流播［J］. 国际汉学，2022（1）：50 – 57，201.

宋念申. 订制：资本时代的东亚画像——16、17 世纪尼德兰制图学派中的中国与亚洲［J］. 北
　　京大学学报（哲学社会科学版），2022（2）：86 – 98.

宋上上. 明代船"料"研究回顾与拾遗［J］. 海交史研究，2022（4）：96 – 105.

宋维君. 近代中印茶叶贸易与边疆安全研究——以英印时期中文报刊为例［D］. 西安：陕西师
　　范大学，2022.

苏浩，黎菁予. 黄檗书法在江户日本的流播和影响［J］. 中国书法，2022（6）：78 – 80，
　　82，85，90，92.

苏文捷. 作为创世隐喻的自鸣钟——反思明末清初时期传教士引入的钟表与机械知识［J］. 自然
　　辩证法通讯，2022（10）：14 – 23.

苏文菁. 亚洲海域的文明交流：以福建的佛教传播为例［J］. 福州大学学报（哲学社会科学
　　版），2022（2）：29 – 35.

孙博. 宋代阇婆国语言及相关问题研究［J］. 海交史研究，2022（2）：21 – 34.

孙杰. 明代景德镇瓷业兴盛的原因——以青花瓷外销为例［J］. 收藏与投资，2022（12）：
　　111 – 113.

孙启. 将军之"好"：日本室町时代足利幕府的中国画鉴藏趣味［D］. 上海：上海戏剧学
　　院，2022.

孙晴. 嘉庆朝中琉交往之琉球朝贡［J］. 兰台内外，2022（32）：61 – 63.

孙申. 北方海上丝绸之路上的中朝交往 ［D］. 济南：山东师范大学，2022.

孙婉仪. 唐宋时期海上丝绸之路背景下的潮州窑研究 ［D］. 广州：暨南大学，2022.

孙卫国. 历史书写与现实诉求——朝鲜王朝洪启禧《文山先生详传》考释 ［J］. 世界历史，

2022（2）：93 – 109，166 – 167.

孙心愉. 清广作外销骨扇述析——兼谈"广州制造"品牌 ［J］. 艺术市场，2022（4）：68 – 71.

孙源. 清代乍浦港中日航运贸易研究（1684—1861）［D］. 长春：东北师范大学，2022.

孙悦. 十七至十八世纪女性群体在中国外销瓷中的身份介入 ［J］. 紫禁城，2022（10）：

124 – 143.

谭世宝，谭学超. 粤海关与澳门关部行台的创设及演变诸问题考辨 ［J］. 海交史研究，2022

（2）：69 – 85.

汤开建，李嘉昌. 清雍乾嘉时期瑞典东印度公司与广州贸易：1732—1806 ［J］. 暨南史学，2022

（2）：122 – 153.

汤开建，李琦琦. 清代早期广州行商陈汀官家族事迹考述——清代广州十三行行商研究之二 ［J］.

暨南学报（哲学社会科学版），2022（12）：101 – 119.

汤开建. 18—19 世纪澳门的私人住宅与花园——以罗伯特·伯福德《澳门全景图》为中心展开 ［J］.

历史文献与传统文化，2022（2）：169 – 197.

汤可.《西厢记》在韩国的传播与接受研究 ［D］. 大连：大连外国语大学，2022.

唐·瓦耶特. 中古时期中国与东非的商品贸易 ［J］. 郭姝伶，译. 海洋史研究，2022（1）：

132 – 147.

唐卉. 御琴与玉琴：日本古代琴文化背后的王权统治和玉石信仰 ［J］. 百色学院学报，2022

（4）：14 – 19.

唐濛濛. 13—14 世纪意大利丝织艺术中的"中国风"迹象 ［D］. 南京：南京艺术学院，2022.

唐子豪，茹裕聪. 宋代廉州与东南亚国家之间的贸易往来 ［J］. 中国港口，2022（S1）：44 – 49.

陶芮. 10—14 世纪亚丁港口贸易研究 ［J］. 商业观察，2022（35）：91 – 93.

田春. 18 世纪英国的"中国风"镀金皮屏风 ［J］. 装饰，2022（8）：67 – 71.

田丰. 岭南海洋文化精神与广东开放新格局 ［J］. 岭南文史，2022（4）：8 – 17；

田俊武，尚秀玲.《悠傲信件》所见 13 世纪欧洲文献中的蒙古形象 ［J］. 国际汉学，2022（2）：

106 – 113，204 – 205.

田琳.《武安王灵签》纸背所见明万历十九年浙江沿海地区海防力量之加强 ［J］. 海交史研究，

2022（2）：86 – 94.

田茂泉，李显光. 从古代海上丝绸之路看中西文化的相遇——方士安期生群体入华初探［J］. 老子学刊，2022（2）：282 – 296.

全菲. 中国与非洲高质量共建"一带一路"：理念、基础、困境及应对［J］. 世界社会主义研究，2022（11）：107 – 114，135.

万剑，周艺红，梅娜芳. 论隋唐时期越窑青瓷艺术海外传播路径与民族文化影响力［J］. 江苏陶瓷，2022（3）：21 – 26.

万钧. 宋元时期德化窑瓷器的生产及外销［J］. 故宫学刊，2022（1）：294 – 307.

汪聂才. 孔子的君主教育：《中国哲学家孔夫子》贝尼耶法文译本初探［J］. 国际汉学，2022（1）：23 – 30，199 – 200.

汪思薇. 明代市廛法制的演变研究［J］. 武汉：中南财经政法大学，2022.

汪炜，乔桂明，胡骋来. "一带一路"沿线国家直接投资对中国经济的拉动效应——基于东道国国家风险视角［J］. 财经问题研究，2022（11）：77 – 88.

王春晓. 宫廷戏曲与乾隆时期的中英关系［J］. 寻根，2022（1）：23 – 31.

王大桥，何琪萱. 欧洲"中国风"中的性别美学［J］. 甘肃社会科学，2022（3）：151 – 159.

王多. 文化传播视角下中国茶文化在海外的传播影响及路径分析［J］. 福建茶叶，2022（8）：48 – 50.

王发龙，和春红. 中国对外投资的非传统政治风险——基于"一带一路"建设的分析［J］. 经济问题探索，2022（6）：149 – 164.

王赓武. 新"海上丝绸之路"：中国与东盟［J］. 南洋问题研究，2022（2）：1 – 11.

王皓，杨盈.《宋史·交趾》传史源及史实考辨［J］. 温州大学学报（社会科学版），2022（6）：77 – 85.

王宏志. 马礼逊：阿美士德使团不情愿的译员［J］. 亚太跨学科翻译研究，2022（1）：1 – 17.

王慧. 八世纪上半叶唐与新罗的官方贸易研究［D］. 延边：延边大学，2022.

王慧艳. 山东省对"一带一路"沿线国家直接投资风险评价研究［J］. 生产力研究，2022（11）：64 – 68，77.

王慧宇. 从《天主实录》的修订再版析论耶稣会来华初期"适应策略"的调试［J］. 中国天主教，2022（3）：37 – 41.

王建文. 海上丝绸之路考古的新进展——上海博物馆赴斯里兰卡考古记［J］. 文物天地，2022（12）：110 – 115.

王健. 论广东怡和行伍家商人及其历史作用 [J]. 佛山科学技术学院学报·社会科学版，2022
（2）：26 – 37.

王健. 鸦片走私、海盗和广州体制——"沃巴什号事件"辨析 [J]. 国家航海，2022（1）：
111 – 129.

王晶瑾，李官福. 朝鲜高丽朝文人元天锡汉诗的佛禅因缘 [J]. 东疆学刊，2022（1）：119 – 126.

王恺. 银朱与海上丝绸之路 [J]. 考古学研究，2022（1）：738 – 746.

王丽明. 元代泉州印度教龛状石刻纹饰辨析 [J]. 南亚东南亚研究，2022（6）：106 – 121，
156 – 157.

王利超. 丝路文化中德化白瓷的海外贸易发展 [J]. 东方收藏，2022（4）：12 – 15.

王敏雁. 18 世纪朝鲜使臣文学中"物记录"与丝路文化传播 [J]. 天津外国语大学学报，2022
（3）：82 – 89，113.

王倩，王磊. 清代十三行商人的图书刊刻及责任担当探析——以《海山仙馆丛书》和《粤雅堂
丛书》为例 [J]. 文化创新比较研究，2022（24）：80 – 83.

王琼，董彩娟，李萍. 东北亚海上丝绸之路与登州古港发展 [J]. 中国航务周刊，2022（19）：
55 – 57.

王秋燕. 宋元泉州历史文化遗产"年轻化"传播路径研究 [J]. 三明学院学报，2022（4）：
34 – 39.

王泉伟. 清代沿海诸厅与海疆管理研究 [J]. 中国边疆史地研究，2022（3）：182 – 194，217.

王日根. 重审海权观与清代前期海疆政策 [J]. 中国史研究动态，2022（2）：46 – 50.

王森.《肇造区夏：宋代中国与东亚国际秩序的建立》读后 [J]. 赤峰学院学报（汉文哲学社会
科学版），2022（9）：20 – 24.

王胜. 新时期新征程海上丝绸之路支点建设实践路径 [J]. 今日海南，2022（7）：46 – 49.

王涛，武友德，李君等. 南海诸岛海域地名国别地缘环境解析 [J]. 热带地理，2022（7）：
1050 – 1060.

王小恒. "诗史互证"视域中的周煌涉琉球文学、史学撰著及其价值 [J]. 重庆师范大学学报
（社会科学版），2022（1）：95 – 103.

王晓丹.《芥子园画传》在海外的传播与融会 [J]. 国际汉学，2022（3）：88.

王欣茹. 从艾儒略的救赎论思想看天主教中国化的伦理实践路径 [J]. 世界宗教文化，2022
（1）：28 – 33.

王学深. 清代乾隆朝全魁册封琉球事略——以博明绘《沧溟槎使图》为中心 [J]. 美术学报, 2022 (3): 89 - 95.

王雅静. 道教"洞天福地"思想与韩国汉文小说 [J]. 宗教学研究, 2022 (1): 81 - 86.

王岩. 异质文化冲突与融合: 18—19 世纪清代外销画研究 [J]. 南京艺术学院学报 (美术与设计), 2022 (6): 189 - 193.

王元林, 肖东陶. 驿馆实异: 从广州怀远驿之废到十三行夷馆之兴 [J]. 历史地理研究, 2022 (4): 80 - 93, 152.

王振忠. 18 世纪唐通事眼中的中日贸易与长崎社会——新见抄本《琼浦闲谈》研究 [J]. 学术月刊, 2022 (5): 183 - 205.

魏靖宇. 浅析红茶对英国的影响 [J]. 福建茶叶, 2022 (12): 146 - 148.

魏静怡, 杨培娜. 全球贸易变动背景下清中后期广东硝石输入的增加 [J]. 清史研究, 2022 (4): 35 - 48.

魏峻. 16—17 世纪的瓷器贸易全球化: 以沉船资料为中心 [J]. 故宫博物院院刊, 2022 (2): 4 - 16, 130.

魏梅. 看"孤儿"出处论"英雄": 中学西渐潮下的《中国英雄》[J]. 戏剧·中央戏剧学院学报, 2022 (4): 140 - 149.

魏志江. 东亚视域下的三别抄抗蒙战争与蒙丽日三国关系 [J]. 贵州社会科学, 2022 (12): 98 - 105.

温永倩. 基于佛耶关系的晚明天主教中国化研究——以利玛窦为例 [D]. 西安: 陕西师范大学, 2022.

文潇. 论海上丝绸之路的陶瓷贸易 [J]. 收藏与投资, 2022 (3): 118 - 120.

乌云高娃. 忽必烈与元代海上丝绸之路 [J]. 西夏研究, 2022 (4): 3 - 7.

吴晨辉, 张争胜. 南海《更路簿》"遗产化"的路径和机制. 地理科学, 2022 (6): 1055 - 1062.

吴春明. 海洋观、海洋性与早期海路——读王子今《上古海洋意识与早期海上丝绸之路》[J]. 海交史研究, 2022 (3): 114 - 118.

吴东铭. 为万历抗倭援朝明军将士正名——孙卫国著《"再造藩邦"之师: 万历抗倭援朝明军将士群体研究》评介 [J]. 史学月刊, 2022 (10): 120 - 127.

吴寒筠，李灶新，肖达顺，等. 广州南越国宫署遗址和"南海Ⅰ号"沉船出土酱釉器产地分析［J］. 文博学刊，2022（2）：30－39.

吴宏岐，朱丽.《东莞县重修文庙儒学记》之"舶可刘公"正讹——兼论明代广东东莞地区的市舶管理运作［J］. 海交史研究，2022（2）：1－11.

吴宏岐，朱丽. 宋代广州市舶司的地方运作［J］. 南都学坛，2022（2）：20－25.

吴杰伟. 太平洋丝绸之路历史价值的新思考——基于档案整理和知识传播的启示［J］. 社会科学战线，2022（11）：113－119.

吴敬. 太仓樊村泾元代遗存与海上丝绸之路关系的几点思考［J］. 边疆考古研究，2022（2）：307－316.

吴可. 妈祖信仰在高丽和朝鲜王朝的传播［D］. 延边：延边大学，2022.

吴敏文. 鸦片战争背后的东印度公司［J］. 书屋，2022（8）：76－79.

吴鹏. 明朝三百年海军强盛探略［J］. 炎黄春秋，2022（9）：87－90.

吴朴非. 礼俗、科技和军事：马戛尔尼使华的知识生产与传播（1750—1840）［J］. 武汉：武汉大学，2022.

吴启昌. "南澳Ⅰ号"出水瓷器文物保护修复研究——以两件青花瓷器为例［J］. 客家文博，2022（3）：41－47.

吴若明. 普拉多的柜子——17世纪克拉克瓷的异域传播与镜像呈现［J］. 美术大观，2022（9）：22－27.

吴少静. 明清"册封制度"下的中琉礼乐文化研究［J］. 泉州师范学院学报，2022（4）：30－34.

吴小平. 印度尼西亚"黑石号"沉船上的俚人遗物分析［J］. 考古与文物，2022（1）：95－97.

吴旭东. 清初海洋政策再思——以清初的海禁与开海为讨论中心［J］. 哈尔滨师范大学社会科学学报，2022（3）：131－135.

吴妍，计思宇. 19世纪中叶西方传教士与西医在琉球传播初探［J］. 海交史研究，2022（1）：102－111.

吴燕，陈志辉. 近代中西科学交流史研究的史料及其阐释——评韩琦《通天之学：耶稣会士和天文学在中国的传播》［J］. 国际汉学，2022（3）：192－197.

吴瑶瑶. 日本江户时代（1603—1867）"唐样"书法研究［D］. 苏州：苏州大学，2022.

吴勇. 媒体报道框架与中国在越传播——以越南官方媒体中的"一带一路"倡议报道分析为例 [J]. 新闻爱好者，2022（5）：20 – 23.

吴悦茜，芮舒扬，陈燕. 差异的目光：18 世纪德国文学作品中的中国园林书写 [J]. 今古文创，2022（47）：22 – 24.

吴越滨，周玲. 唐代青瓷开启世界外传成因考 [J]. 美术，2022（11）：134 – 135.

吴治昱. 十八世纪前西方绘画中的主要中国元素——瓷器. 新美域 [J]，2022（4）：43 – 45.

伍玉西. 明清之际"天学"书籍中的刻版印章 [J]. 地方文化研究，2022（4）：47 – 59.

伍媛媛. 广州十三行与清廷皇差的历史考察 [J]. 明清论丛，2022（1）：283 – 291.

武婷婷. 宋代中国与非洲贸易图景研究 [J]. 非洲研究，2022（1）：59 – 80，229.

奚弋雯. 14—19 世纪中国与欧美陶瓷水器的研究 [D]. 景德镇：景德镇陶瓷大学，2022.

夏德美. 东亚佛教视野中的义寂《菩萨戒本疏》[J]. 中国史研究，2022（2）：104 – 117.

夏启繁，杜德斌. 21 世纪海上丝绸之路能源贸易结构及与中国的贸易关系演变 [J]. 地理研究，2022（7）：1797 – 1813.

夏时华，袁林. 宋代海上丝绸之路诸国香料朝贡贸易规模与所持态度考察 [J]. 上饶师范学院学报. 2022（1）：53 – 60.

鲜伊莎，王学琦，石肖洁，等. 清代宫廷中的"西药东传" 医学与哲学 [J]，2022（14）：71 – 75.

向卿. 身份认同与他者构建："宋濂樱诗"在江户日本的命运 [J]. 历史教学（下半月刊），2022（12）：39 – 46.

向懿. 十七至十八世纪初期去往欧洲的中国基督教徒研究 [D]. 上海：华东师范大学，2022.

肖会坤. 朝贡体系下清朝与琅勃拉邦的关系 [J]. 国际公关，2022（15）：173 – 175.

肖坤冰. 价值链上的知识流通：早期国际贸易中跨文化流动的武夷茶 [J]. 贵州民族研究，2022（5）：61 – 66.

肖朗. 明末清初西学东渐史上的《穷理学》[J]. 浙江大学学报（人文社会科学），2022（2）：110 – 127.

肖清和. 通天以通神：钦天监与清初天主教徒群体 [J]. 基督教学术，2022（1）：151 – 168，213.

肖庆伟，贾峰. 徐孚远东渡台湾考 [J]. 海交史研究，2022（1）：72 – 83.

肖音. 早期多明我会传教士对中国历史的探考 [J]. 国际汉学，2022（3）：137 – 147，205 – 206.

肖宇，夏杰长. 香港打造服务"一带一路"投融资平台及其释放效应研究 [J]. 价格理论与实践，2022，（02）：55-58，200.

谢蓓露. 17世纪荷兰船舶画与广州外销船舶画的比较研究 [D]. 广州：广州大学，2022.

谢忱.《福建市舶提举司志》论说 [J]. 海交史研究，2022（4）：45-52.

谢辉.《长啸斋摹古小技》新考——兼论明清时期来华传教士对中国印章的认识 [J]. 艺术工作，2022（3）：55-62.

谢小羽，张楷昕，钟景媚，等. 古雷州府海上丝绸之路对雷州文化生成的影响 [J]. 文化创新比较研究，2022（33）：83-88.

谢晓茹. 唐代丝绸纹样上外来元素的中国化研究 [D]. 蚌埠：安徽财经大学，2022.

邢虹. 十八世纪"外销画"里看中国古代"好手艺"[J]. 南京日报，2022-06-17.

邢丽娜. 明朝万历朝鲜战争中的孙鑛研究 [D]. 济南：山东大学，2022.

邢思琳. 广州十三行同文（孚）行印章印迹研究 [J]. 地方文化研究，2022（2）：27-38.

熊铁基，王子今，李振宏等. 秦汉史研究的前沿与路径（笔谈）[J]. 华中师范大学学报（人文社会科学版），2022（5）：117-137.

徐东日. 明清中朝文士的京都书写与中国京城文化的异域流转 [J]. 外国文学评论，2022（4）：152-172.

徐锦江. 信票、储位之争与中葡关系——全球法律史视野下传教士"穆敬远事件"的个案研究 [J]. 基督宗教研究，2022（2）：396-412.

徐竞，陈硕炫. 试论风水在琉球的传播与应用 [J]. 海交史研究，2022（1）：84-101.

徐靖婕. 近代印度洋西岸的华商活动及其支持网络 [J]. 海洋史研究，2022（1）：228-244.

徐琦. 宋商的常时性来往——评李镇汉《高丽时代宋商往来研究》[J]. 赤峰学院学报（汉文哲学社会科学版），2022（9）：15-19.

徐强. 晚明黄檗禅林书风东传日本的影响 [J]. 中国书法，2022（6）：109，111，113，115-117.

徐巧越. 英国人对中国戏剧的认知与接受（1400—1799）[J]. 文化遗产，2022（4）：94-101.

徐茹钰. 罗明坚的汉语学习及对汉语国际教育的启示 [D]. 广州：广东外语外贸大学，2022.

徐睿. 宋代海外贸易中的人口流失危机与国家应对 [J]. 云南民族大学学报（哲学社会科学版），2022（4）：136-142.

徐以骅，盖含悦. 妈祖信仰的海外传播与中日人文交流考论 [J]. 福州大学学报（哲学社会科学版），2022（2）：21-28.

徐钰敏. 明末苏松兵备道在崇明岛的海防实践 [D]. 金华：浙江师范大学，2022.

许创颖. "一带一路"背景下粤港澳大湾区产业创新发展路径研究［J］. 现代商业，2022（4）：95－97.

许嘉颖. 中西融合的暗流——清代广州外销画家的观看与表现［D］. 广州：广州美术学院，2022.

许盘清，顾跃挺，曹树基. 中国人的航道：论南海"Pracel 牛角"的性质——以 16 世纪西文古地图为中心［J］. 云南师范大学学报（哲学社会科学版），2022（6）：1－15.

许清原. 大浪古城码头遗址所呈现海上丝绸之路的文化与经贸内涵［J］. 今古文创，2022（36）：48－50.

许遇好. 凌廷堪对儒学与科学关系的重构——以日月五星左右旋之争为例［D］. 济南：山东大学，2022.

许志光. 先秦时期我国最早的国际商贸城市——临淄齐国故城［J］. 殷都学刊，2022（4）：28－36，58.

薛桂荣. 试论海陵岛在宋代海上丝绸之路的特殊地位——从朱彧《萍洲可谈》说起［J］. 广东经济，2022（8）：54－59.

薛莉清. 中日文化交流中的日本南画及其回流现象［J］. 艺术百家，2022（6）：97－103.

薛正昌. 唐代海上丝绸之路与广州港口［J］. 石河子大学学报（哲学社会科学版），2022（5）：87－92.

闫秀，冉毅. 日本万叶时代家训文化构建中的中国元素溯源——以《喻族歌》为例［J］. 东疆学刊，2022（3）：31－36.

闫哲. 《遵生八笺》"番椒"考——兼论外来作物在中国的传播［J］. 海交史研究，2022（4）：76－85.

严赛. 整欠：16—19 世纪中缅暹间的曼陀罗政权［J］. 中国历史地理论丛，2022（4）：108－117.

严中立，李庆. 隆万时期福建海贸制度的演变——以《东西洋考》为主要材料［J］. 世界华文文学论坛，2022（4）：103－109.

杨保筠. 中国—柬埔寨文化交流的历史与未来［J］. 广西社会主义学院学报. 2022（2）：83－90.

杨斌. "无钉之船"：考古和文献中最早往返于西亚与中国之间的海舶［J］. 海交史研究，2022（1）：1－20.

杨进. 碰撞与革新：晚清外销画研究［D］. 武汉：华中师范大学，2022.

杨靖. 中国与阿根廷共建"一带一路"研究：进展、驱动因素与挑战［J］. 西南科技大学学报
　　（哲学社会科学版），2022（4）：1－10.

杨可. 泉州宋元时期海外宗教石雕研究［D］. 杭州：中国美术学院，2022.

杨莉馨. 从"中国风"到"东方文艺复兴"——关于西方"发现"中国艺术的阶段性差异［J］.
　　台州学院学报，2022（4）：36－42.

杨露萍. 理性的旁观者——让－雅克·卢梭的中国观研究［D］. 武汉：华中科技大学，2022.

杨蕊，田文. 10—13 世纪丝绸之路上的僧侣往来与中西文化交流［J］. 中州学刊，2022（6）：
　　114－120.

杨松. 英国棉纺织利益集团对华贸易的介入及其影响（1830—1913）［J］. 英国研究，2022
　　（2）：26－42.

杨天源，苗诗钰. 18—19 世纪中国外销瓷贸易及其影响的概述［J］. 中国港口，2022（S1）：
　　35－43.

杨晓春. 元末海商陈宝生家世与海外贸易史事补考——读《铁网珊瑚》所载《陈妇节义集》《春
　　草堂记》《泉州两义士传》合册［J］. 海交史研究，2022（3）：9－25.

杨晓瑜. 宋丽文化交流史研究综述［J］. 赤峰学院学报（汉文哲学社会科学版），2022（11）：
　　33－38.

杨昕. 明代中朝使臣对异国的文化认知与体察初探——以"皇华集"与"朝天录"为中心［J］.
　　东疆学刊，2022（1）：74－81.

杨兴雨. 18—19 世纪广州外销水彩画研究［D］. 蚌埠：安徽财经大学，2022.

杨宣. 明朝香料世俗化原因探析［J］. 兰州职业技术学院学报，2022（2）：24－26.

杨彦杰.《明郑台湾军备图》研究［J］. 台湾研究集刊，2022（4）：69－92.

杨振姣，陈梦月，张寒."海上丝绸之路"绿色发展的挑战及中国应对——基于全球治理"四大
　　赤字"的视角［J］. 中国人口·资源与环境，2022（12）：138－145.

杨振中，陈一能. 中国与东南亚的文化交流——以郑和下西洋为例［J］. 国际公关，2022
　　（14）：182－184.

姚敬舜."一带一路"倡议对接与推进非洲经济一体化进程研究［J］. 济南大学学报（社会科学
　　版），2022（6）：114－123.

姚伟，施晔. 郭实猎的《香山宝卷》译介评析——兼论中国宝卷西传的起点［J］. 国际汉学，
　　2022（1）：182－189，207.

姚颖, 何坤. 浅议古代白瓷在对外文化交流中的作用——从唐代邢窑到明清德化窑 [J]. 东方收藏, 2022 (4): 5-8.

姚雨婷. 从明清时期外销瓷上的图像看中国对外传播的文化动因 [J]. 创意设计源, 2022 (3): 20-24.

姚雨婷. 观看之道——外销瓷中的中西神话女性. 美与时代 (上) [J], 2022 (5): 34-38.

姚雨婷. 他者中的女性——明清时期外销瓷中的女性形象 [D]. 上海: 上海师范大学, 2022.

叶少飞. 越南黎朝郑主时代华人身份转变与认同 [J]. 海交史研究, 2022 (1): 36-58.

益西旦增. "以佛释耶": 十八世纪入藏耶稣会士德西德利的四本藏文手稿述评 [J]. 西藏大学学报 (社会科学版), 2022 (4): 80-87.

殷铭谦. 明清外销瓷山水纹装饰之 "中国塔" 的图像研究 [D]. 景德镇: 景德镇陶瓷大学, 2022.

尹铉哲, 王寒. 高丽朝使臣与元朝名士之交流 [J]. 东疆学刊, 2022 (3): 70-76.

尹允镇, 梁旭. 高丽朝怀古诗研究——以《东文选》所录怀古诗为中心 [J]. 东疆学刊, 2022 (3): 77-82, 128.

于逢春, 谭婧霞. 宋元海陆双重帝国架构何以墙倾楫摧——明朝之百姓 "片板不得下海" 国策探析 [J]. 社会科学战线, 2022 (11): 100-112, 281-282.

于家勃. 明清利玛窦形象的中国化书写及意义 [D]. 广州: 广东外语外贸大学, 2022.

于毅颖. 近代全球化视野下中国外销画的制作、流转及销售: 以华盛顿肖像为例 [J]. 美术大观, 2022 (9): 35-41.

余涵馨, 吴佩秀, 薛慧慧. 唐宋时期明州地区中日僧侣交流活动探究 [J]. 名作欣赏, 2022 (17): 14-16.

余雯雯, 陈甬军. 从贸易成本出发探析共建 "一带一路" 与海南自由贸易港发展 [J]. 新经济, 2022 (10): 60-63.

袁博. 困境中前行: 近代中国国民海洋观念的觉醒与深化 [J]. 齐齐哈尔大学学报 (哲学社会科学版), 2022 (1): 126-130.

袁超. 魏晋至唐宋时期海上丝绸之路对外贸易进出口商品种类的转变 [J]. 文物天地, 2022 (3): 73-79.

袁文婧. 晚明时期中西艺术交流研究 [D]. 武汉: 武汉理工大学, 2022.

袁小燕. 晚清边疆危机下的 "海防与塞防之争" 研究 [D]. 银川: 宁夏大学, 2022.

袁燕. 视觉图像背后的历史——海上丝绸之路典型服装"可巴雅"的中国起源及传播途径 [J]. 中国艺术, 2022 (3): 36 – 47.

袁勇. "一带一路"背景下职业教育"走出去"的浙江样例 [J]. 职业技术教育, 2022 (21): 62 – 67.

岳世川. 近代西方科学输入中国两阶段传播主体演变研究 [J]. 玉林师范学院学报, 2022 (2): 82 – 86.

詹继续. 近代早期以来英国域外管辖研究——以土耳其与中国为例 (1580—1843) [D]. 上海: 华东政法大学, 2022.

张宝宝. 多明我会士闵明我与洛克的"中国笔记" [J]. 国际汉学, 2022 (3): 165 – 171, 206 – 207.

张冰. 中国文化在俄罗斯的传播主体: 比丘林时期 [J]. 国际汉学, 2022 (4): 156 – 164, 203 – 204.

张弛, 许平. 17—18 世纪全球贸易网络中的中英设计交流——以茶具的形制变化为例 [J]. 艺术设计研究, 2022 (6): 97 – 101.

张聪. 论华光礁I号沉船出水茶器与宋代茶叶海外贸易之关系 [J]. 农业考古, 2022 (2): 封二, 56 – 60, 封三.

张改珍, 刘波. 西学东渐时期西方气象科技在中国的传播及其影响 [J]. 气象学报, 2022 (4): 643 – 648.

张菡夏. 试论中国古代外销瓷工艺与南洋瓷业发展关系 (7 世纪—19 世纪) [J]. 中国陶瓷工业, 2022 (2): 50 – 56.

张恒. 以中国为镜: 莱布尼茨的理学研究 [J]. 国际汉学, 2022 (2): 25 – 32, 202.

张宏雨, 刘华文. "东学西传"视阈下中国典籍的海外传播——基于理雅各跨文化译介的理论品格 [J]. 河南大学学报 (社会科学版), 2022 (1): 133 – 139, 156.

张辉. 广西在"一带一路"建设中的定位及融入路径 [J]. 当代广西, 2022 (1): 14 – 15.

张家寿. 充分发挥广西面向东盟开放合作的前沿和窗口作用 [J]. 当代广西, 2022 (Z1): 21 – 22.

张家寿. 广西以西部陆海新通道为牵引更好服务"一带一路"建设的方略 [J]. 广西社会主义学院学报, 2022 (6): 86 – 94.

张婧楠，崔荣荣. 丝绸之路视阈下西方"异托邦"营造的"中国风" [J]. 郑州大学学报（哲学社会科学版），2022（4）：83 - 89.

张静宇. 元日战争和日本中世文学中的中国形象 [J]. 中国文化研究，2022（2）：172 - 180.

张铠，彭海涛. 40 年来国内关于古代中国与西班牙关系史研究述略 [J]. 国际汉学，2022（4）：173 - 180，204.

张璐. 法律、秩序与话语权的建立——对 1821 年"土巴资号"案件的历史考察 [J]. 法律史评论，2022（1）：107 - 117.

张熳. 近现代西方音乐创作中的"中国文化元素"研究 [D]. 长春：吉林艺术学院，2022.

张恬. 从布歇的中国题材绘画看 18 世纪法国的中国热 [D]. 济南：山东工艺美术学院，2022.

张瑞. 论明末传教士艾儒略《西学凡》对西方教育体系的介绍 [D]. 长春：东北师范大学，2022.

张淑娴. 清宫玻璃画技艺的传输：欧洲—广州—宫廷 [J]. 故宫博物院院刊，2022（11）：82 - 97，146.

张维慎. 龙朔元年苏定方东征高句丽失利原因再探 [J]. 陕西师范大学学报（哲学社会科学版），2022（5）：99 - 108.

张文强. 德庇时汉语观与汉语传播活动研究 [D]. 杭州：浙江财经大学，2022.

张西平，全慧. 白晋与西医东渐 [J]. 国际汉学，2022（3）：52 - 66，203.

张先清，李婉婉. "世藩"的船：郑氏家族的海外活动——以 17 世纪马尼拉海关记录为中心 [J]. 学术月刊，2022（2）：185 - 193.

张晓博. 十九世纪广州十三行外销油画的民俗风情研究 [D]. 唐山：华北理工大学，2022.

张晓东. 从海上陶瓷之路变迁看唐宋青龙镇港口的兴衰 [J]. 史林，2022（3）：35 - 45，219.

张晓东. 古代上海的大族与海上航运——以元代为中心的考察 [J]. 许昌学院学报，2022（1）：68 - 74.

张晓磊. 孟德斯鸠的中国观 [D]. 长春：东北师范大学，2022.

张晓琴. 海上丝绸之路的陶瓷贸易——以"南海一号"为中心 [J]. 天工，2022（31）：90 - 93.

张晓希. 中国古代诗学理论对日本诗话形成与发展的影响 [J]. 天津外国语大学学报，2022（3）：62 - 71，112 - 113.

张学伟，范筱睿. 明末清初传教士传播天文学的条件及动因 [J]. 2022 年湖北省科学技术史学会年会论文集：67 - 72.

张雪. 宋元时期温州海运发展研究 [D]. 温州：温州大学，2022.

张亚杰. 浅析晋商万里茶路的历史地位 [J]. 福建茶叶，2022（12）：179 - 181.

张洋洋. 壬辰战争时期明朝境内屯田之策研究——以山东、辽东、天津三地为中心 [J]. 农业考古，2022（6）：98 - 103.

张垚. 折衷中西：从中国、印度到英国——跨文化视野下18世纪英国潘趣酒碗的视觉图景与文化互动 [D]. 西安：西安美术学院，2022.

张一博. "萨尔普遍史"的中国历史建构与欧洲近代学术转型 [J]. 江海学刊，2022（2）：172 - 184，256.

张彧. 日本有邻馆藏古写本《春秋经传集解》新考 [J]. 中国文化研究，2022（4）：125 - 135.

张泽琳，王元林. 18—19世纪前期中英白铅贸易探析 [J]. 浙江海洋大学学报（人文科学版），2022（3）：31 - 36.

张震. 清代内府《乾隆帝朝服像》轴的作者及其画法辨析兼谈十八世纪下半叶中国西洋画法的流传 [J]. 新美术，2022（3）：128 - 139.

张智，乌兰图雅. "一带一路"背景下天津对外经济发展分析预测 [J]. 城市，2022（1）：38 - 46.

章荣玲. 广州十三行博物馆藏外销通草画研究 [J]. 中国港口，2022（S1）：21 - 34.

赵光辉. 中国（广西）—东盟交通网的时空演变及优化策略 [J]. 广西社会科学，2022（3）：45 - 51.

赵红，刘靖宇. 晚清山东海防的特点与得失 [J]. 济宁学院学报，2022（3）：66 - 71.

赵江红. 过去和未来的时间：东亚时间秩序中的《万年历》研究 [J]. 自然辩证法研究，2022（6）：90 - 96.

赵梦霞，王尚义，田毅. 明清时期景德镇陶瓷的行销及商路研究 [J]. 陶瓷研究，2022（1）：1 - 7.

赵庆伟，陈敬阳. 从"华夷之限"到"捍卫中华"——《皇华集》所载壬辰战争前后鸭绿江意象文化内涵的变迁 [J]. 延边大学学报（社会科学版），2022（6）：40 - 47，137 - 138.

赵淑怡，周裕兴. 韩国百济都城遗址所见中国文化元素初探 [J]. 艺术百家，2022，38（4）：39 - 46.

赵万里. "冰上丝绸之路"合作意义、制约因素与路径选择 [J]. 东北亚经济研究，2022（6）：5 - 14.

赵亚军. 清代朝鲜"仁祖辨诬"与明臣袁可立形象的书写［J］. 烟台大学学报（哲学社会科学版），2022（2）：88－100.

赵毅，崔达. 明清鼎革之际琉球对外邦交在南明与清之间的艰难抉择［J］. 西南大学学报（社会科学版），2022（6）：253－261.

赵莹波. 浅谈宋朝时期日本"渡海制"禁令下的"派遣僧"与"偷渡僧"［J］. 史林，2022（5）：153－161，221.

赵韵怡. 中国戏曲在意大利的传播与研究（1870—1970）［D］. 北京：北京外国语大学，2022.

郑诚. 聂璜《海错图》与《幸存录》中的西学知识［J］. 国际汉学，2022（4）：85－92，118，200－201.

郑国富. "一带一路"倡议下中缅农产品贸易合作的成效、问题与发展对策［J］. 创新，2022，16（04）：53－63.

郑柳婷. 试论折沿盘的发展与东西文化元素交融［J］. 文物鉴定与鉴赏，2022（18）：105－109.

郑宁. 迁海令与清初海禁政策的变迁［J］. 史林，2022（6）：39－47，220.

郑苏淮，王蓓. 重温汪大渊的蓝色文明之旅：关于汪大渊与《岛夷志略》的再认识——《岛夷志略简注》序言［J］. 地方文化研究，2022（1）：94－105.

郑一钧. 郑和远航非洲对海上丝绸之路发展的贡献及其历史意义［J］. 传统中国研究集刊，2022（Z1）：159－173.

郑永松. 从物之图像到物之话语：17世纪至19世纪"中国白"图像的全球传播［J］. 美术，2022（12）：23－31.

郑渝川. 宋代海外贸易繁盛的法律根源［J］. 新民周刊，2022（43）：79.

中国历史研究院课题组，高翔. 明清时期"闭关锁国"问题新探［J］. 历史研究，2022（3）：4－21，219.

钟建华. 明清时期妈祖信仰在琉球的传播与式微［J］. 八桂侨刊，2022（1）：34－41.

钟羡芳，徐文彬. 中国"海上丝绸之路"遗址点的时空分布特征及形成机制［J］. 福州大学学报（哲学社会科学版），2022（4）：11－18.

周必超. 浅析宋朝海外贸易发展的原因［J］. 老字号品牌营销，2022（15）：85－87.

周建琼，施晔. 新历史主义视域下17—18世纪的英国华茶想象［J］. 都市文化研究，2022（1）：359－371.

周江吾.《六韬》在朝鲜王朝的传播与运用研究［D］. 新乡：河南师范大学，2022.

周美华，许清原. 合浦大量高规格汉墓为其印证曾为海上丝绸之路的历史轨迹［J］. 今古文创，
　　2022（35）：56－58.

周梦杰. 乾嘉时期闽台海防研究［D］. 淮北：淮北师范大学，2022.

周敏华，许清原. 合浦成为海上丝绸之路中转站的因缘际会［J］. 今古文创，2022（34）：
　　56－58.

周瑞春. 神圣与世俗：茶文化全球在地化的两种向度［J］. 农业考古，2022（5）：27－33.

朱歇. 布歇油画中的中国元素研究［D］. 南昌：南昌大学，2022.

朱丽罕.《诵念珠规程》与晚明天主教木刻版画的本土化［D］. 上海：华东师范大学，2022.

朱莉丽. 仰视清光——明代外国使臣的北京朝贡之旅［J］. 紫禁城，2022（10）：14－31.

朱思行，杨丽娜，魏春宇，等. 宋代中印文化交流的特点及其对中医药发展的影响［J］. 中医文
　　献杂志，2022（2）：89－93.

朱冶. 明初教化性敕撰书在朝鲜半岛的传衍. 西南大学学报（社会科学版）［J］，2022（3）：
　　235－241.

朱逸航. 文化认同理论视角下十三行时期茶文化在欧洲的传播研究［D］. 广州：华南理工大
　　学，2022.

诸翰飞，冯文心. 从"抽象"与"移情"角度看18世纪中国建筑对西方的影响——以邱园为例［J］.
　　建筑与文化，2022（7）：204－207.

祝海林. 从失真到还原——龙华民对儒学的诠释及其传教策略评议［J］. 基督教学术，2022
　　（2）：131－150，213.

庄严，陈海丽. "一带一路"倡议背景下对越国际传播能力建设研究［J］. 新闻知识，2022
　　（7）：19－25.

邹志强. 新时期"海上丝绸之路"港口建设：动力、方向与挑战［J］. 边界与海洋研究，2022
　　（2）：99－113.